郝铁川◎总主编　唐杰英◎著

房屋公益征收法律制度及实践探索

以上海房屋拆迁征收实务为视角

上海人民出版社

探索中国特色的依法行政之路

——"依法行政实践研究丛书"总序

郝铁川

我学习研究行政法，是从 20 世纪 80 年代末开始的。当时参加了上海市人事局的编制法研究课题，两年下来，结集出版了一套编制法研究丛书。那两年，我几乎每天都要和现为上海交通大学法学院的朱芒教授探讨一些诸如一般行政法律关系、特别行政法律关系等理论问题，他向我推荐了管欧等行政法学者的论著，也介绍了日本学者的一些研究概况，朱教授学识渊博，我从他那里受益匪浅。他从日本留学归国，离开华政，到了交大，主编《交大法学》，是一个令人钦佩的、具有学者情怀风骨的人。一个学者的学问高低和学术贡献，不能用出镜率之类的明星标准去衡量。应景之作虽然难以避免，但"吹尽狂沙始到金"，学术的真知灼见是有一个沉淀过程的，学术的发展也有自身的相对独立性，如同《荀子·天道》所言："天行有常，不为尧存，不为桀亡。"学者基本上应该是寂寞的，因为大部分学者思考的许多问题是有时间提前量和革命批判性的。朱芒教授就是我心里非常中意、羡慕的这样一个学者，尽管我和他的学术观点不尽相同。

到了 20 世纪 90 年代，普法热潮一浪高过一浪。因为搞过一段编制法研究，认识不少行政机关的同志，所以不断应邀为各级政府讲授依法行政的理论和实践课程。普法讲座对我的学术研究产生了很大影响，最为突出的，就是察觉到先前掌握的一些行政法知识毕竟都是外国人对其行政管理实践提炼而成，虽然各国行政管理有相同之处，但中国存在许多和国外不同的地方，是不容抹杀的。例如，西方国家没有从计划经济体制到市场经济体制转变这一历史，原来的一些社会主义国家虽然有过此一转变历史，但它们是一段西化的历史，而中国从计划经济体制到市场经济体制的转变，不是简单西化的历史，而是具有中国特色的历史：市场经济的基础不是单一私有制,而是公有制为主体、多种所有制共存;市场经济对接的不是资本主义制度,而是社会主义制度。西方政治体制实行分权制衡,更重视对行政权的约束;中国强调民主集中制,在制约行政权的同时,还注意发挥行政权在集中力量办大事政治优势方面的积极作用。这种政治体制及其外部环境的不同,必然会对中国的行政体制、依法行政产生影响。从某种意义上说,我们这一代人遇到了一个时代性课题:怎样在寻找中西依法行政共性的同时,建设中国特色的依法行政事业?

关于依法行政的必要性,行政权在所有权力主体中最具扩张性,因而需要重点地依法约束行政权的运行,这是中西都面临的相同点;但中国百分之八十的国家机关都是行政机关,百分之八十(近来降低到百分之六十多)的法律都是行政机关起草或制定的,百分之八十的法律都是靠行政机关来实施的,这在其他国家大概是不存在的,这是中国依法行政的一个特点。

关于依法行政的原理,法无授权不得行、法有授权必须行、行政行为程序化、违法行政受追究,这是中西依法行政的共性,但我觉得,在中国还应加上两条:一是合法行政受尊重,二是行政主体讲良知。为什么强调合法行政受尊重? 这是因为在中国历史文化传统中,专制主义和无政府主义两种观念、两种行为长期同时并存,在厉行依法治国方略的今天,这两种封建残余影响我们都应积极清除。专制主义的危害,学界说得较多,但无政府主义的现象及危害,学界揭示得还不够,社会警惕也不够。

我长期在思考一个问题,《水浒传》中的所谓一百零八个好汉,出身、经历多不相同,奔上梁山的原因也不尽相同。既有像林冲这样深受专制政治、司法腐败迫害而逼上梁山的,但也有不少像张青、孙二娘这样开酒店、卖人肉,专干杀人越货勾当(武松被发配到孟州路过十字坡,险些遭到孙二娘的毒手)的刁民泼妇。可是,不仅《水浒传》作者不分青红皂白地将他们一概视为"好汉",数百年来还竟然得到了社会不少人的认可。试问,哪个社会能容忍开酒店卖人肉的行为? 除了中国古代之外,谁会把张青、孙二娘捧为"好汉"? 可这种事情在中国古代竟然发生了! 所以然者何? 我认为,目无国法、轻视人权的无政府主义观念是一个重要原因。

虽然专制主义比无政府主义的危害更大,是依法行政的首敌,但我们也不能因此就低估了无政府主义对中国法治的危害。

除了"合法行政受尊重"这一条之外,我还强调了"行政主体讲良知"。西方是一种向彼岸寻找真理的外倾文化,中国是一种向内寻求良心的内倾文化。基督教的"原罪""救赎"意识给西方法治提供了一套法治必行的理据,这一点已为学界所认。但中国没有"一神教"的历史传统,论述各种理念"本诸人心"或者"直指人心"。我觉得,"良知"有两个基本内容,一是感恩,二是反省。感恩是说行政主体应该感恩人民,因为权力是人民授予的;权力运行是靠人民纳税来支撑的。反省是指孔子赞成的曾子所言"吾日三省乎吾身。为人谋而不忠乎? 与朋友交而不信乎? 传不习乎?"(《论语·学而》)行政主体要树立感恩理念、内省精神,才能慎言慎行,虽然单靠这一点是无法撑起法治大厦的,但没有这一点,法治大厦能够拔地而起吗?

关于依法治国的保障,实行必要的权力主体间的监督制约,这是中西都认同的。但中国的依法行政,必须通过从严治党来促进,这是中国的特点。所以然者何? 盖因中国80%的公务员都是共产党员,95%县处级以上的领导干部都是共产党员,若不抓好从严治党,依法行政就没有可以信赖的队伍。毛主席过去说过,政治路线确定之后,干部就是决定的因素。如今,依法行政原则确立之后,80%的党员公务员、95%的县处级以上的党员领导干部就是决定的因素。

上述中国依法行政的各个特点,是在中国依法行政实践中不断展现出来的。理论是灰色的,而生命之树常青。理论不过是生活常识的提炼,学好理论关键在于悟好实践,中国特色的依法行政理论、话语、知识,最终要从中国独特的依法行政实践中寻觅、提升。因此,我在主编了一套"司法实践研究丛书"之后,决定再主编一套"依法行政实践研究丛书",专门请一些工作在依法行政第一线的行政立法工作人员、行政执法工作人员、行政复议工作人员、行政审判监督工作人员等,来撰写一些充满鲜活实践气息的、原汁原味的著作、文章等,为法学院的老师与学生提供一个渠道。但效果如何,拭目以待了。

目 录

2

第五章　房屋征收新政强制执行模式之争 / **198**

表格目录

导　论

一、选题背景及其意义

（一）选题背景

德国伟大的哲学家黑格尔称："人"之所以为"人"，就必须拥有所有权。[①]人唯有在所有权中才是作为理性而存在的。[②]为维护人类之尊严，建立及维系一个由宪法来严密保障的所有权（或财产权）体系，就是一个现代法治国家的必要之举。[③]房屋系人民安身立命之所，房屋的基础又在于土地，在财产权体系中占据着举足轻重的位置。一个"富"字便可说明此道理：一家人拥有一块田地，盖瓦房数间，能保世代相袭，人民便知足矣。[④]因此，为防范国家动辄以国家利益、公共利益为名强制剥夺人民土地房屋不动产所有权，近现代各国大多通过宪法、行政法及物权法等规定，建立一套完整的保障人民土地房屋财产权的不动产征用征收法律制度。我国近现代以来，由于受到西方法治的影响，人民不动产征用征收制度在清末与民国初年开始进入中国，并对新中国成立后的土地房屋征用征收制度产生一定影响。

我国土地房屋征用征收制度伴随国家经济体制的变革，经历了一个发展变化的历程。从新中国成立后的社会主义改造结束至改革开放初期，我国实行的是计划经济体制，产权结构单一。这一时期，国家实行福利性低

---

① G.W.F.Hegel, Zusatz zu&.49, Grundlinien der Philosophie des Rechts, Leipzig 1921（重印）.S.299（参见陈新民：《德国公法学基础理论》（增订新版上卷），法律出版社 2010 年版，第 443 页）。

② ［德］黑格尔：《法哲学原理》，范扬、张企泰译，商务印书馆 1961 年版，第 50 页。

③ 陈新民：《德国公法学基础理论》（增订新版上卷），法律出版社 2010 年版，第 444 页。

④ 李集合：《土地征收征用法律制度研究》，中国政法大学出版社 2008 年版，第 9 页。

租金住房保障制度,城镇房屋以公房为主,房屋建设主要由国家或单位投资,土地实行无偿划拨使用制度。国家计划是这一时期土地征收法律制度的核心和灵魂,[1]房屋通常作为土地的附属物纳入土地征收予以补偿安置。

我国 1982 年宪法确立了国家所有与集体所有的土地公有制度,单位和个人均不享有土地所有权,只享有土地使用权。但房屋需附着于土地,对城市国有土地而言,所有权为国家。因此,国家基于公共需要征收土地的,只需强制剥夺私人国有土地使用权与其上的房屋所有权;而对农村集体土地而言,由于所有者为集体经济组织,国家基于公共利益需要征收土地的,则需强制将集体土地征为国有,但对于集体土地的使用权人,包括农村建设用地使用人与宅基地使用权人,则仍需强制剥夺其集体土地使用权与其上的房屋所有权。

20 世纪 80 年代中后期,随着改革开放的深入,原有"一大二公"的生产资料所有制出现松动,多种形式的所有制开始出现。随着国民经济的全面复苏,对建设用地的需求也大幅度增长,城市改造发展迅速,房屋拆迁数量日益增大。在此背景下,不少地方政府,尤其是改革开放起步较早的沿海省份,开始对城市房屋拆迁出台专门立法予以规范。1991 年国务院出台《城市房屋拆迁管理条例》,首次从中央层面对城市房屋拆迁予以规范。该条例施行 10 年后,于 2001 年经过修订重新颁布。

国务院两部《城市房屋拆迁管理条例》(以下简称 1991 年《拆迁条例》、2001 年《拆迁条例》)对我国城市化建设与经济发展无疑起到了积极的推动作用,但伴随房屋拆迁热潮而引发的利益冲突与矛盾不断显现,日益演化成为当今各级政府普遍面临的严重社会问题。因此,房屋拆迁制度正当性与存废的讨论近年来成为学术界的热点关注问题,如拆迁中未区分公共利益与商业利益、公权力过度介入公民的财产权、形象工程与政府政绩观、土地财政内在驱动力与经营城市理念等,有学者还对《城市房屋拆迁管理条例》的合宪性与合法性问题向全国人大常委会提出审查建议。此外,政府主导下的房屋拆迁,在网络化背景下成为当前面临的社会热点与焦点问

---

[1]　参见王坤、李志强:《新中国土地征收制度研究》,社会科学文献出版社 2009 年版,第 71—72 页。

题。从法院司法审查角度,法院涉及动迁行政诉讼与民事诉讼中,拆迁许可、拆迁裁决占行政案件总量一半以上;拆迁补偿安置协议纠纷、拆迁安置款与安置房权属与析产继承纠纷,同样系民事案件审理中的难点问题。

在上述背景下,2007年3月16日颁布的《物权法》首次从民事基本法层面将土地房屋公益征收补偿作了原则规定,同年8月修正的《城市房地产管理法》对土地房屋公益征收补偿作了原则规定,并授权国务院制定具体办法。国务院随后启动房屋征收新条例的修订程序,2011年1月21日国务院《国有土地上房屋征收与补偿条例》(以下简称《征收条例》)历经四年修订历程,经二次公开征求意见正式公布实施,在我国城市建设领域实行二十年的房屋拆迁制度正式被房屋征收制度所取代。《征收条例》无论在立法宗旨还是具体制度设计上,均比旧拆迁条例更多关注对政府公权力的控制与公民财产权的保护,房屋征收新政一经出台即受到学者及媒体的普遍好评。但在实施中如何防范政府公权力滥用,以公益之名侵害公民财产权益;同时在畅通私益救济途径之时,又如何避免以保护私益之旗帜,影响政府对人民福祉的有效实现,无论从理论观念层面,还是从制度设计与实践操作层面仍需作深入的探究。

(二)研究范围及意义

1. 研究范围。房屋公益征收制度涉及领域广泛,为避免研究范围失之过宽,故从下列三方面作了限定:首先,不动产征收包括土地及其附属房屋,本书将研究重点限缩于房屋征收制度,对土地征收制度仅作与房屋征收相关的制度考察;其次,房屋征收包括国有土地与集体土地上的房屋,本书将重点研究国有土地上房屋征收制度,对集体土地房屋拆迁征收仅在制度层面进行梳理而不再展开研究;最后,就房屋征收法律制度涉及的具体领域,本书拟选择当前征收实务中热点争议的三个领域,即房屋征收目的即公益范围界定问题、房屋征收补偿问题、房屋征收强制执行问题,分别设专章展开研究。

2. 理论与实践意义。首先,从理论视角,房屋公益征收制度不仅是现代法治国家宪法学、行政法学、民法学等法学领域所关注的课题,同样也是社会学、经济学等领域所关注的课题。在我国,对公益征收与补偿制度的研究尚处于起步阶段,因此,本书的研究具有理论价值。其次,从实践视

3

角，房屋公益征收不仅涉及城乡建设、经济发展、政府财政，而且涉及公民财产权保障、百姓民生、居住保障，因此，本书的研究对当前房屋公益征收行政执法与法院司法亦具有实践价值。

二、研究现状和文献综述

（一）房屋公益征收基础理论及域外比较研究文献综述

从征用征收与补偿国内基础理论研究上。房屋征收从属于行政征收与补偿，属于国家责任研究范畴。我国宪法、行政法、民法、法理学、经济学、社会学等领域，对行政征用征收与补偿的基础理论研究虽处于起步阶段，但研究成果颇丰。专题研究有沈开举的博士论文《征收、征用与补偿》，该文侧重于对征收、征用与补偿基础理论问题的研究，并展开深层次的探讨；王太高的博士论文《行政补偿制度研究》对行政补偿的基本理论问题和我国行政补偿的制度建设作了系统的研究等。[①]此外，还有许多学者在专题著述中对征收的宪法学、法理学基础亦作了深入的探析；[②]还有学者从私有财产宪法法律保护展开研究；[③]中国法学会行政法学研究会在 2004 年宪法修正案明确区分征收与征用后，连续两次学术年会上以公益征收、财产权行政法保护为主题，提交了大量的学术成果。[④]此外，近年来相关的学术文集、论文亦颇丰。[⑤]

---

①　沈开举：《征收、征用与补偿》，法律出版社 2006 年版；沈开举主编：《征收补偿法研究》，法律出版社 2004 年版；王太高：《行政补偿制度研究》，北京大学出版社 2004 年版，等。

②　韩钢：《当代中国私有财产权的宪法保护及其制度建构》，陕西师范大学 2014 年博士学位论文；窦衍瑞：《行政补偿制度的理念与机制》，山东大学出版社 2007 年版；闫桂芳、杨晚香：《财产征收研究》，中国法制出版社 2006 年版，等。

③　石佑勇：《私有财产权公法保护研究——宪法与行政法学的视角》，北京大学出版社 2007 年版；刘剑文、杨汉平主编：《私有财产法律保护》，法律出版社 2000 年版；王仰文：《私有财产权的行政法保护研究》，人民出版社 2009 年版；孙祥和：《美国私有财产权宪法保护法律的变迁——建国后至新政》，中国言实出版社 2008 年版；蒋永甫：《西方宪政视野中的财产权研究》，中国社会科学出版社 2008 年版，等。

④　中国法学会行政法学研究会：《修宪之后的中国行政法——中国法学会行政法学研究会 2004 年年会论文集》，中国政法大学出版社 2005 年版；中国法学会行政法学研究会编：《财产权与行政法保护——中国法学会行政法学研究会 2007 年年会论文集》，武汉大学出版社 2008 年版。

⑤　房绍坤、王洪平主编：《不动产征收法律制度纵论》（2008 年烟台大学、山东省民商法重点学科"不动产征收法律制度研究"研讨会论文集），中国法制出版社 2009 年版；冯玉军、李秀君：《权力、权利和利益的博弈——〈城市房屋拆迁管理条例〉的法经济学分析》，邱新有、戴微星：《三方博弈："权""利"主体行动策略模式分析》，载吴敬琏、江平主编：《洪范评论》（第 7 辑），中国法制出版社 2007 年版。

从征用征收与补偿域外法比较研究上。近年出版了大量的译介行政法学的著述，对我国港澳台地区及国外行政征收与补偿制度的历史演进、征收公益界定、补偿原则、标准、方式、程序、救济等作了全面的阐述；①专题研究有许迎春的博士论文，对中美土地征收制度中关于公益界定、补偿原则、征收程序、救济机制等问题进行微观比较；②有朱子庆的博士论文，对海峡两岸土地征收与补偿立法制度、程序制度、补偿制度等作了比较研究；③《法学》月刊杂志2007年曾组织就相关问题有研究的专家学者座谈，介绍我国港澳台地区的做法和美日等国的经验及个人的意见；④此外，还发表了大量的学术论文。⑤

（二）房屋征收法律制度综合研究文献综述

关于我国土地房屋征收法律制度，国内学者作了大量的研究。以此为专题的博士论文，有以历史、实证和对比研究的方法，对我国土地征收中的

---

① 参见陈新民：《德国公法学基础理论》（增订新版上下卷），法律出版社2010年版；王名扬：《法国行政法》，中国政法大学出版社1988年版；翁岳生编：《行政法》（下），中国法制出版社2002年版；[日]盐野宏：《行政法》，杨建顺译，法律出版社1999年版；[德]哈特穆特·毛雷尔：《行政法学总论》，高家伟译，法律出版社2000年版；[日]南博方：《行政法》（第六版），杨建顺译，中国人民大学出版社2009年版；[德]奥托·迈耶：《德国行政法》，刘飞译，商务印书馆2002年版；王名扬：《美国行政法》，中国法制出版社2005年版；胡锦光主编：《香港行政法》，河南人民出版社1997年版；[英]威廉·韦德：《行政法》，徐炳等译，中国大百科全书出版社1997年版；曾繁正、赵向标等编译：《美国行政法》，红旗出版社1998年版；[德]汉斯·J.沃尔夫、奥托·巴霍夫、罗尔夫·施托贝尔：《行政法》（第一、二卷），高家伟译，商务印书馆2002年版；[德]平特纳：《德国普通行政法》，朱林译，中国政法大学出版社1999年版；[法]古斯塔夫·佩泽尔：《法国行政法》，廖坤明、周洁译，国家行政学院出版社2002年版。
② 许迎春：《中美土地征收制度比较研究》，西北农林科技大学2012年博士学位论文。
③ 朱子庆：《海峡两岸土地征收与补偿制度之比较研究》，中国政法大学2013年博士学位论文。
④ 林来梵、陈丹：《城市房屋拆迁中的公共利益界定——中美"钉子户"案件的比较》、陈新民：《台湾房屋拆迁的一般处理规则》、朱芒：《日本房屋征收制度的基本状况》、米万英：《澳门征收制度的特色》、林峰：《土地征收与补偿：香港的经验》、童之伟、袁发强：《关键是消除违宪法源并代之以合宪的法律法规》，载《法学》2007年第8期。
⑤ 袁治杰：《德国土地征收补偿法律机制研究》，载《环球法律评论》2016年第3期；颜冬铌：《公用征收案件中的实质正当程序——美国法的启示》，载《甘肃行政学院学报》2016年第6期；黄宇骁：《日本土地征收法制实践及对我国的启示——以公共利益与损失补偿为中心》，载《环球法律评论》2015年第4期；唐林垚：《论中美两国征地补偿之异同》，载《农村经济》2015年第10期；陈晓芳：《美国不动产征收补偿司法实践之解析》，载《广东财经大学学报》2014年第3期；王静：《美国财产征收中的公共利益——从柯罗诉新伦敦市政府案说起》，载《国家行政学院学报》2010年第3期；张莉：《法国土地征收公益性审查机制及其对中国的启示》，载《行政法学研究》2009年第1期；钱晓燕、许中缘、陈珍妮：《法中两国不动产征收制度的比较研究》，载《湖南大学学报（社会科学版）》2009年第11期；柴方胜：《国外征地制度对我国的借鉴》，载《云南行政学院学报》2010年第2期，等。

公益要件、补偿、程序、争议救济等进行深入研究；①有对土地被征收人权利保障制度作专题研究；②有以经济学的供给和需求理论，将现实与理论下的征地补偿及利益关系进行对比，从而得出征地补偿和利益关系调整的方向，为征地制度改革提供依据；③有从经济学视角，通过实证分析与规范分析方法，对中国集体所有土地的征收问题进行研究；④此外近年还发表了大量的学术论文，⑤出版了许多专著，⑥从土地征收目的、补偿、程序、争议救济等法律问题展开研究等。

　　关于房屋拆迁征收法律制度，国内学者亦作了大量的研究。以此为专题的博士论文，有从制度分析与实证分析视角，对我国房屋拆迁征收历史沿革，房屋拆迁征收中的公共利益界定，房屋拆迁征收补偿安置，搬迁、拆迁强制执行，集体土地征收补偿，征收拆迁司法救济等问题进行研究，并为我国房屋征收补偿制度的重构提出立法建议。⑦还有对地方城市房屋拆迁法律制度进行专题研究。⑧有从新制度经济学为视角，围绕城市房屋拆迁中公共利益、补偿标准和政府角色等拆迁中的核心问题，尝试构建一个城市房屋拆迁的效率评价模型，以解决当前城市房屋拆迁的博弈困境、在权

---

① 徐国良：《土地征收法制研究》，武汉大学 2013 年博士学位论文；王红建：《土地征收立法研究》，郑州大学 2012 年博士学位论文；陈少琼：《土地征收法律问题研究》，中国政法大学 2007 年博士学位论文。

② 苏东波：《土地被征收人权利保护制度研究》，复旦大学 2016 年博士学位论文；向林生：《贵州省农地征收中被征地农民权益保障研究》，中央民族大学 2017 年博士学位论文。叶芳：《冲突与平衡：土地征收中的权力与权利》，华东政法大学 2011 年博士学位论文。

③ 陈莹：《土地征收补偿及利益关系研究——湖北省的实证研究》，华中农业大学 2008 年博士学位论文。

④ 高建伟：《中国集体所有土地征收研究——基于法经济学的分析》，南开大学 2009 年博士学位论文。

⑤ 王克稳：《我国集体土地征收制度的构建》，载《法学研究》2016 年第 1 期；刘禹涵：《我国土地征收制度改革的问题与走向》，载《河北法学》2017 年第 4 期；李增刚：《前提、标准和程序：中国土地征收补偿制度完善的方向》，载《学术月刊》2015 年第 1 期；岳红强：《私法理念下我国土地征收补偿制度之完善——以国外土地征收补偿制度借鉴为视角》，载《河南大学学报（社会科学版）》2014 年第 2 期，等。

⑥ 王坤、李志强：《新中国土地征收制度研究》，社会科学文献出版社 2009 年版；李集合：《土地征收征用法律制度研究》，中国政法大学出版社 2008 年版；高汉：《集体产权下的中国农地征收问题研究》，上海人民出版社 2009 年版；潘善斌：《农地征收法律制度研究》，民族出版社 2008 年版；潘嘉玮：《城市化进程中土地征收法律问题研究》，人民出版社 2009 年版；汪振江：《农村土地产权与征收补偿问题研究》，中国人民大学出版社 2008 年版。

⑦ 王达：《房屋征收拆迁制度研究》，中国政法大学 2008 年博士学位论文。

⑧ 唐代中：《上海城市房屋拆迁研究》，同济大学 2007 年博士学位论文。

力均衡的制度框架下实现利益均衡的城市拆迁的二次补偿机制，为进一步完善和修订房屋征收补偿立法提出政策建议。①有从研究具有商业开发性质的旧城改造项目中的拆迁工作着手，运用博弈论的基本理论和方法，从建立政府、拆迁人、被拆迁人三方博弈框架着手，分解出三对局部的博弈模型并进行分析，为完善我国的城市拆迁运作机制提供理论依据并提出政策建议；②有以政策网络理论为分析视角，对农村土地征收、城市房屋拆迁过程中的利益博弈关系为主线，以征地拆迁政策网络进行制度分析、行为分析与结构分析为基础，对我国征地拆迁矛盾的理论研究和实践发展作专题研究。③有从政治与经济互动分析方法，并重点运用实证研究方法，选取了一个个案区域——以武汉市汉阳区三个实际案例为分析对象，从拆迁的现实运行层面进行细致入微的描述，分析城市拆迁中地方政府的法定角色和现实角色，指出关键在于从利益关联者向利益协调者的角色转换；④有运用经济学理论与方法，结合地方城市房屋拆迁补偿制度的变迁及面临难点，运用博弈分析方法、经济学成本构成分析的理论进行实证分析及效率评价，提出进一步完善拆迁政策法规的建议；⑤有从房屋征收的双重目的、立法规制、征收制度的公私法交叉属性、房屋征收的类型化、征收补偿的双重要素进行研究并提出构想；⑥等等。此外，还涌现了大量学术专著，⑦也包括实务著述。⑧

① 邵慰：《城市房屋拆迁制度研究——新制度经济学的视角》，东北财经大学 2009 年博士学位论文。

② 户邑：《城市拆迁运作机制研究》，重庆大学 2005 年博士学位论文。

③ 唐丽敏：《当前我国城市化进程中征地拆迁矛盾研究——基于政策网络视阈》，吉林大学 2009 年博士学位论文。

④ 梁铁中：《利益整合：城市改造拆迁中城区政府的转型——以武汉市汉阳区城市拆迁为例》，华中师范大学 2008 年博士学位论文。

⑤ 闵一峰：《城市房屋拆迁补偿制度的经济学研究——以南京市为例》，南京农业大学 2005 年博士学位论文。

⑥ 顾大松：《房屋征收法律制度研究》，武汉大学 2015 年博士学位论文。

⑦ 邢鸿飞、陈广华、吴志红、郑玮炜：《土地征用及房屋拆迁法律问题研究》，中国方正出版社 2010 年版；王克稳等：《城市拆迁法律问题研究》，中国法制出版社 2007 年版；沈开举主编：《城市房屋拆迁法律规制研究》，中国检察出版社 2009 年版；崔建远主编：《房屋拆迁法律问题研究》，北京大学出版社 2009 年版，等。

⑧ 王才亮等：《房屋征收制度立法与实务》，法律出版社 2017 年版；赵路兴等编：《城市房屋拆迁管理》，中国发展出版社 2007 年版；建设部政策研究中心编：《最新城市房屋拆迁指南》，中国建筑工业出版社 2004 年版；孙事龙编：《房屋拆迁新热点解析》，中国政法大学出版社 2009 年版，等。

（三）我国房屋征收公益要件、补偿安置与强制执行专题研究文献综述

关于征收公益要件研究。以此为专题的博士论文，有对公共利益不确定法概念进行专题研究，从公共利益被问题化的原因、公益概念的界定、公益实现过程应遵守的原则、公益实现的方式等进行深入的梳理探究，构建了一种"原因—比较—原则—构想—实证"的思维路径。①有以宪法公益征收条款中的公共利益要件界定为题，对照他国经验与中国的实践，从概念内涵与外延、界定实体标准与程序标准进行研究。②有以土地征收为中心，对行政法学中的公共利益问题进行专题研究。有以土地征收中的利益关系为分析框架，对公共利益的内涵、外延、特征等进行探讨，对公益优先的理由及其限制进行论证，对公益范围标准、公益界定主体作深入的探讨。③此外，近年涌现了大量关于公共利益的学术论文。④

关于征收补偿安置问题研究。以此为专题的博士论文或专著，有通过梳理国外征收补偿制度的理论及技术，对当下中国农地征收中的补偿进行制度性反思，并提出相关的技术性解决方案。包括征收补偿的正当性理论、征收补偿标准的问题、征收补偿的形式及征地补偿对象；⑤有借助新制度经济学的相关概念及成果，研究分析我国土地征收补偿制度的变迁、存在的优势及不足，提出制度构想；⑥有对城市房屋拆迁补偿原则、范围、方式、标准、程序展开系统研究；从范围上对无证建筑、临时建筑、土地使用权、精神性损害补偿等展开探讨；有从补偿标准上对照他国的经验，结合我

---

① 肖顺武：《公共利益研究——一种分析范式及其在土地征收中的运用》，法律出版社 2010 年版。

② 邢益精：《宪法征收条款中公共利益要件之界定》，浙江大学出版社 2008 年版。

③ 蔡乐谓：《论行政法上的公共利益——以土地征收为中心的研究》，中国政法大学 2007 年博士学位论文。

④ 吴蔚波：《我国房屋征收中"公共利益"的法律界定与程序规范》，载《东南大学学报（哲学社会科学版）》2016 年第 1 期；黄宇骁：《日本土地征收法制实践及对我国的启示——以公共利益与损失补偿为中心》，载《环球法律评论》2015 年第 4 期；张翔：《论城市房屋征收制度中的公共利益》，载《学习与探索》2011 年第 3 期；方乐坤：《我国土地征收中的公共利益评断模式分析——兼及代均衡型公益评断模式的成立》，载《河南社会科学》2010 年第 5 期；胡锦光、王锴：《论我国宪法中"公共利益"的实现》，载《中国法学》2005 年第 1 期；赵红梅：《拆迁变法的个体利益、集体利益与公共利益解读》，载《法学》2011 年第 8 期，等。

⑤ 柳志伟：《农地征收的补偿问题研究》，湖南大学 2007 年博士学位论文。

⑥ 刘征：《我国土地征收补偿制度研究》，华中师范大学 2015 年博士学位论文。

国城市房屋拆迁补偿标准的历程，提出对策与建议等。①此外，还有学者就征收补偿发表了大量的学术论文。②

关于强制执行问题研究。对此作专题系统研究的，有浙江大学公法与比较法研究所1999年始承担的国家社科基金重点项目"行政强制法的基本理论与实践"，先后出版了一系列的研究成果，包括行政强制法的基础理论、中外行政强制法律制度等；③此外，还有全国人大法工委举办专题研讨会论文集，④近年还发表了大量的学术成果。⑤

三、研究方法、思路与主要内容

（一）研究方法

本书写作中主要运用制度分析方法与实证分析方法，同时也注意运用个案分析方法与比较分析方法。在前两章概述及制度梳理部分，通过对我国房屋公益征收制度源流、我国房屋拆迁专门立法的历史变迁及房屋征收新政出台背景与配套立法的梳理，对我国房屋公益征收制度及存在的问题

---

① 王克稳等：《城市拆迁法律问题研究》，中国法制出版社2007年版；崔建远主编：《房屋拆迁法律问题研究》，北京大学出版社2009年版；王宏：《中国城市房屋拆迁程序研究》，山东人民出版社2008年版；胡信彪主编：《土地征收与房屋拆迁》，中国民主法制出版社2006年版，等。

② 芦雪峰：《我国城市房屋征收补偿的法律分析——以上海市房屋征收补偿新规为例》，载《行政论坛》2014年第2期；杨建顺：《土地征收中的利益均衡论》，载《浙江社会科学》2013年第9期；李伯侨：《论城中村改造间接损失的补偿》，载《暨南学报（哲学社会科学版）》2013年第11期；凌学东、吴宁：《论集体土地上房屋征收补偿认定的利益平衡》，载《经济问题》2014年第1期；朱广新：《房屋征收补偿范围与标准的思考》，载《法学》2011年第5期；李娜：《浅析我国城市房屋拆迁补偿机制》，载《法制与社会》2011年第2期（下）；牟隆：《征收拆迁补偿中引入独立第三方评估机制法律探析》，载《社科纵横》2011年第3期；申冬亮：《论征收决定生效后地价上涨部分的补偿问题》，载《中南财经政法大学学报》2011年第1期，等。

③ 胡建森主编：《行政强制》，法律出版社2002年版；胡建森主编：《行政强制法研究》，法律出版社2003年版；金伟峰主编：《中国行政强制法律制度》，法律出版社2003年版；朱新力主编：《外国行政强制法律制度》，法律出版社2003年版；章剑生主编：《中外行政强制法研究资料》，法律出版社2003年版，等。

④ 陶玉霞：《行政强制的理论与实践》，法律出版社2001年版。

⑤ 岳彩领：《论强制执行审执分离模式之新构建》，载《当代法学》2016年第3期；洪冬英：《论审执分离的路径选择》，载《政治与法律》2015年第12期；危辉星、黄金富：《非诉行政执行"裁执分离"机制研究——以浙江法院推进"裁执分离"机制的实践为基础》，载《法律适用》2015年第1期；王娣：《我国强制执行立法体例与结构研究》，载《法学评论》2014年第6期；唐力、向国慧：《行政强制执行实施权配置研究》，载《法律适用》2014年第3期；闫尔宝：《行政强制执行二题：定位与责任》，载《行政法学研究》2014年第1期；张锦绵：《论我国行政强制执行双轨制的困境与出路》，载《行政法学研究》2013年第3期；杨建顺：《"司法强拆"悖论的探析》，载《中国审判新闻月刊》2011年第59期，等。

形成概要的认知。在后三章具体问题研究部分,以制度梳理为基础,对照境外公益征收制度的历史演变及存在的共性问题,重点结合我国房屋拆迁征收操作实务与司法实践,就我国房屋征收新政背景下上海地方实务争议较为集中的三个领域,逐一展开研究,并提出本书的观点。

（二）研究思路与主要内容

本书除导论、结论外,主体结构可分为两大部分:第一部分为"制度梳理与问题提出",该部分设两章对我国房屋公益征收制度源流、房屋拆迁专门立法的历史变迁、房屋征收新政出台背景与配套立法及问题进行系统梳理;第二部分为"房屋征收新政背景下地方实务争议问题研究",该部分设三章对房屋征收新政出台后地方实务中的三个热点争议领域,即房屋征收公益范围界定问题,房屋征收补偿原则、范围与程序问题,房屋征收强制执行模式问题,分别设立专章逐一展开研究讨论,并提出相应的对策与建议。

各章具体研究内容如下:

第一章为"概述"。本章首节先就新中国成立后的中央立法与地方立法框架下,涉及"行政征用与行政征收"、"土地征用与土地征收"以及"房屋拆迁与房屋征收"等相关立法概念作简要梳理。然后,对房屋公益征收的理论基础,包括法理学与法经济学基础,以及财产权宪法保障及公益征收条款承载的功能进行了理论探析。在本章末节,则以时间为序,分别对革命根据地及解放区政府时期、新中国成立后至改革开放及改革开放后至今的房屋公益征收立法溯源进行梳理。

第二章为"我国房屋拆迁专门立法与房屋征收新政"。本章为制度梳理章,在首节以国务院先后出台的两部《拆迁条例》为节点,将我国城市国有土地上房屋拆迁专门立法,分为计划经济体制时期（1949—1990）、经济体制转轨时期（1991—2000）、市场经济体制发展初期（2001—2010）三个阶段,并对各阶段的全国性立法及上海地方立法,从政策背景、内容及存在问题分别予以梳理。第二节对我国集体土地上房屋拆迁的立法模式进行梳理,并对北京、上海与广州的地方立法进行对照分析。本章末节对国务院2011年出台的《征收条例》,即房屋征收新政出台的立法与社会背景、亮点内容与热点问题予以梳理介绍。

第三章为"房屋征收新政公益界定之争"。本章中,先从公共利益的两个概念——即何为"公共"、何为"利益"——对公共利益概念进行界定;指出公共利益的主要特征在于利益内容的不确定性与受益对象的不确定性;并对公共利益与个人利益、政府利益及集体利益进行了区分。然后,对德国、法国、美国等国的公益征收的历史演变、公益范围界定中存在的共性问题与司法审查标准问题进行对照研究。最后,结合我国房屋拆迁征收公益要件的立法界定、操作实务与司法实践,对公益范围界定中存在的主要问题展开讨论,指出我国房屋征收公益范围界定中,立法者的使命在于公益概念"确定化"的不断精进,执法者的使命在于"公益"判断余地的自我克制,司法者的使命在于"公益"审查从无所作为到有所作为。

第四章为"房屋征收新政补偿原则、范围与程序之争"。本章中,首先设专节对行政补偿与行政赔偿、行政征收与行政补偿概念进行界定;对征收补偿的法理学基础与法经济学进行了理论探析;并对征收补偿原则、范围与程序进行概要阐述。再设专节对我国房屋征收补偿立法价值取向变迁进行探析,结合上海房屋拆迁征收地方实务——"数人头"到"数砖头"再到"数砖头+数人头"——三个阶段的演变,从政策背景、政策内容与存在问题作深入分析。然后,设专节就房屋征收补偿项目范围及争议展开探讨,分别讨论了"违法建筑"、"临时建筑"与"小产权房"的补偿问题,城市国有土地及农村宅基地土地使用权的补偿问题,并就城市旧改中精神性损失补偿与生活再建补偿等的特殊补偿诉求作了探讨并提出立法愿景。在末节中,还就原房屋拆迁补偿程序中存在的主要问题,如房地产评估公信度失灵、奖励费角色错位、三公原则失守、行政与司法裁判走过场、动迁矛盾化解陷入怪圈等进行原因剖析,阐述对当前房屋征收补偿程序的借鉴意义。

第五章为"房屋征收新政强制执行模式之争"。本章中,先就与强制执行、行政强拆、司法强拆相关的多组法概念进行界定,并对我国强制执行制度的立法变迁、房屋拆迁征收强制执行体制的立法变迁进行梳理。然后,对1991年《拆迁条例》"房屋强拆"双轨制立法模式与地方实务进行深入考察,剖析上述立法模式与实务中存在的主要问题,指出国务院两部《拆迁条例》均确立了"行政强拆"与"司法强拆"双轨制立法模式,在立法层面较好兼顾了公正与效率的价值。但在地方强拆实务中,则倾向于以"行政强拆"、"先行(予)执行"为主的效率模式。在末节对国务院出台"司法强拆"单轨制的背景、对地方政府与法院影响及应对、新政下地方强拆实务进行考察。指出在公益征收背景下,当下问题的关键不在于"行政强拆"或"司法强拆",也不在于"法院执行"还是"政府执行",而在于强拆目的是否限于公共利益、征收补偿是否公平合理,政府、法院动用国家强制力剥夺百姓安身立命之所,是否兼顾了公益与私益、公权与私权、公正与效率的适度平衡。

第 一 章
概　述

为有效保障人民土地房屋财产权,近现代法治国家大多通过宪法、行政法及物权法等规定,建立一套完整的不动产征用征收法律制度,以防范国家动辄以国家利益、公共利益为名强制剥夺人民土地房屋不动产所有权。我国近现代以来,由于受到西方法治的影响,人民不动产征用征收制度在清末与民国初年开始进入中国,并对新中国成立后的土地房屋不动产征用征收制度产生深远影响。本章先就房屋公益征收相关立法概念与制度作简要梳理,并对房屋公益征收的法理学与法经济学基础,以及宪法公益征收条款承载的功能进行理论探析,然后借历史研究与制度分析方法,以时间为序,分别对我国革命根据地时期以来至新中国成立、新中国成立后至改革开放及改革开放后至今的土地房屋公益征收立法溯源进行梳理。以期对本书重点研究领域——房屋公益征收法律制度——的发端、演进、现状及问题形成一个较为清晰的脉络,为后文展开具体问题研究作必要的制度背景铺垫。

■ 第一节　房屋公益征收

本书研究范围侧重于我国土地房屋征收制度中的房屋公益征收,在新中国成立后的中央立法与地方立法框架下,涉及“行政征用与行政征收”“土地征用与土地征收”以及“房屋拆迁与房屋征收”等相关立法概念与制度,为后续行文方便,先行对本书涉及的上述几组立法概念与制度作必要的梳理与界定。

一、行政征用与行政征收

在宪法层面,以 2004 年中华人民共和国宪法修正案(以下简称 2004 年宪法修正案)为分水岭,"行政征收"与"行政征用"的立法概念与制度大致可分为前后两个阶段:[①]

(一)第一阶段:行政征用与征收混同阶段(2004 年宪法修正案前)

新中国成立后的首部宪法,1954 年《宪法》[②]第 13 条对"征用"作了规定:"国家为了公共利益的需要,可以依照法律规定的条件,对城乡土地和其他生产资料实行征购、征用或者收归国有。"1975 年、1978 年两部《宪法》对"征用"作了类似的规定,但删去了"为了公共利益的需要"这一限定条件(均为第 6 条第 3 款)。1982 年《宪法》一方面确立了土地国家所有与集体所有的二元土地所有制(第 10 条第 1 款、第 2 款),另一方面恢复了 1954 年《宪法》关于"征用"的规定:"国家为了公共利益的需要,可以依照法律规定对土地实行征用"(第 10 条第 3 款),但 1982 年《宪法》仅明确了(集体)土地作为行政征用对象,对公民的私有财产是否作为征用对象未予以明确。

可见,该时期在宪法条文中只有"征用"的规定。通说认为,从内涵与外延上实际包含了"征收"。以 1954 年《宪法》、1982 年《宪法》条文为例,"行政征用"的概念系指国家为了公共利益的需要,依照法律规定的条件,凭借国家强制力有偿(或无偿)取得集体或公民财产权(包括土地或其他财产所有权与使用权)的法律制度或行政行为。概有下述几层含义:一是从征用目的上系为了公共利益需要;二是从征用对象上包括集体或公民财产权(1982 年《宪法》从条文字面上虽限于集体土地所有权,但应作扩大解释);三是从征用效果上,发生财产所有权转移或取得使用权;四是从征用补偿上,宪法虽未予明确,但实际上包含无偿与有偿。

---

① 关于征用与征收立法概念与制度,有学者对此作了详细的考察,可参见邢益精:《宪法征收条款中公共利益要件之界定》,浙江大学出版社 2008 年版,第 236—242 页。

② 对我国新中国成立后 1954 年、1975 年、1978 年、1982 年先后颁布的四部宪法,在本书中分别简称为 1954 年《宪法》、1975 年《宪法》、1978 年《宪法》、1982 年《宪法》。

该时期在行政法与行政法学中，则区分了"行政征收"与"行政征用"。通说认为，"行政征收"是行政主体凭借国家行政权，依法向行政相对人强制地无偿地征集一定数额金钱或实物的法律制度或行政行为，即行政主体根据法律规定，以强制方式无偿取得相对方财产所有权。主要包括行政征税与行政收费两大类。[①]"行政征用"是指行政主体为了公共利益的需要，依法强制转移相对人财产所有权、使用权（或劳务），并给予合理补偿的法律制度或行政行为。[②]从上述通说，"行政征收"与"行政征用"的主要区别在下述三个方面：一是从行为对象上，前者限于所有权，[③]后者还包括使用权或劳务；二是从行为效果上，前者发生所有权转移，后者除所有权转移外还包括暂时取得使用权与劳务；三是从是否需要补偿上，前者为无偿性质，后者为有偿性质。[④]但由于该时期我国宪法只有"征用"的规定，未明确区分"征收"与"征用"的概念，造成征用、征收理论与立法制度的混乱。[⑤]

（二）第二阶段：行政征用与征收分离阶段（2004 年宪法修正案后）

2004 年宪法修正案将 1982 年《宪法》第 10 条第 3 款修改为："国家为了公共利益的需要，可以依照法律规定对土地实行征收或者征用并给予补偿。"将第 13 条修改为："国家为了公共利益的需要，可以依照法律规定对公民的私有财产实行征收或者征用并给予补偿。"从而，在宪法层面明确区分了"征收"与"征用"的概念。时任全国人大常委会副委员长王兆国对宪法修正案区分上述概念作了如下说明：征收和征用既有共同之处，又有不

---

① 针对上述通说主张"行政征收"系强制、无偿征税与收费的行为，有学者指出：虽然一般的租税义务也是对财产权的限制，但这不属于（传统意义上）"行政征收"的概念（参见陈新民：《中国行政法学原理》，中国政法大学出版社 2002 年版，第 267 页）。

② 参见胡建淼：《行政法学》，法制出版社 2003 年版，第 260—261 页；闫桂芳、杨晚香：《财产征收研究》，中国法制出版社 2006 年版，第 39 页；沈开举：《征收、征用与补偿》，法律出版社 2006 年版，第 15—16 页，等。

③ 针对上述通说主张"行政征用"包括所有权转移，有学者提出不同意见，认为"行政征用"不发生所有权转移仅暂时取得财产使用权或劳务（罗豪才主编：《行政法学》，北京大学出版社 1996 年版，第 170—171 页）。

④ 我国有多部立法明确规定了征收应给予补偿，与通说主张"行政征收"无偿性相矛盾。例如《中外合资经营企业法》第 2 条第 3 款规定："国家对合营企业不实行国有化和征收；在特殊情况下，根据社会公共利益的需要，对合营企业可以依照法律程序实现征收，并给予相应的补偿。"《外资企业法》第 5 条也作了类似的规定。

⑤ 沈开举：《征收、征用与补偿》，法律出版社 2006 年版，第 17 页。

同之处。共同之处在于,都是为了公共利益需要,都要经过法定程序,都要依法给予补偿。不同之处在于,征收主要是所有权的改变,征用只是使用权的改变……为了理顺市场经济条件下因征收、征用而发生的不同的财产关系,区分征收和征用两种情形是必要的。①

该时期,在相关立法及法学理论中,也随 2004 年宪法修正案而区分了"行政征收"与"行政征用"。其中,从中央立法层面,一方面在其后出台的立法中,明确区分了"征收"与"征用"的立法用语;②另一方面对原有法律和法律解释中关于"征用"的立法用语进行了修订,分别修改为"征用、征收"或"征收"。③

2004 年宪法修正案明确区分了"征收"与"征用"的概念以后,通说认为:"行政征收"是国家为了公共利益的需要,根据法律强制取得集体财产、单位或个人私有财产所有权,并给予补偿的法律制度或行政行为。"行政征用"则是国家为了公共利益的需要,根据法律法规强制使用集体、单位、个人所有或享有权益的财产,使用后予以返还并给予补偿的法律制度或行政行为。二者的区别主要表现在:第一,行为的效果不同。征收的效果是发生所有权的转移,从性质上属于强制购买或无偿收取,不发生返还问题;而征用只是对财产使用权的暂时性改变,使用后予以返还,对不能返还的予以赔偿。第二,行为的对象不同。征收的对象主要是土地房屋不动产,特殊情形下包括动产;征用的对象除了集体土地、公民的私有财产,还包括劳务。第三,行为的依据不同。征收的依据必须是法律;征用的依据除了法律之外,还可以是法规。这是因为征用一般具有暂时性、紧急性,而且强制取得的只是使用权,所以其严格程度要低于征收。第四,补偿的原则不

---

① 王兆国:《关于〈中华人民共和国宪法修正案(草案)〉的说明》,载王培英编:《中国宪法文献通编》,中国民主法制出版社 2007 年版,第 130—138 页。

② 2007 年 3 月 16 日《物权法》对"征收"、"征用"分别进行了规定。第 42 条对"征收"作了规定,第 44 条则对"征用"作了规定。

③ 2004 年宪法修正案后涉及"征收"、"征用"立法用语的修订及新法有:2004 年《全国人民代表大会常务委员会关于修改〈中华人民共和国土地管理法〉的决定》;2007 年《物权法》;2007 年《全国人民代表大会常务委员会关于修改〈中华人民共和国城市房地产管理法〉的决定》;2009 年《全国人民代表大会常务委员会关于修改部分法律的决定》,本次修订将 16 部法律和法律解释中关于"征用"的规定修改为"征收、征用"或"征收";2011 年《国有土地上房屋征收与补偿条例》等。

同。征收的补偿是完全补偿，即需弥补所有人的全部损失，一般应遵循先补偿后征收的原则；而征用的补偿是适当补偿，与完全补偿相比存在量上的差异，同时，由于征用的紧急性，可以进行事后补偿。[①]

二、土地征用与土地征收

在新中国成立初期，1950 年 6 月 30 日中央人民政府公布《土地改革法》，曾设专章对土地（含房屋）的没收和征收作了规定，明确了地主之外的其他阶级成分及团体在"一般农村"土地与房屋的征收范围，但对是否应予补偿未作规定，在实践中"土地征收"主要系无偿收归国有的性质。[②]

在其后的中央立法中，从 1953 年 12 月 5 日经中央人民政府批准公布政务院《国家建设征用土地办法》，至 2004 年宪法修正案通过的 50 余年期间，我国一直通用"土地征用"概念而不涉及"土地征收"的概念。[③]针对该时期的立法制度，通说认为，"土地征用"是国家为了经济建设等公共利益的需要而强制取得土地所有权或强制使用土地的法律制度或行政行为。该时期的"土地征用"实质上包含了"土地征收"。

如前述，2004 年宪法修正案从宪法层面明确区分了"征收"与"征用"的立法概念。时任全国人大常委会副委员长王兆国还进一步对区分"土地征用"与"土地征收"概念作了特别说明：征收和征用既有共同之处，又有不同之处……宪法第 10 条第 3 款关于土地征用的规定，以及依据这一规定

---

① 参见沈开举：《征收、征用与补偿》，法律出版社 2006 年版，第 18—20 页。

② 参见 1950 年《土地改革法》第 3 条："征收祠堂、庙宇、寺院、教学、学校和团体在农村中的土地及其他公地……"；第四条规定："……工商业家在农村中的土地和原有农民居住的房屋，应予征收……"第 6 条规定："……富农所有之出租的小量土地，亦予保留不动；但在某些特殊地区，经省以上人民政府的批准，得征收其出租土地的一部或全部。半地主式的富农出租大量土地，超过其自耕和雇人耕种的土地数量者，应征收其出租的土地……"等。有学者以《土地改革法》前述条文规定为据，提出在 2004 年《宪法》修正之前，我国立法中"土地征收"的含义，是指"国家依照法律规定的条件无偿地将集体或公民手中的土地收归国有的措施"（参见江平主编：《现代民法实用词典》，北京出版社 1988 年版，第 422—423 页，转引自梁慧星主编：《中国物权法研究》（上），法律出版社 1998 年版，第 331 页注 1）。笔者认为，上述对"土地征收"立法用语的定义，应限定于土改时期的立法，但不能扩及 2004 年《宪法》修正之前的全部立法。例如革命根据地陕甘宁边区立法中关于土地征收的规定，系有偿的性质。

③ 石凤友：《我国土地征收法制制度研究》，载房绍坤、王洪平主编：《不动产征收法律制度纵论》，中国法制出版社 2009 年版，第 120 页。

制定的土地管理法,没有区分上述两种情形,统称为"征用"。从实际内容看,土地管理法既规定了农村集体所有的土地转为国有土地的情形,实质上是征收;又规定了临时用地的情形,实质上是征用。①紧随其后,2004 年 8 月 28 日全国人大常委会对《土地管理法》进行了第二次修正,根据 2004 年宪法修正案的规定,区分了土地征收与征用的概念,并明确了土地公益征收补偿制度。②2007 年 3 月 16 日通过的《物权法》第 42 条、第 44 条对"土地征收"、"土地征用"分别进行了规定。2007 年 8 月 30 日全国人大常委会对《城市房地产管理法》进行了修订,增加了"土地征收"的条文。③因此,从两组立法概念的关系而言,"土地征收"与"土地征用"系作为"行政征收"与"行政征用"的下位概念。

三、房屋拆迁与房屋征收

房屋拆迁是我国独特的一项法律制度,该制度源于我国土地所有权与房屋所有权的分离以及土地所有权与土地使用权的分离。④1982 年《宪法》从国家根本法层面正式确立了土地国家所有与集体所有的二元土地所有制,与此相对应,从立法上区分为城市国有土地与农村集体所有土地上房屋拆迁与征收制度。

城市国有土地上房屋拆迁征收制度,在我国肇始于 20 世纪 50 年代。在计划经济体制下,城市房屋拆迁主要靠计划和行政命令。当时,由于经济发展刚刚起步,城市土地资源不是十分紧缺,没有大规模的旧城改造,因而拆迁量比较小。改革开放后,城市房屋拆迁量逐渐增多,尤其到 20 世纪

① 王兆国:《关于〈中华人民共和国宪法修正案(草案)〉的说明》,载王培英编:《中国宪法文献通编》,中国民主制出版社 2007 年版,第 130—138 页。

② 参见 2004 年 8 月 28 日《全国人民代表大会常务委员会关于修改〈中华人民共和国土地管理法〉的决定》,该决定对《中华人民共和国土地管理法》作如下修改:一、第 2 条第 4 款修改为:"国家为了公共利益的需要,可以依法对土地实行征收或者征用并给予补偿。"二、将第 43 条第 2 款、第 45 条、第 46 条、第 47 条、第 49 条、第 51 条、第 78 条、第 79 条中的"征用"修改为"征收"。

③ 参见 2007 年 8 月 30 日《全国人民代表大会常务委员会关于修改〈中华人民共和国城市房地产管理法〉的决定》,作如下修改:在第一章"总则"中增加一条,作为第六条:"为了公共利益的需要,国家可以征收国有土地上单位和个人的房屋,并依法给予拆迁补偿,维护被征收人的合法权益;征收个人住宅的,还应当保障被征收人的居住条件。具体办法由国务院规定。"

④ 王克稳等:《城市拆迁法律问题研究》,中国法制出版社 2007 年版,第 63 页。

90 年代,我国进入大规模的城市发展和旧城改造时期,城市房屋经历着以公有房屋为主的所有权结构向以私有房屋为主转轨的住房制度改革。随着城市建设的发展和住房体制改革的推进,房屋拆迁领域遇到的问题越来越多。在上述背景下,对房屋拆迁征收迫切需要通过立法予以规制,大致经历了一个先从地方立法探索再到中央统一立法的渐进发展历程。[①]从地方立法层面,20 世纪 80 年代改革开放初期,城市建设迅速发展,随着城市旧区改造步伐的加快,涉及城市房屋拆迁的问题越来越多,上海、江苏、浙江、广东、福建等部分省市开始将城市房屋拆迁单独立法予以规范;从中央立法层面,1986 年 5 月国务院开始启动城市房屋拆迁的立法工作,在总结各地经验教训的基础上,经过五年的努力,于 1991 年正式出台《城市房屋拆迁管理条例》,这是我国第一个有关城市房屋拆迁管理的行政法规,开始从中央立法层面对城市国有土地房屋拆迁统一立法予以规范。其后,2001 年国务院又公布了新修订的《城市房屋拆迁管理条例》。2011 年国务院出台《国有土地上房屋征收与补偿条例》,废弃原有的房屋拆迁制度,改为房屋征收制度(详见第二章)。

关于农村集体土地上房屋拆迁与征收,中央立法层面至今尚未进行单独立法,从国务院先后出台的几部征地法规(包括 1953 年政务院《国家建设征用土地办法》、1958 年国务院《国家建设征用土地办法》,1982 年国务院《国家建设征用土地条例》),全国人大常委会 1986 年《土地管理法》及国务院制定的配套《土地管理法实施条例》(包括历次修订与修正)看,征用集体土地上房屋拆迁补偿系作为土地征用中附属物补偿的组成部分。从地方立法层面,有将集体土地房屋拆迁纳入土地征收立法的,有对集体土地房屋拆迁单独立法的,也有将国有土地与集体土地房屋拆迁统一立法的,存在不同的立法模式(详见第二章第二节)。

简言之,从我国房屋拆迁与征收立法制度而言,"房屋拆迁"是指拆迁人(建设单位)因建设项目的需要,经有关政府主管部门审批同意后对被拆

---

① 国务院法制办公室农林城建资源环保法制司、住房城乡建设部法规司、房地产市场监管司编:《国有土地上房屋征收与补偿条例释义》,中国法制出版社 2011 年版,第 11—12 页。

迁人（房屋所有人）的房屋予以拆迁并给予补偿和安置的法律制度。包括城市国有土地上的房屋拆迁与集体所有土地房屋拆迁。①"房屋征收"则是指国家为了公共利益的需要，根据法律强制取得集体、单位、个人房屋所有权并给予补偿的法律制度。二者主要有如下区别：第一，主体不同。房屋拆迁主体包括政府也包括其他建设单位，房屋征收主体则仅限于政府；第二，目的范围不同。房屋拆迁系基于建设项目需要包括公共利益与商业利益，房屋征收则仅限于公共利益的需要；第三，补偿原则方式不同。房屋拆迁兼顾补偿与安置的功能，同时许多地方立法中对市政项目确立了"先拆迁腾地，后解决纠纷"的原则；房屋征收更多侧重于补偿功能附带兼顾住房保障，并确立了"先补偿，后搬迁"的原则；第四，强制执行模式不同。房屋拆迁立法制度下，对拒不履行政府裁决确定搬迁义务的采行政强拆与司法强拆双轨制；在房屋征收制度下，则明确了司法强拆单轨制。

20

■ 第二节 房屋公益征收的理论基础及承载功能

一、房屋公益征收的法理学依据

为什么要征收？该问题可以从多个理论视角进行探究。②从法理学上

---

① 王克稳等：《城市拆迁法律问题研究》，中国法制出版社 2007 年版，第 62 页。还有学者对房屋拆迁概念作了进一步的文义解释："拆"是指将土地上原有建筑物或构筑物予以拆除，"迁"是指对被拆除建筑物内的居住者或者其他权利人等原有的土地使用者予以迁移。并指出所谓"房屋拆迁"，是指根据建设规划要求和政府用地批文，并取得拆迁许可的情况下，依法拆除用地范围内的房屋及附属物，并对该范围内的单位和个人予以补偿和安置的法律行为（参见黄建雄主编：《房地产法》，厦门大学出版社 2008 年版，第 98 页；李延荣主编：《房地产法研究》，中国人民大学出版社 2007 年版，第 238 页；高富平、黄武双：《房地产法学》，高等教育出版社 2010 年版，第 165 页）。

② 关于政府为公益而征收（或征用，下同）私人财产的权力，似乎是政府与生俱来的权力，对政府"征收权力"(the power to take)的理论诠释，早期的大陆法系学者如格劳秀斯和普芬多夫认为，在公民取得财产之前，主权国家对财产拥有初始的和绝对的所有权。个人所有权是由国家让渡的。而国家在让渡的同时自然保留了将来再索回的权利。另一个解释认为征收权是封建时代王室特权的残余。即在欧洲封建制度下，土地的最终所有权归王室所有，贵族和其他人民只是不同层次的佃户。主权国家继承了王室的政治权力，也就继承了这种最终所有权。第三种解释从自然法角度出发，认为征收权是政府得以存在的必要条件，是主权的内在特征(Dukeminier & Krier, 2002:1102—1103)（参见刘向民：《美国的征地行为》，载吴敬琏、江平主编：《洪范评论》（第 7 辑），中国法制出版社 2007 年版，第 92 页）。

进行分析,关于国家通过宪法、法律制定公益征收条款,对私人土地房屋等财产运用国家强制力予以剥夺的理论依据,系基于对"私有财产神圣"观念的理性反思,伴随财产权负有社会义务思想的复兴并得以确立,旨在调和公共利益与私人利益的有机平衡。

(一)"私有财产神圣"自由主义财产权观念的滥觞

近代以来的所有权观念与制度可以说是罗马法所有权观念与制度在近代的复兴。欧洲文艺复兴时期,罗马法开始复兴,这种法学观认为,所有权是与生俱来的,上天赋予所有人对财产以绝对支配的权利。人类个体为了维持自己的生活必须拥有必要的私人财产。然而在奴隶社会与封建社会,私人财产权仅有概念意义,并没有相应法律保护机制。①17、18世纪随着西方人文主义的兴起和自然法思想的传播,罗马法中关于所有权的理念得到了空前的认可和迅速发展。西欧各国相继进行资产阶级革命,在"私有财产神圣不可侵犯"的号角下推翻了封建专制统治。在自然法的学说中,"人们联合成为国家和置身于政府之下的重大的和主要的目的,便是保护他们的财产"。②财产权与生命权、自由权一样是一种前政治社会的天赋权利,是神圣不可侵犯的权利。个人对其所有之财产拥有占有、使用、收益、处分的绝对自由,这成为财产个人主义、所有权绝对思想的基石。③1789年法国《人和公民的权利宣言》将"私有财产神圣"明确写入宪法,④至此,财产权的宪法保障成为近现代西方国家普遍尊崇的一项原则。

在资本主义国家早期财产权立法中,由于受到前述"私有财产神圣"古罗马自然法观念的影响,确立了"所有权绝对"的立法原则。⑤虽然从立法条文看,所有权从来就不是"毫无限制"的权利,但立法者对所有权的限制

---

① 邢益精:《宪法征收条款中公共利益要件之界定》,浙江大学出版社 2008 年版,第 74—75 页。

② [英]洛克:《政府论》(下篇),叶启芳、瞿菊农译,商务印书馆 1964 年版,第 77 页。

③ 沈开举:《征收、征用与补偿》,法律出版社 2006 年版,第 45—47 页。

④ 1789 年 8 月法国《人和公民的权利宣言》第 17 条:"财产是神圣不可侵犯的权利,除非当合法认定的公共需要所显然必要时,且在公平而预先赔偿的条件下,任何人的财产不得受到剥夺。"(参见萧榕主编:《世界著名法典选编·宪法卷》,中国民主法制出版社 1997 年版,第 103 页。)

⑤ 美国财产法中,表示个人对土地拥有绝对所有权的一个基本名词术语 fee simple,可追溯到英国的封建时代,来自早年英国的土地分封制度(参见李宝发:《美国财产法术语辨析》,载《中国科技翻译》2014 年第 1 期)。

十分有限。以 1896 年《德国民法典》为例，立法者将所有权之概念，定位为一种富含自由主义之浪漫，而且绝对性的概念。《德国民法典》第 903 条关于"所有人的权限"之规定，除了在违反法律之规定及妨碍第三者的权利之情形外，有绝对的排他权利。可以"依其所好"来使用其财产权之标的，并排除他人之介入。①第 905 条关于"所有权的限制"之规定，明确土地所有权上至天空、下达地层。②虽然法典的制定者已经认识到，土地所有人应当容忍来自他人土地的对其土地使用权的某些侵害（第 906 条）。但在立法者看来，这些限制不会影响到所有权制度的核心，即所有物属于所有权人的排他的意志领域和支配范围。③

在上述"私有财产神圣"、"所有权绝对"自由主义财产权观念的影响下，国家对私人土地房屋等财产的强制征收，在征收范围与条件上均受到了极大的限制。

（二）"财产权负有社会义务"观念的兴起

随着资本主义国家社会经济的发展，上述"私有财产神圣"、"所有权绝对"自由主义财产权观念的负面影响逐渐显现，并严重影响了社会的整体发展和人们权利的行使，为了增进公共福祉、实现社会正义而要求限制私人财产权的呼声越来越高。各国学者在探究如何平衡公共利益和私人利益关系中，对自由主义财产权观念进行反思，并提出了许多限制私有财产权的学说理论，如所有权义务说、社会协作说、特别牺牲说、利益位价说等。④"所有权义务说"及"特别牺牲说"是为倡导公益征收的代表性学说，"所有权义务说"侧重阐述了国家为什么要动用强制力进行公益征收，而"特别牺牲说"侧重阐述了为什么要对被征收人进行合理补偿。对于"特别

①　陈新民：《德国公法学基础理论》（增订新版上卷），法律出版社 2010 年版，第 462 页。

②　1896 年 8 月 18 日公布 1900 年 1 月 1 日施行的《德国民法典》第 903 条："物的所有人，以不违反法律或第三人的权利为限，可以随意处分物，并排除他人的任何干涉……"第 905 条："土地所有人的权利扩及表面上的空间和表面下的地层。但所有人不得禁止在其对排除干涉不具有利益的高度或深度范围内进行的干涉。"（参见杜景林、卢谌译：《德国民法典》，中国政法大学出版社 1999 年版，第 222 页。）

③　〔德〕卡尔·拉伦茨：《德国民法通论》（上册），王晓晔、邵建东、程建英、徐国建、谢怀栻译，法律出版社 2003 年版，第 85 页。

④　陈伯礼、徐信贵：《不动产征收制度之构建逻辑与动作机理》，载房绍坤、王洪平主编：《不动产征收法律制度纵论》，中国法制出版社 2009 年版，第 209—211 页。

牺牲说",将在第四章"房屋征收补偿"中另行阐述。

"所有权义务说"又称为所有权社会化理论,首倡者被认为是德国著名学者耶林(Rudolf von Jhering)。他在《法律的目的》一书中提出:所有权行使之目的,不应仅为个人的利益,同时应当为社会的利益,因此,倡导以社会所有权制度代替个人所有权制度。①继耶林之后,德国著名法学家祁克(Otto von Gierke)在《德意志私法论》(第 2 卷)中说:所有权绝对不是一种与外界对立的丝毫不受限制的绝对权利,相反,所有人应依法律程序,并顾及个人财产的性质与目的行使其权利。法国所有权社会化思想的倡导者获骥,否认所有权为一种权利,声言人在社会中并无自由,为尽一己职责,只有依社会利益而行为的义务。②获骥在《德国民法典以后之私法变迁》中进一步指出:土地所有权并非为土地所有人利益存在,仅为增进全人类需要而赋予保有土地之社会机能而已。③上述观念为 1919 年德国《魏玛宪法》(即《德意志帝国宪法》)所确认,《魏玛宪法》首次宣示财产权的使用应有助于"公共福利"。第 153 条规定:"所有权受保障。其内容及其限度,由法律定之。征收惟有为公共福利,且依法律,方得为之⋯⋯""所有权负有义务。其行使应同时有益于公众福利。"第 151 条还规定,个人的经济自由,惟有在符合正义的情况下,也就是在能满足合乎人类尊严的生存的情况下,方可以受到宪法的保障。上述虽将财产权人对社会的义务,由传统见解之宗教式及道德式的义务提升到"法律义务"的层次,但仍停留在只是"当为规定"的阶段,终魏玛之世,仍视为一种对立法者的指示、期望或呼吁的"方针条款"(Programmvorschrift)而已。④

自从《魏玛宪法》确立了财产权负有社会义务以来,所有权不再具有不受侵犯的绝对性,这一点已经成为共识,并为 1949 年《德国基本法》所进一步确认。该法第 14 条第 2 款规定:"所有权负有义务,其行使应同时有助于公共福祉。"但与《魏玛宪法》将财产权社会义务视为"方针条款"不同的

① 邢益精:《宪法征收条款中公共利益要件之界定》,浙江大学出版社 2008 年版,第 76 页。
② 梁慧星主编:《中国物权法研究》(上),法律出版社 1998 年版,第 246—250 页。
③ 陈华彬:《土地所有权理论发展之动向》,《民商法论丛》(第 2 卷),法律出版社 1995 年版,第 5 页。
④ 陈新民:《德国公法学基础理论》(增订新版上卷),法律出版社 2010 年版,第 444—445、462 页。

是,《德国基本法》的上述条款系对于财产权人一项有适用力的、直接的法律义务。同时亦作为拘束立法者的一种法律标准。此外,对于行政及司法机关而言,上述条款亦应作为解释的准绳,同样有所拘束。《德国基本法》确立了"社会(福利)法治国家"之理念,其立国原则系以追求"社会正义"为首要目标,不可避免地,就必须透过人民私有财产的社会义务性来达成。尤其在有关土地房屋等不动产以及工业资本方面,为了消弭随着国家工业化而带来的社会问题,必须经过法律的规定,对财产权人的权限加以限制。就土地所有权方面,民法的"依其喜好"地来使用、处分其所有权之标的,已不复存在。古典之财产权"神圣不可侵犯"之理念,已经失其意义。[1]有学者指出,在我国民法典物权编的立法研究中,考虑到物权法是关于财产的所有与其物权的利用的法律,关涉人民、社会及国家的根本财产利益,故此,民法典物权编的立法尤其应当谨严、审慎。[2]

上述财产权负有社会义务的观念,成为现代西方资本主义国家制定财产法的一项立法指导原则。在这一观念的影响下,国家对私人土地房屋等财产的强制征收范围与条件的限制,总体上呈现出一个由窄到宽的趋势。但晚近以来,伴随各国社会经济发展对财产征收范围进行扩大化解释所带来的新问题,亦开始出现从严控制征收范围的呼声。

二、房屋公益征收的法经济学分析

运用经济手段去分析和评价法律制度,是 20 世纪以来西方学者发展的一个潮流。财产征收的经济学基础来源于财产权的经济学理论。财产权的经济学理论系广义的法经济学分析范畴。法经济学分析是 20 世纪六七十年代在美国兴起的法学思潮。[3]其中理查德·波斯纳是法律经济学分析的代表人物。[4]在完全市场条件下,财产权的转让总能够获得经济效率,但由于市场本身的局限性,公共物品尤其是土地等不可再生的稀缺性资

---

① 陈新民:《德国公法学基础理论》(增订新版上卷),法律出版社 2010 年版,第 463—464 页。

② 陈华彬:《我国民法典物权编立法研究》,载《政法论坛》2017 年第 5 期。

③ 闫桂芳、杨晚香:《财产征收研究》,中国法制出版社 2006 年版,第 51 页。

④ Richard A.Posner, Economic Analysis of Law. New York: Aspen Law and Business, 5th ed. 1998.

源,政府通过市场供应是困难的,一方面涉及的财产所有权人都是多数,在谈判中财产所有者处于垄断地位,而又没有其他财产可以替代;另一方面又存在着政府、被征收人、开发商、社会公众等多方利益主体不同的利益诉求,造成了利益博弈过程的复杂性。[①]基于上述原因,国家为了增进公共福祉、实现社会公平正义,不得不运用强制力剥夺私人土地房屋不动产所有权。[②]在土地征收中,从法经济学角度分析,国家强制征收权主要有下述方面的理由:

(一)不完善市场条件下的交易困局:"钉子户"问题与"集合"问题

关于征地(财产)权存在的理由是什么? 学者指出:"征用权是在不完善的市场中提高效率的一种手段。由于市场的不完善,某些交易由于交易成本过高而难以完成。比如铁路,一旦铁路动工,重新变换路线的成本会非常高。知道了这个问题,铁路沿线的居民就有动力在向铁路公司出售土地的谈判中抬高价格。这就产生了拆迁过程中常见的'钉子户'问题(the holdout problem)。由于'钉子户'的存在,要较快地集合建筑所需的所有土地就会很困难,于是产生了'集合'问题(the assembly problem)。这两个问题反映在交易成本上,使得交易成本过高,导致受到交易成本影响的产品和服务提供不足,进而导致社会福利的损失。按照波斯纳法官的区分,有关财产权的交易可分为高交易成本和低交易成本两类。属于低交易成本的产权买卖可以完全通过市场进行。高交易成本的产权交易要政府干涉。"因此,学者进一步指出:"如果没有征用权,许多具有强的正外部性的公共项目就难以完成。政府的征地权可以有效克服'钉子户'问题和'集合'问题,降低交易成本,保证必要的公共产品有足够的供应。"[③]

在我国房屋拆迁征收实践中,"钉子户"问题和"集合"问题同样是长期

25

① 高志宏:《土地征收中的利益博弈与法律制衡》,载《江苏社会科学》2014 年第 1 期。

② 关于国家征收私人土地房屋财产权存在的理由,学者概括为下述四个方面的原因:其一,土地是具有特殊稀缺性的资源;其二,土地是法律上的特定物;其三,国家占有的土地利用完毕;其四,现代社会加剧土地供给矛盾(肖顺武:《公共利益研究——一种分析范式及其在土地征收中的运用》,法律出版社 2010 年版,第 214—215 页)。

③ 刘向民:《美国的征地行为》,载吴敬琏、江平主编:《洪范评论》(第 7 辑),中国法制出版社 2007 年版,第 110—111 页。

困扰政府与拆迁征收单位的首要问题,笔者在从事房屋拆迁引发民事、行政争议司法审查与司法强拆实务中,深刻体会到政府强制征收权的必要性。①

（二）对解决高交易成本的反思：市场与政府何者更有效？

上述征地的交易成本理论能在多大程度上解释现实？正如波斯纳所言,许多政府征地行为完全符合交易成本理论,如征地用于修建高速公路、机场、军事基地等公共设施与国防设施。但有许多征地行为并没有很强的交易成本问题,比如修建学校、邮局、政府办公楼等项目。按照交易成本理论,后者完全可以通过市场来完成。但人们仍然提出质疑,即便在高交易成本情况下,是否均需动用政府强制征收权？以私人发展商在搞成片开发为例,由于没有征用权,私人开发商通过市场手段也有效克服了交易成本问题。如代理商购买（buying agent）；订立期权合同（option agreement）；隐瞒真实购买人身份（straw transaction）等。一个典型的例子是哈佛大学为了扩展校园需要购买大片且必须是连片的土地。哈佛大学作为私立大学无权要求政府为其行使征用权,但它行使了前面所描述的几种市场手段,成功地以正常的市场价格收购到了自己所需要的土地,有效克服了典型的"钉子户"和"集合"问题。②

因此,人们难免会质疑：即使在高交易成本的情况下,市场是否也可能比政府更有效？对此,论者尖锐指出：上述批评的前提是政府可以与非政府主体一样能够有效隐藏其真实目的,从而诱使单个的（土地房屋）所有者以市场价格出售财产。论者正确指出,政府公共项目所需的成片土地,难以通过"秘密"的市场交易行为来完成。第一,政府兴建的许多公共项目是不可能保密的,因此"钉子户"问题仍然会阻碍市场交易；第二,政府公共项

---

① 关于"钉子户"问题和"集合"问题,媒体上有大量正面与负面的报道。笔者 2012 年 2 月亲身经历了一个扫尾基地最后一户动迁居民的强制搬迁。该户"钉子户"从 2008 年动迁基地启动以来,与拆迁实施单位及开发商协商、裁决、诉讼、申诉长达四年之久,所提补偿要求极不合理,如果政府没有强制征收权,则问题难以解决。

② 波斯纳法官在其《法律的经济分析》一书中指出：经济学家不仅可以在普通法的领域内自由行动,也可以在这些领域之间自由行动……对于财产权的界定可以看成一个如果交易成本不是过高双方会达成什么预防措施的过程（参见〔美〕大卫·D.弗里德曼：《经济学语境下的法律规则》,杨欣欣译、龙华编校,法律出版社 2004 年版,第 374 页）。

目所需土地面积往往远大于私人项目所需的土地,地段依赖程度(site-dependency)也更强。随所需土地面积增大和地段依赖程度增加,土地主寻求垄断地租的动机也越来越强,"钉子户"问题也越来越严重。第三,有些"钉子户"问题和"集合"问题是由非市场因素造成,比如,对祖居的特殊情感使得财产所有者面对再高价格也不愿出售。此类问题仅靠市场手段显然是不够的。第四,通过"私密"的市场行为而不是公开的征地程序更容易滋生腐败。私有主体之间的私密市场交易一般是对双方有利的。而政府与私人之间的私密交易,未必会对政府有利。只要负责交易的政府雇员从中获得了利益,交易即使对政府和公众不利,也可能发生。腐败的危险,是拿纳税人的钱进行私下交易的根本问题。以上分析表明,政府征地权的存在是有必要的。①

　　上述经济学的分析揭示了征地权存在的合理基础,征收权是解决"钉子户"问题和"集合"问题的有效手段。在土地房屋市场收购实务中,关于非市场因素导致收购失败有许多实例,例如在媒体上广为流传的关于美国"最牛钉子户"的案例,老太面对开发商开出的远高于市场的收购价,拒绝出售居住数十年的私有房产。②在我国也同样存在类似的"钉子户"问题和"集合"问题,但在许多情形下并非被拆迁人希望获得高于市场价值的超额

27

　　①　参见刘向民:《美国的征地行为》,载吴敬琏、江平主编:《洪范评论》(第7辑),中国法制出版社2007年版,第111—112页。

　　②　梅斯菲尔德1921年出生在美国阿勒冈州,1966年为了照顾年老的母亲,搬进了西雅图巴拉德西北46街一个两层楼的小房子。这栋房子建于1900年,只有90多平方米。2006年,梅斯菲尔德84岁时,这座房子开始成为"钉子"——有开发商想在这块区域建一个五层的商用大厦,而梅斯菲尔德拒绝搬走。根据政府评估机构的测算,梅斯菲尔德破旧不堪的房子只值8 000美元,其所在的地皮也差不多只值10万美元。然而,开发商几次提高报价,最后提到100万美元,老太还是不肯搬。按照她的说法:"我不关心钱,再说,那么多的钱对我有什么用?""我经历过第二次世界大战,噪音对我来说没啥。我今年84岁了,我在这里很开心,我哪也不去。"最后,由于开发商无权拆她的房子,西雅图地方政府也没有帮忙的意思,开发商只好修改了图纸,三面围着她的小房子,建起凹字形的五层商业大楼。据报道称,工程项目主管巴里·马丁为老太的执著所打动,两人成了暮年之交,照顾老太晚年生活。老太去世后,在遗嘱里把房子送给了马丁,以感谢他在自己生命最后一段时间的陪伴和照顾。其后,马丁以31万美元的价格,把房子卖给了一家地产指导公司老板格雷格·皮诺。皮诺准备对房子进行改造,让房子和旁边商业大楼一样高,下面两层开放空间向市民开放。他把这栋房子做成一个项目,起名"信念广场",他认为这个房子让每一个美国人思考自己的人生。当然,你花钱就可"买下"房子的一块砖,在上面刻下你的信念和名字(汉网/武汉晨报:《美国最牛"钉子户"逼开发商更改大楼设计》,http://news.sohu.com/20091209/n268794665.shtml,访问日期:2010年10月4日)。

动迁补偿利益,而是当时的补偿标准过低所致,对此已有许多学者作过专题的研究。① 此外,笔者在此还需特别指出的是,关于"私密"市场交易失灵的理论分析,对我国当前房屋拆迁征收实务,具有尤为重要的借鉴意义。②

三、房屋公益征收条款功能与财产权宪法保障

上述从法理学、经济学视角对土地房屋公益征收的存在理由进行了分析。然而,国家通过立法(包括宪法、征收法及财产法)对土地房屋等财产设立公益征收条款究竟具有什么意义,承载着怎样的功能? 这无疑是一个需要进一步探究的问题。

(一)土地房屋财产权宪法保障规范体系

如前所述,近现代资本主义国家关于私人财产权立法,经历了一个从"所有权绝对"到"所有权负有社会义务"的转变历程。从现代西方发达国家有关财产权的宪法保障规范的内容看,私有财产权的宪法保障制度主要有三重结构:第一为保障条款,也称为不可侵犯条款,即在一般意义上明示财产权保障的宪法原理;第二为制约条款,又称为限制条款,即确认财产权的内在界限以及公共福利与社会政策对财产权的制约作用;第三,征收补

28

---

① 参见冯玉军、李秀君:《权力、权利和利益的博弈——〈城市房屋拆迁管理条例〉的法经济学分析》,邱新有、戴微星:《三方博弈:"权""利"主体行动策略模式分析》,载吴敬琏、江平主编:《洪范评论》(第7辑),中国法制出版社2007年版,第1—59页。

② 举数年前笔者处理的一起因动迁引发的析产案件,上海市淮海西路一旧式里弄动迁基地,因补偿标准兼顾人头与砖头,每本产权证托底100余万元。该基地动迁前数年,多数产权人均通过继承析产方式,尽量以最少单元到交易中心取得多本产证(据称独立构造单元最低控制面积为13平方米)。但该户因存在家庭纠纷等原因,未能在拆迁许可证核发前办理析产手续。经实测该户接近160平方米,如该户进行析产,则至少可析出10本以上独立产证。在动迁期间,该户诉至法院要求析产,由于该动迁项目系政府土地储备项目,经法院与拆迁单位充分协商,考虑到基地面上情况与该户的实际情况,最终通过调解方式将该房析成10个独立单位,由各家庭成员按份共有,有效实现了公益与私益的平衡,避免了一起旷日持久的拆迁纠纷。该纠纷虽得到了完满的解决,但在处理过程中存在两方面的危险:一是该案"背靠背"的调处过程有滋生腐败的潜在风险。上述个案正义的实现,系由于动迁实施单位的负责人(政府委托动迁的雇员)、法院司法者基于动迁补偿规则对该户存在明显不公的清醒认知,同时亦秉持通过案外协调修正上述不合理动迁规则,以回归个案正义的"善"的价值追求。舍除其一,要么机械执法导致个案非正义并引发纷争;要么出现权力寻租而滋生腐败。二是该纠纷的解决仍有动摇基地公示的既有动迁补偿规则的风险。从该基地告示的动迁补偿政策,动迁补偿系以拆许可证核发之日的产权证出户安置,而该案实现个案正义的同时,却又动摇了既有的补偿规则,虽然问题的根源在于补偿规则未尽周详,但规则一经制定,非依法定程序修订前均需一体遵循是为法治的应有之义。然而,基于动迁所涉问题的复杂性,规则一再面临"被例外"的风险。关于此问题,笔者将在第四章中再行阐述。

偿条款,又称公益征收条款或公共利益条款,即规定国家根据公共利益对私人财产进行征收并给予合理补偿。上述三层结构彼此具有特定的内涵与功能,其中,不可侵犯条款确定了财产权宪法保障的一般前提;制约条款旨在对财产权的保障加诸一种适当的限定;第三层公益征收条例又进而对财产权的制约进行制衡,从而既维护了不可侵犯条款确立的前提规范,又为制约条款在整个规范内部提供了恰到好处的缓冲机制。上述三层结构逐层展开、环环相扣、相辅相成,形成了一个深具内在张力,然而又是相对严密、相对自足的复合机制。建立于这种复合结构之上的现代财产权宪法保障规范体系,其实就是一种具有逻辑意义上的正反合的三段式规范体系。[①]

以德国宪法为例,从 1919 年《魏玛宪法》到 1949 年《德国基本法》,在宪法条款中分别确立了所有权保障条款,明示所有权受到宪法保障;所有权限制条款,明示所有权负有义务;公益征收条款,明示征收惟有因公共福祉所需方得为之并需予以补偿。此种"无补偿即无征收"之条款,即所谓的"唇齿条款"(Junktimklausel),可以清楚地显示出,如德国学者乌里希所指陈:在宪法的体系中,财产权保障、征收和补偿三者,不仅在经济上,也在法律上,都已融合为一体(三位一体),而不可分离。[②]

(二)公益征收条款承载的功能

上述现代财产权宪法保障规范体系中,公益征收条款扮演了非常重要的角色。依据德国学者的分析,该条款执行着三大功能:

1. 公益征收条款是一个授权条款。如上述,财产权宪法保障规范体系三层结构中,第一层为"保障条款",所有权(财产权)作为宪法基本权利得到保障。这意味着对所有权的侵犯都必须要有一个法律基础。一个能够随时侵犯私人所有权的国家绝对不能称之为法治国家。国家原则上不能侵犯所有权,只有在特殊的法律授权下才能够侵犯私人所有权。因此,公益

① 林来梵:《从宪法规范到规范宪法》,法律出版社 2001 年版,第 206—207 页。另参见房绍坤、王洪平:《私有财产权之保障、限制与公益征收——一个比较法的视角》,载房绍坤、王洪平主编:《不动产征收法律制度纵论》,中国法制出版社 2009 年版,第 28—92 页。

② U.Scheuner, Die Abgrenzung der Enteignung, DöV 1954,588(转引自陈新民:《德国公法学基础理论》(增订新版上卷),法律出版社 2010 年版,第 474—475 页)。

征收条款构成对于国家侵犯私人所有权的基本授权。①宪法"保障条款"的基本任务是保障所有权的存在利益,这要先于所有权的价值保障。只有在征收的情况下,存在保障才转变为对所有权的价值保障。

2. 公益征收条款是一个限权条款。宪法虽然授权国家可以征收土地房屋等财产,但却设置了许多限制,其中最重大的限制就是公共利益作为征收的构成要件。所有征收一方面在实质上必须服务于公共利益,另一方面在形式上必须有法律的规定作为征收的基础。

3. 公益征收条款还充当了化解社会利益冲突的重要工具。一方面私人利益在公共利益要求的特殊情况下要作出牺牲,但这种牺牲不是无条件的,而是在最大限度内不损害其物质利益的范围内进行。公共利益条款的实质功能在于保护私人所有权免受国家的侵犯,而非为了满足公共利益需要而设置的工具,除此功能外,不应被赋予其他的功能,如社会救济功能、财富再分配功能、增加国家财富功能等。关于上述其他功能,应通过其他制度解决,公共利益条款不应该承担自己不能承受之重。

因此,学者总结指出:"公共利益(公益征收)条款可以说是连接私人与公共关系的纽带。正是因为所服务的是公共利益,个人利益在某种程度上也幻化其间,个人利益才必须作出牺牲,也正是因为是公共利益,与直接相关的个人利益有着重大差别,个人利益才必须得到充分保障。没有绝对值得保障的个人利益,也没有绝对值得保障的公共利益。"②然而,回顾我国改革开放以来的房屋拆迁征收制度,则承载着包括住房保障、社会救济、财富再分配等诸多功能,从而使得房屋拆迁征收演变成为一个难以用一部拆迁法规予以规范的领域。

■ 第三节　我国房屋公益征收制度溯源

土地房屋等财产的征收立法,在西方可追溯至罗马法时代。其近代意

---

① Wilhelm Schmidbauer, Enteignung zugunsten Privater, S.86f, 1989(参见袁治杰:《德国土地征收中的公共利益》,载《行政法学研究》2010 年第 2 期)。

② 袁治杰:《德国土地征收中的公共利益》,载《行政法学研究》2010 年第 2 期。

义,经由荷兰著名法学家格劳秀斯的阐明,①在法国、德国等欧洲国家率先得以发展,并于 18 世纪将财产征收写入宪法与法律。②其后,公益征收逐渐演变成近代西方国家保障公民财产权的重要法律制度。晚清时期,征收制度传入中国并产生影响。我国现行司法制度有关土地房屋征收的立法最早可追溯至革命根据地时期。本书为叙述方便,以新中国成立为分水岭,将我国革命根据地时期以来的土地征收制度的立法沿革分为新中国成立前、新中国成立后至改革开放、改革开放后至今三个阶段作概要梳理。

一、新中国成立前的土地房屋征收制度

在土地革命时期,毛泽东就说过:“农民问题最重要者厥为土地”、“贫农问题的中心问题,就是一个土地问题……不使农民得到土地,农民将不能拥护革命至于最后胜利。”③还有学者指出:“中国的土地制度,是中国社会、经济、政治的根源。中国的治乱,基于土地制度的兴废,国民生活的安危,也基于土地制度的整理与否。”④因此,在新中国成立前,土地问题一直是根据地与解放区时期的中心问题。

（一）宪法规定

1931 年 11 月 7 日,中华苏维埃第一次全国代表大会通过《中华苏维埃共和国宪法大纲》第 6 条规定:“中华苏维埃政权以消灭封建剥削及彻底的改善农民生活为目的,颁布土地法,主张没收一切地主阶级的土地,分配给

① 格劳秀斯指出,征收的许可,是因为领主对其臣民有“最高统治权”(dominium eminens),依此原则,如有“合法之理由”(iusta causa),而且,此项合法理由,系以“公共用途”(utilitas publica)为目的,领主自可以来侵犯人民的财产。人民可以由领主之处,取得损失补偿[参见陈新民:《德国公法学基础理论》(增订新版上卷),法律出版社 2010 年版,第 465 页]。

② 西欧终至 18 世纪末,只要是为了公共用途之需,国家对人民的财产即可征收之,不需特别的法律作为依据。直到法国大革命后,才将财产征收的许可要件列入宪法,成为近代自由法治国家的正式法律制度。法国 1789 年 8 月发表的《人权宣言》第 17 条规定:“财产是神圣不可侵犯的权利,除非当合法认定的公共需要所显然必要时,且在公平而预先赔偿的条件下,任何人的财产不得受到剥夺。”这是首次将财产公益征收写入宪法,为公民财产权提供宪法保障。德国普鲁士邦国 1794 年颁布的“普鲁士一般邦法引论”(Einl. ALR)第 74 条及第 75 条,已规定了征收的一般规则。关于近代以来西欧国家公益征收概念的演进,参见本书第三章。

③ 参见刘玉录:《集体土地房屋拆迁补偿办法研究》,载上海社会科学院房地产业研究中心、上海市房地产经济学会编:《中国房地产研究》丛书 2007 年第三卷,上海社会科学院出版社 2007 年版,第 2 页。

④ [日]长野郎:《中国土地制度研究》,强我译,中国政法大学出版社 2004 年版,原序。

雇农、贫家、中农,并以实现土地国有为目的。"第 8 条规定:"……帝国主义的租界租借地无条件的收回,帝国主义手中的银行、海关、铁路、商业、矿山、工厂等,一律收回国有……"1939 年 1 月陕甘宁边区第一届参议会通过《陕甘宁边区抗战时期施政纲领》,第 18 条:"确定私人财产所有权,保护边区人民由土地改革所得之利益。"1941 年 11 月 17 日陕甘宁边区第二届参议会通过《陕甘宁边区施政纲领》,第 10 条:"在土地已经分配区域,保证一切取得土地的农民之私有土地制……"1946 年 4 月 23 日陕甘宁边区第三届参议会第一次会议通过《陕甘宁边区宪法原则》第 4 条第 1 款:"应保障耕者有其田、劳动者有职业,企业有发展的机会。"①

该时期的四部宪法性文件对土地改革及农民土地所有权之保障作了规定,对土地征收则未作明确规定。

(二) 征地立法

1939 年 4 月 4 日颁布实施的《陕甘宁边区土地条例》第 18 条规定:"有下列情形之一者,政府得征收人民之土地:(1)交通道路所必经者;(2)军事上需要者;(3)公共之建筑。"第 19 条规定:"政府征收人民土地时,须按该人民之实际情形,更换其他土地,或予以地价。"1942 年 1 月 1 日公布的《陕甘宁边区保障人权财权条例》第 6 条规定:"边区人民之财产、住宅,除因公益有特别法令规定外,任何机关、部队、团体不得非法征收、查封、侵入或收捕。"1944 年 12 月颁布的《陕甘宁边区地权条例》第 13 条规定:"由于建筑国防事业,兴修交通道路,进行改良市政工作,以及举办其他以公共利益为目的而经边区政府批准的事业,政府得租用、征用或以其他土地交换任何人民或团体所有的土地。"②

该时期从征地立法用语上,先后使用征收与征用;从立法原意看,两个用语没有区别,均是指运用强权力剥夺公民不动产所有权。该时期的立法,主要有下列特征:首先,征收目的上,带有强烈的战时特征,主要是为了满足战事及后方建设的需要;其次,征收补偿上,对补偿原则、范围未作明

① 王培英编:《中国宪法文献通编》,中国民主法制出版社 2007 年版,第 286—298 页。
② 邢益精:《宪法征收条款中公共利益要件之界定》,浙江大学出版社 2008 年版,第 244—245 页。

确规定,对补偿方式规定可以实物置换或地价补偿;最后,征收程序与救济上,均未作明确规定。

二、新中国成立至改革开放的土地房屋征收制度

新中国成立至今的土地征用征收制度可分为四个发展阶段:1949—1957 年的土地改革和农业合作化时期,这是土地征用立法起步阶段;1958—1965 年的人民公社化时期,这是土地征用立法调整阶段;1966—1977 年的"文化大革命"及其过渡时期,这是土地征用立法停滞阶段;1978 年改革开放至今的社会主义经济建设时期,这是土地征用立法逐步完善阶段,即土地征用制度规范化、法制化阶段。[①]本部分先行对改革开放前的三个阶段予以梳理。[②]

(一)土地改革与农业合作化时期(1949—1957)

1. 宪法规定

(1)《共同纲领》

1949 年 9 月 29 日,中国人民政治协商会议第一届全体会议通过了《中国人民政治协商会议共同纲领》(以下简称《共同纲领》),这是新中国宪法史上第一部比较完备的新民主主义性质的宪法性文件。《共同纲领》第 3 条规定:"中华人民共和国必须取消帝国主义国家在中国的一切特权,没收官僚资本归人民的国家所有,有步骤地将封建半封建的土地所有制改变为农民的土地所有制……"第 27 条规定:"土地改革为发展生产力和国家工业化的必要条件。凡已实行土地改革的地区,必须保护农民已得土地的所有权。凡尚未实行土地改革的地区,必须发动农民群众,建立农民团体,经过清除土匪恶霸、减租减息和分配土地等项步骤,实现耕者有其田。"《共同纲领》对新中国成立后即将在全国范围推进的土地改革运动确定了总原

---

① 邢鸿飞、陈广华、吴志红、郑玮炜:《土地征用及房屋拆迁法律问题研究》,中国方正出版社 2010 年版,第 107—111 页。

② 有学者以 1982 年《国家建设征用土地条例》为分水岭,将新中国成立后至 2013 年的土地征收补偿制度分为两类,第一类是"计划式土地征收制度(1949—1982)";第二类是"市场—计划混合式土地征收制度(1982—2013)"(参见刘征:《我国土地征收补偿制度研究》,华中师范大学 2015 年博士学位论文)。

则,明确国家的首要任务之一是着手进行土地改革,将封建半封建的土地所有权制度改变为农民的土地所有权制度,积极确认保障农民的土地所有权,对土地征收制度则未作规定。

(2) 1954 年《宪法》

1954 年 9 月 20 日,第一届全国人民代表大会第一次会议通过《中华人民共和国宪法》(以下简称 1954 年《宪法》),这是新中国历史上第一部社会主义类型的成文宪法,对土地所有权与土地房屋征收均作了规定。从生产资料所有制形式上,根据 1954 年《宪法》第 5 条的规定,包括国家所有制,即全民所有制;合作社所有制,即劳动群众集体所有制;个体劳动者所有制;资本家所有制等形式。根据第 8 条、第 9 条、第 10 条的规定,国家均依照法律保护农民的土地所有权和其他生产资料所有权、手工业者和其他非农业的个体劳动者的生产资料所有权、资本家的生产资料所有权和其他资本所有权。从土地房屋征收上,1954 年《宪法》第 13 条规定:"国家为了公共利益的需要,可以依照法律规定的条件,对城乡土地和其他生产资料实行征购、征用或者收归国有。"这是在新中国宪法史上首次对土地与房屋的征用作了原则性规定,明确国家征地目的限于"公共利益"的需要,但对征地补偿与程序未作规定。

2. 征地立法

(1) 1950 年《土地改革法》与《城市郊区土地改革条例》

新中国成立后,即在全国开展轰轰烈烈的土地改革运动,整个中国进行了一次翻天覆地的大变革。土改运动区分"一般农村"与"城市郊区",并进行分别立法:

中央人民政府 1950 年 6 月 30 日公布《土地改革法》,正式拉开了农村土改运动的序幕。该法第 1 条明确立法目的:"废除地主阶级封建剥削的土地所有制,实行农民的土地所有制,借以解放生产力,发展农业生产,为新中国的工业化开辟道路。"该法第二章"土地的没收和征收",设一个条文对没收地主的土地和多余的房屋作了规定,第 2 条:"没收地主的土地、耕畜、家具、多余的粮食及其在农村中多余的房屋……"同时设多个条文对富农、工商业家、其他阶级成分及团体在一般农村的土地与房屋的征收分别作了规定。该法第3条规定："征收祠堂、庙宇、寺院、教学、学校和团体在农村中的土地及其他公地……"；第4条规定："……工商业家在农村中的土地和原有农民居住的房屋，应予征收……"第6条规定："……富农所有之出租的小量土地，亦予保留不动；但在某些特殊地区，经省以上人民政府的批准，得征收其出租土地的一部或全部。半地主式的富农出租大量土地，超过其自耕和雇人耕种的土地数量者，应征收其出租的土地……"等。①

《土地改革法》对地主之外的其他阶级成分及团体在"一般农村"土地与房屋征收的规定，除明确了被征收的主体、征收的范围外，对是否应予补偿未作规定，而实践中系为无偿性质。因此，该时期涉及土地与房屋的"征收"，系无偿收归国有的性质。

中央人民政府1950年11月21日公布《城市郊区土地改革条例》，该条例为全国范围内城市郊区的土改运动提供了依据，条例第14条规定："国家为市政建设及其他需要征用私人所有的农业土地时，须给予适当代价，或以相等之国有土地调换之。对于耕种该项土地的农民亦给予适当的安置，并对其在该项土地上的生产投资（如凿井、植树等）及其他损失，应以公平合理的补偿。"该条文对土地征用的目的（为市政建设等）、补偿原则（公平合理原则）、补偿方式（置换或折价）等作了原则规定。②

《土地改革法》与《城市郊区土地改革条例》出台后，各地区相继就农村与城市郊区土地改革出台了一系列的实施办法，如华东军政委员会随后公布了《华东土地改革实施办法》。上海市人民政府亦随后于1951年3月7日公布了《上海市郊区土地改革实施办法》，对土地与房屋征收的规定作了细化，第4条规定："……富农出租之小量土地，必要时得由市人民政府批准征收一部或全部。"第5条规定"……工商业家在郊区雇人耕种的土地，家中并无人参加农业主要劳动者，其土地应予以征收……"等。③

---

① 上海市房产管理局编：《上海市房产管理文件汇编(1949—1989)》(下)，1989年版，第632—633页。
② "土改"期间法规政策的规定，可参见纪敏编著：《中国房地产政策法规与实践》，学苑出版社1991年版，第1—10页。
③ 上海市房产管理局编：《上海市房产管理文件汇编(1949—1989)》(下)，1989年版，第13—14页。

（2）1953 年《国家建设征用土地办法》

1953 年 11 月 5 日政务院第 192 次会议通过，同年 12 月 5 日经中央人民政府批准公布政务院《国家建设征用土地办法》（以下简称 1953 年《征地办法》），这是新中国第一部比较完整的土地征用行政法规。该办法旨在解决新中国成立初期城市化、工业化过程中所需的建设用地问题，同时也为了规范各地在建设过程中的征地行为。对征地的基本原则、补偿标准、权限及程序等作了较为详细的规定。

第一，征地的目的。是为了国家建设需要，维护国家利益，既不是纯粹为了公共利益，也不是为了保障私人财产权，从而大大扩张了国家征收的范围。1953 年《征地办法》第 1 条规定："为适应国家建设的需要，慎重地妥善地处理国家建设征用土地问题，特制定本办法。"第 2 条规定："凡兴建国防工程、厂矿、铁路、交通、水利工程、市政建设及其他经济、文化建设等所需用之土地，均依本办法征用之。"

第二，征地的基本原则。1953 年《征地办法》第 3 条规定了征用土地的三条原则，保证国家建设需要原则、照顾当地人民切身利益原则和妥善安置被征地者生产生活原则与节约用地原则。

第三，征地程序与审批权限。1953 年《征地办法》第 4 条规定，凡征用土地，均应由用地单位本节约用地的原则，提出征用土地计划书，按业务系统报经其上级领导机关批准后，依关于批准权限的下列规定，分别转请中央人民政府政务院或大行政区行政委员会或省、市、县人民政府核准公布使用之。该条区分全国性与地方性的建设事业用地，对审批权限作了规定，全国性的建设事业用地一律由政务院批准，地方性建设事业按用地数量分为三个层级："甲、全国性的建设事业用地，经中央人民政府国家计划委员会核定，由中央人民政府政务院批准；乙、地方性建设事业，用地在五千亩以上或迁移居民三百户以上者，由大行政区行政委员会批准；用地不足五千亩而在一千亩以上者或迁移居民不足三百户而在五十户以上者，由省（市）人民政府批准；用地不足一千亩，或迁移居民不足五十户者，由县人民政府批准……"

第四，征地的补偿安置。1953 年《征地办法》对征地补偿的范围、标准、方式、安置责任等分别作出较为详细的规定：

第8条对征用农村私有土地范围、标准与方式等作了规定。关于补偿范围或项目，包括土地补偿费，迁移补助费，房屋、水井、树木等附着物补偿费及种植的农作物补偿费等。关于各项补偿费标准，其中一般土地"以其最近三年至五年产量的总值为标准，特殊土地得酌情变通处理之"；迁移补助费适当予以发放；附着物与农作物补偿费则"会同勘定之现状，按公平合理的代价予以补偿"。关于征地补偿方式，一是以土地调换，二是作价补偿。其中"土地调换"补偿方式需"另有公地可以调剂"为前提。

第9条对征用公有土地与城市郊区国有土地作了规定，对耕种该土地的农民，补偿范围包括迁移补助费，附着物及农作物补偿费，补偿标准比照第8条的规定办理。

第17条对征用城市市区私有土地作了规定，对于城市内的建房用地，仅对房屋及其他附着物，按公平合理的代价予以补偿。地基与房屋的产权同属一人者，地基部分不另补偿；分属两人者，视地基所有人的生活情况酌情补偿之。对于城市内的空地、地主在市区内出租的农地则无偿征用，但对租种此项土地的农民，应对其在此项租入土地上的农作物及附着物等按第8条规定予以补偿。

1953年《征地办法》还明确了国家对被征地农民的安置责任，第13条规定："农民耕种的土地被征用后，当地人民政府必须负责协助解决其继续生产所需之土地或协助其转业，不得使其流离失所。用地单位亦应协同政府劳动部门和工会在条件许可的范围内，尽可能吸收其参加工作。"

第五，残余土地的征收请求权：1953年《征地办法》虽非以权利本位为核心，但是仍然规定了被征地人残余地征收请求权。第15条规定："……如征用后所余土地无多，原所有人不愿使用或不便处理时，可经当地人民政府核准，一并征用。"

（二）人民公社化与"文化大革命"及其后过渡时期（1958—1977）

1. 宪法规定

（1）1975年《宪法》

1975年1月17日，中华人民共和国第四届全国人民代表大会第一次会议通过《中华人民共和国宪法》(以下简称 1975 年《宪法》),这是新中国成立后的第二部成文宪法。因受极左错误思想的影响,是一部具有严重缺陷的宪法。在土地所有制上,随着集体化与人民公社化运动的开展,1954 年《宪法》规定的土地私有制逐渐消失。1975 年《宪法》第 5 条第 1 款规定现阶段生产资料所有制主要为全民所有制和集体所有制两种形式。第 7 条第 2 款规定现阶段农村人民公社的集体所有制经济,一般实行三级所有、队为基础,即以生产队为基本核算单位的公社、生产大队和生产队三级所有。在土地征收方面,1975 年《宪法》第 6 条第 3 款规定:"国家可以依照法律规定的条件,对城乡土地和其他生产资料实行征购、征用或者收归国有。"该征收条款取消了 1954 年《宪法》中的"公共利益"标准,是历史的一大退步。此外,对征收补偿及程序亦未作规定。

(2) 1978 年《宪法》

1978 年 3 月 5 日,中华人民共和国第五届全国人民代表大会第一次会议通过《中华人民共和国宪法》(以下简称 1978 年《宪法》),从土地所有制度与土地征收上,该宪法基本沿用 1975 年《宪法》的规定,只存在细微的区别。例如第 7 条第 1 款规定:"农村人民公社经济是社会主义劳动群众集体所有制经济,现在一般实行公社、生产大队、生产队三级所有,而以生产队为基本核算单位。生产大队在条件成熟的时候,可以向大队为基本核算单位过渡。"与 1975 年《宪法》相比增加了"可以向大队为基本核算单位过渡"。又如第 6 条第 3 款规定:"国家可以依照法律规定的条件,对土地实行征购、征用或者收归国有。"与 1975 年《宪法》相比删去"城乡"及"其他生产资料"。与 1975 年《宪法》一样,1978 年《宪法》对征收补偿及程序亦未作规定。

2. 征地立法

(1) 1958 年《国家建设征用土地办法》

政务院《国家建设征用土地办法》于 1953 年公布至 1958 年修改前,随着社会主义建设与社会主义改造的迅速发展,高级农业生产合作社遍及全国,土地所有制形式发生了很大的变化,土地从个体私有为主转变为集体所有为主。到了 1958 年,已经有超过 99％的农户参加了人民公社这一政社合一的组织。此外,原办法实施以来,大部分的土地征用是必需的,但也有的地区或单位,多征少用、早征迟用甚至征而不用等浪费土地的现象相当严重。为应对上述经济制度迅速变动面临的新形势,克服土地浪费现象,国务院于 1958 年修改并发布了《国家建设征用土地办法》(以下简称1958 年《征地办法》)。1958 年《征地办法》修改的主要内容如下:①

第一,征地的目的:1958 年《征地办法》第 2 条规定:"国家兴建厂矿、铁路、交通、水利、国防等工程,进行文化教育卫生建设、市政建设和其他建设,需要征用土地的时候,都按照本办法的规定办理。"同 1953 年《征地办法》第 2 条规定相比,增加了"文化教育卫生建设"的内容。

第二,征地的基本原则:与 1953 年《征地办法》相比进一步强调节约用地的原则。1958 年《征地办法》第 3 条第 2 款规定:"国家建设征用土地,必须贯彻节约用地的原则。一切目前可以不举办的工程,都不应该举办;需要举办的工程,在征用土地的时候,必须精打细算,严格掌握设计定额,控制建筑密度,防止多征、早征,杜绝浪费土地。凡有荒地、劣地、空地可以利用的,应该尽量利用;尽可能不征用或者少征用耕地良田,不拆或者少拆房屋。"1958 年《征地办法》第 15 条还规定:"已经征用的土地,如果用地单位因计划变更或者其他原因不使用或者不全部使用,必须把不使用或者多余的土地交由当地县级人民委员会拨给其他用地单位使用或者交给农民耕种。已经征用的土地,如果在种植一季农作物的期间暂不使用,在不妨碍建设用途的条件下,应该交给农民继续耕种。对有农作物正在生长的土地,应该尽可能等到收获以后动用。"该条对已征土地事后不再使用或不全部使用的土地利用,以及实际建设前的继续利用问题作了规定,从立法上有力贯彻了节约用地原则。

第三,征地程序与审批权限:与 1953 年《征地办法》相比,审批权限"放中有收"。1958 年《征地办法》第 4 条规定:"征用土地,须由有权批准本项建设工程初步设计的机关负责批准用地的数量,然后由用地单位向土地所在地的省级人民委员会申请一次或者数次核拨;建设工程用地在三百亩以

---

① 参见王坤、李志强:《新中国土地征收制度研究》,社会科学文献出版社 2009 年版,第 88—92 页。

下和迁移居民在三十户以下的,可以向土地所在地的县级人民委员会申请核拨。"可见,一方面中央审批权限悉数下放,1958年《征地办法》不再以全国性与地方性事业区分中央与地方的审批权限,原由政务院与大行政区行政委员会审批的一律下放由省级人民委员会核拨,理顺了中央与地方的关系;另一方面县级审批权限有所上收,县级人民委员会核拨的用地数量从原先的"用地不足一千亩,或迁移居民不足五十户"缩小至"三百亩以下和迁移居民在三十户以下"。同时1958年《征地办法》第5条还规定,征用大量土地,迁移大量居民甚至迁移整个村庄的,需提交当地人民代表大会讨论解决。有力贯彻了耕地保护原则。

第四,征地的补偿:与1953年《征地办法》相比,1958年《征地办法》有如下变化:降低了土地补偿费标准。从1953年《征地办法》第8条规定的"最近三年至五年产量的总值为标准",调整为1958年《征地办法》第7条规定的"以它最近二年至四年的定产量的总值为标准";1958年《征地办法》还规定可依自愿不发补偿费,如第9条规定:"征用农业生产合作社的土地,如果社员大会或者社员代表大会认为对社员生活没有影响,不需要补偿,并经当地县级人民委员会同意,可以不发给补偿费。"

明确了附属物与农作物的补偿原则、方式。1958年《征地办法》进一步明确了公平合理的补偿原则,并对征地拆除房屋明确了实房安置与折价补偿的方式。第7条规定:"遇有因征用土地必须拆除房屋的情况,应该在保证原来的住户有房屋居住的原则下给房屋所有人相当的房屋,或者按照公平合理的原则发给补偿费。对被征用土地的水井、树木等物和农作物,都应该按照公平合理的原则发给补偿费。"

明确了补偿主体、对象。1958年《征地办法》明确了谁系补偿责任主体,谁系补偿对象。第8条规定:"被征用土地的补偿费或者补助费以及土地上房屋、水井、树木等附着物和农作物的补偿费,都由用地单位支付。征用农业生产合作社的土地,土地补偿费或者补助费发给合作社;征用私有的土地,补偿费或者补助费发给所有人。土地上的附着物和农作物,属于农业生产合作社的,补偿费发给合作社;属于私有的,补偿费发给所有人。"

明确了被征地农民的安置责任与办法。与1953年《征地办法》相比,

1958 年《征地办法》明确应以原地农业安置为优先原则,转业与移民为例外。第 13 条规定:"对因土地被征用而需要安置的农民,当地乡、镇或者县级人民委员会应该负责尽量就地在农业上予以安置;对在农业上确实无法安置的,当地县级以上人民委员会劳动、民政等部门应该会同用地单位设法就地在其他方面予以安置;对就地在农业上和在其他方面都无法安置的,可以组织移民……"

（2）1958—1978 年期间的征地文件

1958 年《征地办法》出台到改革开放前,国务院先后就征地政策出台了一系列的政策文件,主要有:1962 年 4 月 10 日国务院转发内务部《关于北京、天津两市国家建设征用土地使用情况的报告》的批语、1962 年 10 月 13 日国务院"对广西处理征用土地中有关问题的批复"、1962 年 10 月 30 日国务院批转内务部《关于各地方各部门检查征用土地使用情况的综合报告》、1964 年 7 月 20 日国务院《关于国家建设征用土地审批权限适当下放的通知》等。此外,在"文化大革命"期间也发布了一些征地政策文件,如 1970 年 4 月 25 日中央军委总政治部转发沈阳军区政治部《关于部队征用土地问题的通知》、1973 年 6 月 18 日国家计划革命委员会、国家基本建设委员会发出《关于贯彻执行国务院有关在基本建设中节约用地的指示的通知》等。

上述政策文件主要规定了下述几个方面的内容:第一,强调节约土地原则,尽可能少征地,尤其是少征良田耕地;第二,强调对"征而不用、多征少用、早征迟用"的土地应当一律退还给当地的人民公社或生产队;第三,强化国家安置责任,要求妥善解决好被征地单位人员的居住、生产和生活问题;第四,对征地审批权根据情势的变化进行适当调整。[1]

关于新中国成立至改革开放初期的土地征用征收制度,有学者称为计划征收制度(从新中国成立一直到 1982 年《国家建设征用土地条例》的颁布),国家计划是这一时期的土地征收法律制度的核心和灵魂。[2]该时期有

---

[1] 参见王坤、李志强:《新中国土地征收制度研究》,社会科学文献出版社 2009 年版,第 95 页。

[2] 参见王坤、李志强:《新中国土地征收制度研究》,社会科学文献出版社 2009 年版,第 71—72 页。

下列特征：首先，在立法目的上，满足国家建设的需要，体现了国家利益原则；其次，在征收制度设置上，方便国家的行政管理，反映了国家权威原则；再次，在征收过程中，突出国家计划的作用，反映了国家计划原则；最后，在征收补偿上，强调补偿与安置并重，充分地体现了国家责任。[①]

三、改革开放后至今的土地房屋征收制度

"文化大革命"结束后，经过两年的调整，1978 年中共中央召开党的十一届三中全会，标志着中国走上改革开放的道路，在农村推行以家庭联产承包责任制为主要内容的改革，在城市则进行以放权让利为主的国企改革，原有"一大二公"的生产资料所有制出现松动，多种形式的所有制开始出现。在此期间，随着国民经济全面复苏，对建设用地的需求也大幅度增长，土地所有制与土地征用征收制度也随着中国法治建设的重启而逐渐发展。[②]

（一）宪法规定

1. 1982 年《宪法》

1982 年 12 月 4 日，第五届全国人民代表大会第五次会议通过《中华人民共和国宪法》（以下简称 1982 年《宪法》），这部宪法巩固了改革开放的方针政策与成果，其中对土地所有制与土地征收作了规定。第 10 条规定："城市的土地属于国家所有。农村和城市郊区的土地，除由法律规定属于国家所有的以外，属于集体所有；宅基地和自留地、自留山，也属于集体所有。国家为了公共利益的需要，可以依照法律规定对土地实行征用。任何组织或者个人不得侵占、买卖、出租或者以其他形式非法转让土地。一切使用土地的组织和个人必须合理地利用土地。"

从土地所有制上，1982 年《宪法》明确规定了土地公有制，一是国有土地，二是集体土地。根据该条规定，凡以前未被征收、没收的私有土地一律

---

① 新中国成立后至改革开放期间关于土地房产法规政策的规定，可参见纪敏编著：《中国房地产政策法规与实践》，学苑出版社 1991 年版，第 1—80 页。

② 参见邢鸿飞、陈广华、吴志红、郑玮炜：《土地征用及房屋拆迁法律问题研究》，中国方正出版社 2010 年版，第 111 页。

被强制收归国有或集体所有。从土地征收制度上，规定国家为了"公共利益"需要可依法对集体所有土地实行征收，对征收补偿原则与程序没有规定，基本上重复1954年《宪法》的规定。此外，1982年《宪法》限制集体土地的转让、出租，因此，在城市化、工业化建设中，在国有土地供量受限的情况下，只能通过征收将集体土地转变为国有土地这一途径。

2. 1982年《宪法》五次修正案

1988年4月12日，第七届全国人民代表大会第一次会议通过"宪法修正案"（第一次），修正案第2条规定，将宪法第10条第4款："任何组织或者个人不得侵占、买卖、出租或者以其他形式非法转让土地。"修改为："任何组织或者个人不得侵占、买卖或者以其他形式非法转让土地。土地的使用权可以依照法律的规定转让。"

1993年3月29日，第八届全国人民代表大会第一次会议通过"宪法修正案"（第二次），修正案第7条规定："国家实行社会主义市场经济。"

1999年3月15日，第九届全国人民代表大会第二次会议通过"宪法修正案"（第三次），修正案第16条规定："在法律规定范围内的个体经济、私营经济等非公有制经济，是社会主义市场经济的重要组成部分。"

2004年3月14日，第十届全国人民代表大会第二次会议通过"宪法修正案"（第四次），修正案第20条规定，将宪法第10条第3款"国家为了公共利益的需要，可以依照法律规定对土地实行征用"修改为："国家为了公共利益的需要，可以依照法律规定对土地实行征收或者征用并给予补偿。"修正案第22条规定，将宪法第13条"国家保护公民的合法的收入、储蓄、房屋和其他合法财产的所有权"、"国家依照法律规定保护公民的私有财产的继承权"修改为："公民的合法的私有财产不受侵犯"、"国家依照法律规定保护公民的私有财产权和继承权"、"国家为了公共利益的需要，可以依照法律规定对公民的私有财产实行征收或者征用并给予补偿"。

2018年3月11日，第十三届全国人民代表大会第一次会议通过"宪法修正案"（第五次），修正案第32条规定，宪法序言第七自然段中，将"健全社会主义法制"修改为"健全社会主义法治"；在"自力更生，艰苦奋斗"前增写"贯彻新发展理念"。第40条规定，宪法第27条增加一款，作为第3款：

"国家工作人员就职时应当依照法律规定公开进行宪法宣誓。"第47条规定,宪法第100条增加一款,作为第2款:"设区的市的人民代表大会和它们的常务委员会,在不同宪法、法律、行政法规和本省、自治区的地方性法规相抵触的前提下,可以依照法律规定制定地方性法规,报本省、自治区人民代表大会常务委员会批准后施行。"

上述五次修正案对土地产权制度带来巨大的影响,尤其是第四次修正案直接触及征收条款,完善了我国的土地征用征收制度:①一是明确土地使用权可以依法转让,建立了土地使用权的流转制度,二是明确并完善了包括土地使用权在内的公民私有财产的宪法法律保障制度;三是首次从宪法层面区分了土地(包括房屋等合法财产)征收与征用的概念,前者是指国家通过强权力对土地等财产所有权的剥夺,后者则是国家通过强权力取得土地及其他财产的使用权;四是明确了土地(包括房屋等合法财产)公益征收补偿制度。2018年第五次修正案,进一步凸显坚持全面依法治国,贯彻新发展理念,并赋予了较大市的有限立法权。

(二)征地立法

1. 1982年《国家建设征用土地条例》

党的十一届三中全会后,我国确立了"以经济建设为中心,坚持四项基本原则,坚持改革开放"的根本路线,原有的土地征收制度不能适应迅速发展工业化、城市化的需要。经1982年5月4日全国人民代表大会常务委员会第二十三次会议原则批准,1982年5月14日国务院公布了《国家建设征用土地条例》(以下简称1982年《征地条例》)。

(1)征地的目的:1953年、1958年两部《征地办法》,均规定征地目的是为了"国家建设"需要,维护国家利益。1982年《征地条例》第1条规定:"根据中华人民共和国宪法,为合理使用土地资源,保证国家建设必需的土地,并妥善安置被征地单位群众的生产和生活,特制定本条例。"除规定征地目的是为了"国家建设",同时还规定要兼顾被征地方的"生产和生活"。

① 参见邢益精:《宪法征收条款中公共利益要件之界定》,浙江大学出版社2008年版,第245页。

（2）征地的基本原则：1982年《征地条例》进一步强调两部《征地办法》规定的"节约用地原则"。1982年《征地条例》第3条规定："节约土地是我国的国策。一切建设工程，都必须遵循经济合理的原则，提高土地利用率。凡有荒地可以利用的，不得占用耕地；凡有劣地可以利用的，不得占用良田，尤其不得占用菜地、园地、精养鱼塘等经济效益高的土地。""各地区特别是大城市近郊和人口密集地区，都应当按照土地利用规划，对各项建设用地严格加以控制。""在城市规划区范围内进行建设，必须符合城市规划的要求，并同改造旧城区结合起来，以减少新占土地。"

（3）征地程序与审批权限：1982年《征地条例》第7条对征地程序作了明确规定："一、申请选址。二、协商征地数量和补偿、安置方案。三、按条例规定的审批权限核定用地面积。四、划拨土地。"1982年《征地条例》与1958年《征地办法》相比，对审批权限作了大幅调整，从1958年《征地办法》审批权限"放中有收"，改为提高审批等级。1982年《征地条例》第8条规定："征用耕地、园地一千亩以上，其他土地一万亩以上，由国务院批准"；"征用直辖市郊区的土地，由直辖市人民政府批准；征用五十万人口以上城市郊区的土地，由所在市人民政府审查，报省、自治区人民政府批准；征用其他地区耕地、园地三亩以上，林地、草地十亩以上，其他土地二十亩以上，由所在县、市人民政府审查，报省、自治区人民政府批准，在上述限额以下的，由县、市人民政府批准"。

（4）征地的补偿：1982年《征地条例》对补偿范围、标准、安置责任规定作了如下调整：

按照1982年《征地条例》第9条、第10条的规定，主要包括三大块：一是土地补偿费。征用耕地（包括菜地）的补偿标准，为该耕地年产值的三至六倍，各类耕地的具体补偿标准由省级人民政府在此范围内制定。征用园地、鱼塘、藕塘、苇塘、宅基地、林地、牧场、草原等的补偿标准，由省级人民政府制定。征用无收益的土地，不予补偿。二是青苗补偿费和被征用土地上的房屋、水井、树木等附着物补偿费。具体标准由省级人民政府制定。但是在开始协商征地方案后抢种的作物、树木和抢建的设施，一律不予补偿。三是安置补助费。征用耕地的，每一个农业人口的安置补助费标准，一般为该耕地每亩年产值的二至三倍,最高不得超过其年产值的十倍。征用其他土地参照一般征用一般耕地的标准,征用宅基地的,不付给安置补助费。

关于征地补偿原则与标准,1982 年《征地条例》带有明显的国家强权力色彩,1982 年《征地条例》第 9 条、第 10 条除了对土地补偿费、安置补助费分别作了不超过年产值的六倍、十倍的限定外,还对土地补偿费和安置补助费的总和作了"不得超过被征土地年产值的二十倍"的限定。

关于补偿款的支付对象及用途,1982 年《征地条例》第 11 条规定:"用地单位支付的各项补偿费和安置补助费,除被征用土地上的附着物中产权确属个人的其补偿费应当付给本人,集体种植的土地上的青苗补偿费可以纳入当年集体收益分配外,都应当由被征地单位用于发展生产和安排因土地被征用而出现的多余劳动力的就业和不能就业人员的生活补助,不得移作他用。有关领导机关和其他单位不得以任何借口占用。"

此外,1982 年《征地条例》对征用集体土地拆迁房屋的补偿安置作了原则规定,第 14 条规定:"征用土地拆迁集体的和社员的房屋时,由生产队或房屋所有者按照社队的统一安排进行重建。"

2. 1986 年《土地管理法》

随着经济体制改革的不断深化及市场经济的迅速发展,1982 年《征地条例》已经不适应国家发展的需要。尤其是 1982 年宪法修订后,1982 年《征地条例》愈显得不合时宜。在此背景下,1986 年 6 月 25 日第六届全国人民代表大会常务委员会第十六次会议通过《土地管理法》,该法是我国首部调整土地关系的综合性法律,其中对集体土地征收(该法采用"征用"一语)主要作了如下规定:

(1) 征地目的:该法第 2 条第 3 款规定:"国家为了公共利益的需要,可以依法对集体所有的土地实行征用。"基本上沿用了 1982 年《宪法》第 10 条关于公益征收的规定。该法第 21 条规定:"国家进行经济、文化、国防建设以及兴办社会公共事业,需要征用集体所有的土地或者使用国有土地的,按照本章规定办理。"该条对公共利益的外延作了设定,但范围过宽,凡是国家建设需要都可进行公益征收。

（2）征地的基本原则：坚持节约土地原则。

（3）征地程序与审批权限：该法第 23 条规定："国家建设征用土地，建设单位必须持国务院主管部门或者县级以上地方人民政府按照国家基本建设程序批准的设计任务书或者其他批准文件，向县级以上地方人民政府土地管理部门提出申请，经县级以上人民政府审查批准后，由土地管理部门划拨土地。国家建设征用土地，被征地单位应当服从国家需要，不得阻挠。"第 25 条规定："国家建设征用耕地一千亩以上，其他土地二千亩以上的，由国务院批准。征用省、自治区行政区域内的土地，由省、自治区人民政府批准；征用耕地三亩以下，其他土地十亩以下的，由县级人民政府批准；省辖市、自治州人民政府的批准权限，由省、自治区人民代表大会常务委员会决定。征用直辖市行政区域内的土地，由直辖市人民政府批准；直辖市的区人民政府和县人民政府的批准权限，由直辖市人民代表大会常务委员会决定。"上述两个条文对征收程序与审批权限分别作了规定。

（4）征地的补偿：关于征地补偿范围及标准，一是土地补偿费，该法第 27 条第 1 款规定："……征用耕地的补偿费，为该耕地被征用前三年平均年产值的三至六倍。征用其他土地的补偿费标准，由省、自治区、直辖市参照征用耕地的补偿费标准规定。"二是附着物和青苗补偿，该法第 27 条第 2 款规定："被征用土地上的附着物和青苗的补偿标准，由省、自治区、直辖市规定。"三是安置补助费，第 28 条规定："征用耕地的安置补助费，按照需要安置的农业人口数计算……每一个需要安置的农业人口的安置补助费标准，为该耕地被征用前三年平均每亩年产值的二至三倍。但是，每亩被征用耕地的安置补助费，最高不得超过被征用前三年平均年产值的十倍。"第 29 条还规定："……土地补偿费和安置补助费的总和不得超过土地被征用前三年平均年产值的二十倍。"

关于补偿款的支付对象及用途，《土地管理法》第 30 条规定："国家建设征用土地的各项补偿费和安置补助费，除被征用土地上属于个人的附着物和青苗的补偿费付给本人外，由被征地单位用于发展生产和安排因土地被征用而造成的多余劳动力的就业和不能就业人员的生活补助，不得移作他用,任何单位和个人不得占用。"

3. 1988 年、1998 年、2004 年《土地管理法》三次修订

1986 年《土地管理法》颁布后,随着国家经济体制改革的不断深入,全国人大常委会先后于 1988 年、1998 年、2004 年三次对该法进行了修订或修正,其中 1988 年、2004 年两次修正主要是根据两次"宪法修正案"作的调整。

1988 年修正的主要内容,吸收了 1988 年"宪法修正案"关于土地所有制与土地使用权流转制度,取消了 1986 年《土地管理法》第 2 条第 2 款中土地"不得出租"的规定,同时增加两款,作为第 4 款、第 5 款:"国有土地和集体所有的土地的使用权可以依法转让。土地使用权转让的具体办法,由国务院另行规定。""国家依法实行国有土地有偿使用制度。国有土地有偿使用的具体办法,由国务院另行规定。"明确了土地使用权可以依法转让,并建立了土地使用权的流转制度。

1998 年修订的内容较多,主要包括如下几个方面:一是大幅提高了补偿标准,征收耕地的土地补偿费标准,从原先的前三年平均年产值的"三至六倍"提高至"六至十倍";安置补助费标准,每一个需要安置的农业人口的补助费,从原先的前三年平均每亩年产值的"二至三倍"提高至"四至六倍",从每亩(每公顷)安置补助费总量上,从原先的最高不得超过前三年平均年产值的"十倍"提高至"十五倍";此外,土地补偿费与安置补助费的总和从原先的不得超过土地被征用前三年平均年产值的"二十倍"提高至"三十倍"。二是细化了征收程序,从 1998 年修订后《土地管理法》之规定,包括了征地申请和批准、公告征地方案和补偿安置方案、办理补偿登记等程序。三是提高了审批权限。审批权集中于国务院与省级人民政府,取消了省辖市、自治州人民政府及县级人民政府的审批权。修订后的第 45 条前两款分别规定:"征用下列土地的,由国务院批准:(一)基本农田;(二)基本农田以外的耕地超过三十五公顷的;(三)其他土地超过七十公顷的。""征用前款规定以外的土地的,由省、自治区、直辖市人民政府批准,并报国务院备案。"

2004 年修正的主要内容,吸收了 2004 年"宪法修正案"关于土地征收

补偿的内容,区分了土地征收与征用的概念,并明确了土地公益征收补偿制度。本次修正将《土地管理法》第 2 条第 4 款修改为:"国家为了公共利益的需要,可以依法对土地实行征收或者征用并给予补偿。"同时将第 43 条第 2 款、第 45 条至第 47 条、第 49 条、第 51 条、第 78 条、第 79 条中的"征用"修改为"征收"。

4. 1991 年、1998 年《土地管理法实施条例》

《土地管理法》颁布后,国务院先后于 1991 年、1998 年颁布了《土地管理法实施条例》,对《土地管理法》的贯彻实施予以细化。规定了土地征收的审批程序、细化了土地征收程序、规定了土地补偿款的归属使用和分配等内容。

关于改革开放以后的土地征用征收制度,从性质上属于土地混合征收制度,从 1982 年《征地条例》的颁布,再到 1986 年《土地管理法》颁布后几经修订适用至今,这种混合征收制度是计划经济体制向市场经济体制过渡过程中的产物,它既具有计划征收制度的本质,同时也具有市场征收制度的某些特征,因而形成的一个以计划因素为主、以市场因素为辅的混合征收制度体系。如前述,计划征收制度有四个特征,即国家利益、国家权威、国家责任、国家计划,其中,国家计划是整个计划征收法律制度的核心和灵魂。市场征收制度也有四个特征:即公共利益、公权利保障、公平补偿和公正程序。混合征收制度则兼有前述两制度的特征:一是征收目的上国库利益与公共利益并存;二是国家权威至上,但被征地者也逐步取得了一系列公权利;三是国家责任依然存在,但已经虚化为安置补偿费以及其他多种安置方式;四是国家计划逐步消解。①

当前,《土地管理法》进入新一轮的修订,2017 年国土资源部提出了《土地管理法(修正案)(征求意见稿)》对土地征收的要件、土地征收补偿标准等进行全面的修改和完善。有学者提出,现行征地制度的主要症结并不在于"公共利益"的概念被"泛化",而是这一征地要件被完全"架空"。改革的方向是征收必须回归公共利益,而非基于公共利益的征收则需要依靠建

---

① 王坤、李志强:《新中国土地征收制度研究》,社会科学文献出版社 2009 年版,第 165—169 页。

立城乡统一的建设用地市场进行调节。①此外,在土地征收补偿标准上,建议采用土地市场价为标准,实现集体土地与国有土地间的物权平等,实现农民个人与政府、农民与市民间法律上的平等。土地使用权入股应作为土地征收补偿方式的选项,以保障农民平等发展机会。②

① 方涧、沈开举:《我国集体土地征收与补偿制度之嬗变与未来——兼评〈土地管理法(修正案征求意见稿)〉》,载《河北法学》2018 年第 8 期。
② 叶必丰:《城镇化中土地征收补偿的平等原则》,载《中国法学》2014 年第 3 期。

第 二 章
我国房屋拆迁专门立法与房屋征收新政

改革开放前,无论是新中国成立初期私有土地上的房屋,还是其后国有土地与集体土地上的房屋,对房屋的拆迁补偿安置一般作为土地征用征收的组成部分,将房屋作为土地的附属物包含在土地征收补偿中。改革开放后,先从地方立法层面,开始对房屋拆迁制度进行专门立法,然后再从中央立法层面对城市房屋拆迁进行专门立法。本章将分别对城市国有土地与农村集体土地上房屋拆迁的专门立法进行梳理,然后,对国务院房屋征收新政进行梳理。

51

■ 第一节 城市国有土地房屋拆迁专门立法

我国城市房屋拆迁征收专门立法的一个显著特点是,地方立法先行,在地方立法实践的基础上,再从中央立法层面进行全国性统一立法。1991年、2001年国务院先后出台了两部《城市房屋拆迁管理条例》(以下简称1991年《拆迁条例》、2001年《拆迁条例》)、2011年又出台了《国有土地上房屋征收与补偿条例》(以下简称《征收条例》),对城市房屋拆迁征收进行统一立法,各地亦制定了相应的配套法规规章及规范性文件。根据不同时期的政治经济体制背景,以国务院先后出台的两部《拆迁条例》、一部《征收条例》为节点,我国城市国有土地上房屋拆迁征收制度大致可以分为四个阶段:计划经济体制下的城市房屋拆迁阶段(1949—1990)、经济体制转轨时期的城市房屋拆迁阶段(1991—2000)、市场经济体制发展初期的城市房屋拆迁阶段(2001—2010)、当前房屋征收新政阶段(2011年至今)。其中,前述三个阶段为房屋拆迁制度,第四阶段为房屋公益征收制度。本节将对房屋拆迁制度的上述三个发展阶段分别予以梳理。关于第四阶段房屋公益征收制度,则放在第三节中,结合房屋征收新政出台的立法与社会背景、新条例的主要内容、亮点与热点问题予以梳理介绍。对各地的房屋拆迁制度,因大致以国务院颁布的上位法为依据,彼此虽有差异但总体上区别不大。因此,本节将主要以上海市城市房屋拆迁制度为研究对象。

一、计划经济体制下城市房屋拆迁立法(1949—1990)

新中国成立后,从社会主义改造结束至20世纪90年代初,我国实行的是计划经济体制,产权结构单一。这一时期,国家实行福利性低租金住房保障制度,城镇房屋以公房为主,房屋建设主要由国家或单位投资,土地实行无偿划拨使用制度。改革开放后,国家经济建设、城市改造发展迅速,房屋拆迁数量日益增大,在此背景下,不少地方政府,尤其是改革开放起步较早的沿海省份,开始对城市房屋拆迁出台专门立法予以规范。

(一)全国性立法:房屋拆迁附属于土地征用

该时期的全国性立法如前章所述,在中央立法层面,土地征用立法中涵盖了房屋拆迁,国有土地房屋拆迁未制定专门立法予以规范。1953年11月政务院颁布《国家建设征用土地办法》(以下简称《征地办法》),这是新中国成立后涉及城市房屋拆迁的首部行政法规,对房屋拆迁补偿原则、补偿范围等作了规定。该办法第17条规定:"凡因国家建设的需要,在城市市区内征用土地时,地上的房屋及其他附着物等,应根据当地人民政府,用地单位及原所有人和原使用人(原所有人和原使用人推出之代表)会同勘定之现状,按公平合理的代价予以补偿。地基与房屋的产权同属一人者,地基部分不另补偿;分属两人者,视地基所有人的生活情况酌情补偿之。"该条按地基与房屋产权是否为同一人而异其补偿范围,同属一人者地基不补偿,分属两人者视地基所有人的生活情况酌情补偿;该条还确定了"公平合理"的补偿原则,所谓"按公平合理的代价予以补偿"是指"在保证原来住户有房屋居住的原则下,给房屋所有人相当的房屋,或者按照公平原则发给补偿费"。①

1982年5月,国务院颁布《国家建设征用土地条例》(以下简称《征地条例》)、1986年6月全国人大常委会颁布《土地管理法》,对国家建设征用集体土地房屋拆迁补偿作了原则规定,明确房屋等附属物的补偿标准"由省、自治区、直辖市人民政府制定";对城市建设中使用其他单位使用的国有土地,需进行房屋拆迁、单位搬迁的补偿问题作了原则规定。如1986年《土地管理法》第34条规定:"……使用其他单位使用的国有土地,原使用单位受到损失的,建设单位应当给予适当补偿;原使用单位需要搬迁的,建设单位应当负责搬迁。"该条系对使用国有土地房屋拆迁补偿的规定。

(二)上海市地方性立法

这一时期,在地方立法层面,不少地方人大、政府为了规范房屋拆迁行为,先后制定了地方性法规、规章或者规范性文件予以规范。②下文选择上海地方性立法进行梳理。

1. 1982年《上海市拆迁房屋管理办法》

新中国成立到"文化大革命"结束,上海旧城改造速度非常缓慢,百姓居住条件普遍困难,1980年上海人均住房面积仅为4.4平方米。有数千万平方米的住房质量低劣,基础设施落后,卫生环境极差。因此,20世纪80年代初期,改善旧城居住质量和环境成为上海市政府工作重心之一。③为了配合旧城改建工作的进行,1980年10月上海市政府颁布了《上海市拆迁房屋管理办法(试行)》,1981年9月上海市基本建设委员会又下发了《〈上海市拆迁房屋管理办法(试行)〉实施细则(草案)》。1982年10月20日上海市第七届人民代表大会常务委员会第二十三次会议审议通过,批准《上海市拆迁房屋管理办法》(以下简称1982年《拆迁办法》),由上海市人民政

---

① 唐代中:《上海城市房屋拆迁研究》,同济大学2007年博士学位论文。

② 如1983年《南京市城镇房屋拆迁补偿安置暂行规定实施细则》、1984年《广州市国家建设征用土地和拆迁房屋实施办法》、1987年《佛山市区国家建设征用拆迁房屋实施办法》、1987年《重庆市城镇建设拆迁管理办法》、1987年《杭州市城市房屋拆迁管理办法》等。

③ 唐代中:《上海城市房屋拆迁研究》,同济大学2007年博士学位论文。

府 1982 年 11 月 8 日颁布施行,这是新中国成立后第一部较为系统的关于房屋拆迁的地方性立法。①

(1) 适用范围:1982 年《拆迁办法》主要规范城镇国有土地上的房屋拆迁,同时对农村集体土地上房屋拆迁也作了规定,因此,该时期尚未对国有土地与集体土地上房屋拆迁进行分别立法。

(2) 拆迁目的:该时期主要是为了国家建设和城市改造的需要,改善百姓居住质量与城市面貌。1982 年《拆迁办法》第 1 条规定:"为保证国家建设和城市改造的需要,妥善处理拆迁房屋中的问题,根据国务院颁发的《国家建设征用土地条例》的有关规定,结合本市的实际情况,特制定本办法。"1982 年《征地条例》第 3 条第 3 款规定:"在城市规划区范围内进行建设,必须符合城市规划的要求,并同改造旧城区结合起来,以减少新占土地。"

(3) 拆迁程序:一是各单位因用地需要拆迁房屋,应按照征用土地的程序的审批权限,向市规划部门申请用地时,一并办理申请拆迁报批手续;二是市规划部门经审核符合城市总体规划的,需征询区、县政府意见,区、县政府接市规划局"征询意见单"后,通知所在地房地产管理部门及时查明房屋及基地的产权和使用情况,并通知所在地公安机关严格控制户口的迁入;三是市规划局批准拆迁房屋后,应即通知因用地需要拆迁房屋的拆迁单位,并同时通知所在地区、县政府。区、县政府应即通知所在地公安停止受理拆迁范围内的户口迁入;四是建设单位与被拆迁单位或居民在有关区、县政府的主持下,签订拆迁补偿、安置协议;五是对达不成协议的,由区、县政府依法作出处理决定。②

(4) 拆迁补偿安置原则、方式、范围与标准:关于补偿安置原则。各单位拆迁其他单位的房屋和市区(城镇)居民、农村人民公社社员的住房,应当按照"先安置、后拆房"的原则,妥善安排被拆迁单位、居民、社员的用房,

---

① 参见上海市基本建设委员会副主任曹淼在 1982 年 10 月 20 日上海市第七届人民代表大会常务委员会第二十三次会议上所作的"关于《上海市拆迁房屋管理办法(草案)》的说明",载上海市人民代表大会常务委员会办公厅编:《上海市地方性法规汇编》(1980—1985),第 2—16 页。

② 1982 年《上海市拆迁房屋管理办法》第 3—9 条、第 19 条。

并且按照规定给予合理的补偿。①关于补偿安置方式。1982年《拆迁办法》确立了以原地实物安置为主导的安置方式，主要有两方面的原因：一是20世纪80年代初上海公房占住房总数的大部分，如采用货币补偿，大部分补偿款将由公房所有者获得，广大公房承租人只能拿到一小部分。此外，当时住房市场尚未发展起来，公房承租人即使获得足够多的补偿款，也未必能买到合适的住房，因此用实物安置并维持原有租赁关系，是当时政策制定者考虑现实因素后的最佳选择。二是在计划经济的背景下，土地使用尚未引入市场机制，区位对于土地经济价值的影响非常小。1982年《拆迁办法》中，原地安置和异地安置差别很小（仅相差人均1平方米）。正因为不存在级差地租，政策不需鼓励异地安置，而是选择更容易操作的原地安置。②关于补偿范围与标准。首先，对因城市改造需要拆迁其他单位非居住房屋时，被拆迁单位及其上级主管部门应当自觉服从国家建设的需要，一般在单位内部或者系统内部做好调整安置。确需择地另建房屋的，应当经市规划局审批，由拆迁单位按照原拆原建的原则，帮助被拆迁单位进行建设。需要扩大建筑面积、提高房屋结构质量的，需报主管部门批准并负担增加的费用和材料。③

其次，对拆迁城镇居民住房的，原则上实房安置，由拆迁单位新建或调拨适当的房屋，安置被拆迁户。具体分配的居住房屋的面积，根据原住房和安置房屋的地段、结构、质量、设备条件、家庭人口，原住面积等不同情况处理。对安置房与原住房屋类型相似的，一般按原面积分配。对从市中心建成区迁到市区边缘地段的，人均增加居住面积不超过1平方米；对拆迁棚、简屋或旧式里弄房屋的，因新建住房辅助面积增加，设备条件改善，分配面积比原住面积要减少；对拆迁老宅基内自有砖木结构房屋，分配居住面积同时应予以减少，分配新建住房的居住面积每人平均上限不得超过12平方米。④被拆迁户中需要安置住房的人口，以常住户口为计算标准，非常

55

---

① 1982年《上海市拆迁房屋管理办法》第7条。
② 唐代中：《上海城市房屋拆迁研究》，同济大学2007年博士学位论文。
③ 1982年《上海市拆迁房屋管理办法》第8条。
④ 1982年《上海市拆迁房屋管理办法》第9—10条。

住户口符合《拆迁办法》所列情况的,可以计入。①

（5）拆迁救济途径与强制执行:《拆迁办法》规定:拆迁其他单位非居住房屋时,由拆迁单位和被拆迁单位双方订立协议;达不成协议的,由市规划局裁决。市规划局作出裁决后,被拆迁单位应当积极配合拆迁,不得借故拖延。同时还明确:有关单位和个人在房屋被批准拆迁后,应当自觉遵守国家法令,服从国家建设需要,主动配合,迅速搬迁……仍坚持无理要求、拒不搬迁、影响建设进度的被拆迁户,经区、县人民政府批准,由区、县城建管理部门会同所在地公安机关通知其限期搬迁。被拆迁户不服的,可在期满前向人民法院起诉,由人民法院调处或判决;期满不起诉、又不搬迁的,区、县城建管理部门视其对建设造成危害的程度,对被拆迁户的户主可处以30元至相当于其本人6个月收入的罚款,并提请人民法院依照民事诉讼法强制执行。②

2. 1987年修正《上海市拆迁房屋管理办法》

1987年1月13日上海市人大常委会对1982年《拆迁办法》第8条、第10条作了修改,并经修正后重新公布《上海市拆迁房屋管理办法》(以下简称1987年修正《拆迁办法》)。关于此次修改、补充的内容与理由,时任上海市人大市政建设委员会副主任委员曹森在提请市人大常委会审议的说明中作了阐述:

一是确保市政基础设施建设的拆迁问题。对涉及市政公用设施、基础设施建设项目,需要进行拆迁的,由区、县政府发布拆迁通告,按照"先拆迁腾地、后处理纠纷"的原则办理;二是明确了建设单位对被拆迁单位补偿范围。即把1982年《拆迁办法》中原拆原建的原则加以具体化了。这样,既可以避免建设单位侵占被拆迁单位的合法权益,保障被拆迁单位在原规模基础上进行生产、工作,能得到最低限度的补偿,也有利于纠正和制止被拆迁单位在拆迁过程中提出过分要求。三是明确了拆迁纠纷处理问题。1982年《拆迁办法》对建设单位和被拆迁单位的纠纷,虽然规定由有关部

---

① 1982年《上海市拆迁房屋管理办法》第11条。

② 1982年《上海市拆迁房屋管理办法》第8条、第19条。

门进行裁决,但不够具体有力,以致许多建设项目久拖不决,延长了建设周期。《修改决定(草案)》规定,建设单位与被拆迁单位发生拆迁纠纷,调解达不成协议的,由区、县人民政府处理决定,当事人对处理决定不服的,可以在接到处理决定通知之日起三十日内,向人民法院起诉。逾期不起诉又拒绝履行的,由区、县政府提请法院依法强制执行。四是关于保护私有产权的问题。对于私有房屋的产权问题,《拆迁办法》中没有规定……过去的做法是把私房所有人都转变成公房承租户,这次修改,根据《民法通则》关于民事活动应当遵循自愿、公平、等价有偿、诚实信用的原则,对私房拆迁分别作了两种原则规定:私房所有人愿意出让产权的,用公房安置;不愿出让产权的,由建设单位用其他房屋与私房所有人的房屋进行等价交换,双方按互换房屋的面积、质量,合理补偿差价。①

1987年修正《拆迁办法》首次提出"等价交换"与"产权交换"的概念,对私房所有人可以放弃产权以公房安置(以下简称为"拆私还公")、也可以保留产权以其他房屋等价交换(以下简称"拆私还私")。1987年修正《拆迁办法》提出了"产权交换"的概念,这与当时土地政策的演变是分不开的。1982年《宪法》确立了土地所有权的"二元结构",即"国有土地所有权"和"集体土地所有权",明确了城市的土地属于国家所有。同时在房地产领域,不久又相继出台了《城市私有房屋管理条例》《城市规划条例》等法规,均强调了一个原则,就是城市土地归国家所有,房屋归私房所有者所有。1986年6月25日,全国人大常委会颁布了《土地管理法》,该法承认房屋所有权,而所占用的土地仅享有使用权利。②

3. 1988年《上海市拆迁房屋管理若干问题的规定》

1988年3月21日,上海市人民政府根据1987年修正《拆迁办法》,制定并发布了《上海市拆迁房屋管理若干问题的规定》(以下简称《管理规

① 参见上海市人大市政建设委员会副主任委员曹森在1987年1月6日上海市第八届人民代表大会常务委员会第二十五次会议上所作的"对《上海市人民代表大会常务委员会关于修改〈上海市拆迁房屋管理办法〉的决定(草案)》的说明",载上海市市政建设协会编印《上海市市政建设征地拆迁文件选编(一)》(1980年度—1990年度)。

② 唐代中:《上海城市房屋拆迁研究》,同济大学2007年博士学位论文。

定》)。该规定有两个重要特点：一是对以前补偿政策予以细化；二是安置房出现商品化的倾向。与 1987 年修正《拆迁办法》的区别在于：一是对于私有房屋拆迁，明确了"拆私还私（即保留产权）"、"拆私还公（即放弃产权用公房安置）"与"货币补偿（即不要求保留产权也不要求用公房安置）"三种方式，同时规定对放弃以产权房或公房等实物安置方式，而采用货币补偿的，能得到补偿金额以外 20％的奖励。对互换房屋在同面积范围内，新建房屋价格按房屋基价结算，其他房屋按《估价标准》结算。购买超出原面积部分的价格，按《估价标准》或新建房屋基价，增加 50％结算。①

此外，1988 年的《管理规定》重申了 1987 年修正《拆迁办法》关于拆迁纠纷处理的规定，《管理规定》第 3 条规定："……被拆迁单位与建设单位应在区、县人民政府同意的拆迁安置方案的基础上，协商签订拆迁补偿安置协议。协商不成的，由区、县人民政府调解。调解不成的，区、县人民政府可根据先拆迁腾地、后处理纠纷的原则，作出处理决定；并书面通知建设单位、被拆迁单位及其上级主管部门执行。""当事人对区、县人民政府处理决定不服的，可以按《拆迁办法》的规定，在接到处理决定通知书之日起三十日内，向人民法院起诉。逾期不起诉又不履行的，由区、县人民政府提请人民法院依法强制执行。"

二、经济体制转轨时期城市房屋拆迁立法(1991—2000)

20 世纪 80 年代中后期，随着改革开放的不断进行，社会主义市场经济发展迅速，城市建设得到迅速发展，旧区改造步伐进一步加快，房地产市场发生了巨大变化，市场模式逐渐成为主流。而涉及城市房屋拆迁的问题越来越多，拆迁纠纷与日俱增。"一些城市在房屋拆迁中，一方面存在对被拆除房屋收购价偏低，被拆迁人的临时过渡期没有法律保障等侵犯房屋所有人和使用人合法权益的现象；另一方面，由于对房屋使用人主要采取低租金安置公房的办法，刺激了对房屋的需求，城市旧区改造中一般占至 60％以上的新建房用于拆迁安置，造成城市旧区改造的投资大幅度增加，一些

---

① 参见 1988 年《上海市拆迁房屋管理若干问题的规定》，第 11—24 页。

建筑密度大、人口密度大、房屋质量差的旧区改造工作难以进行。而且,由于缺少法律规定,增加了拆迁纠纷处理的难度。"①因此,迫切需要一部国家层面的法律予以规范。②

（一）全国性立法

1. 1991 年《城市房屋拆迁管理条例》

1986 年 5 月,国务院开始着手城市房屋拆迁管理的立法工作,在总结各地经验教训的基础上,历时五年,最终于 1991 年 3 月正式出台《城市房屋拆迁管理条例》(以下简称 1991 年《拆迁条例》),这是我国首部关于城市房屋拆迁管理的中央立法,对城市房屋拆迁的管理体制、审批权限和程序、补偿安置原则、法律责任等作出规定。

（1）拆迁目的。1991 年《拆迁条例》第 1 条开宗名义,明确立法目的:"为加强城市房屋拆迁管理,保障城市建设顺利进行,保护拆迁当事人的合法权益,制定本条例。"第 2 条又明确适用范围:"凡在城市规划区内国有土地上,因城市建设需要拆迁房屋及其附属物的,适用本条例。"从上述两个条文可见,拆迁目的与范围是为了"保障城市建设顺利进行"和"城市建设需要"。1991 年《拆迁条例》所称的"城市建设需要"是广义的,它不仅包括地方政府直接投资的基础设施建设,还包括其他种类生产或生活设施建设。这类建设的筹建者,既可以是单位也可以是个人,而所有上述各类建设,都被包容到"城市建设"的总概念中。③可见,1991 年《拆迁条例》视城市建设从总体上符合国家或社会发展方向,并未区分公共利益与商业利益。

（2）适用范围。1991 年《拆迁条例》第 2 条明确适用范围限于"城市规划区内国有土地上"的房屋及其附属物的拆迁。有如下三点应予说明:一是1991 年《拆迁条例》通过"城市规划区内"与"国有土地上"的表述对适用范围作了双重限定,按照国家有关法律法规的规定,设市城市和建制镇属于

59

---

① 建设部房地产业司、体改法规司编:《城市房屋拆迁管理条例释义》,中国法制出版社 1991 年版,序言。

② 邢鸿飞、陈广华、吴志红、郑玮炜:《土地征用及房屋拆迁法律问题研究》,中国方正出版社 2010 年版,第 215 页。

③ 建设部房地产业司、体改法规司编:《城市房屋拆迁管理条例释义》,中国法制出版社 1991 年版,第15 页。

城市的范畴,我国的建制镇包括县人民政府所在地的镇和其他县以下的建制镇。1990年4月1日起正式施行的《城市规划法》第3条规定:"本法所称城市,是指国家按行政建制设立的直辖市、市、镇。""本法所称城市规划区,是指城市市区、近郊区以及城市行政区域内因城市建设和发展需要实行规划控制的区域。城市规划区的具体范围,由城市人民政府在编制的城市总体规划中划定。"由于城市规划区内,事实上还包括一部分集体所有的土地,对集体土地征收为国有需通过征收(原称为"征用")。在征地中发生集体土地上房屋的拆迁补偿安置问题,在《土地管理法》及其配套实施条例中作了明确的规定。因此,1991年《拆迁条例》又进一步限定在"城市规划区内"的"国有土地上"。二是1991年《拆迁条例》中的房屋,既包括公有房屋(包括直管公房与单位自管房屋),也包括公民私有房屋;既包括住宅房屋,也包括其他非住宅房屋。这里附属物的概念,包括房屋的附属建筑物和构筑物,如水井、围墙、室外厕所、门斗、化粪池、沼气池等。①

(3)拆迁程序。首先需申请办理拆迁许可(第8条)。拆迁人提出拆迁申请需提交下述文件:一是与拆迁行为相关的国家规定的批准文件,包括固定资产投资项目计划立项的批准文件、建设用地使用的批准文件以及规划建设的批准文件。目的是为了证明拆迁人与拆迁有关的行为的合法性。拆迁人拆迁房屋的目的是为了从事新的建设,其拆除旧的房屋、迁移并安置被拆迁户、新建房屋或设施是一个完整的行为过程。拆迁人要实施这一行为,必须履行用地、建设、拆迁等一系列审批手续。二是拆迁计划与方案,内容包括确切的拆迁范围、拆迁的实施步骤,对原居住者或原使用者安置的初步设想和可能性,临时安置周转房的准备情况,拆迁的各项补偿费、补助费的匡算,以及拆迁的开始时间和结束时间等。②此外,1991年《拆迁条例》还分别对拆迁公告(第10条)、签订拆迁补偿安置协议(第12条)、拆迁裁决(第14条)、责令限期拆迁(第15条)、强制拆迁(第15条)等程序

---

① 建设部房地产业司、体改法规司编:《城市房屋拆迁管理条例释义》,中国法制出版社1991年版,第14—15页。

② 建设部房地产业司、体改法规司编:《城市房屋拆迁管理条例释义》,中国法制出版社1991年版,第23—24页。

作了规定。

（4）拆迁补偿、安置对象及范围。首先，关于补偿安置对象。补偿对象是被拆迁房屋的所有人（第 19 条）、而安置的对象是被拆迁房屋的使用人（第 27 条），原因是城市中多数房屋的所有权和使用权是相分离的，所以，补偿、安置是针对所有人和使用人两类被拆迁人而言的。其次，关于拆迁补偿范围。包括被拆除房屋及附属物、未超过批准期限的临时建筑。对违章建筑、超过批准期限的临时建筑不予补偿（第 19 条）。1991 年《拆迁条例》对土地使用权的补偿问题没有明确规定，国务院法制局在对建设部"关于拆迁城市私有房屋土地使用权是否予以补偿问题的函"的复函中亦语焉不详。[①]

（5）拆迁补偿安置方式与标准。1991 年《拆迁条例》对拆迁补偿与拆迁安置作了明确的区分：一是拆迁补偿方式及标准。拆迁补偿实行产权调换、作价补偿，或者产权调换和作价补偿相结合的形式。产权调换的面积按照所拆房屋的建筑面积计算。作价补偿的金额按照所拆房屋建筑面积的重置价格结合成新结算（第 20 条）。以产权调换形式偿还的非住宅房屋，偿还建筑面积与原建筑面积相等的部分，按照重置价格结算结构差价；偿还建筑面积超过原建筑面积的部分，按照商品房价格结算；偿还建筑面积不足原建筑面积的部分，按照重置价格结合成新结算（第 22 条）。以产权调换形式偿还的住宅房屋，偿还住宅房屋与被拆除住宅房屋之间的差价结算及超过或者不足所拆住宅房屋的原建筑面积部分的价格结算办法，由省、自治区、直辖市人民政府规定（第 23 条）。二是拆迁安置方式、内容及标准。被拆除房屋使用人是指在拆迁范围内具有正式户口的公民和在拆迁范围内具有营业执照或者作为正式办公地的机关、团体、企业、事业单位

[①] 参见 1995 年 9 月 4 日国务院法制局给建设部的复函，即"国法函〔1995〕65 号"《对〈关于拆迁城市私有房屋土地使用权是否予以补偿问题的函〉的复函》，该复函内容为："你部《关于拆迁城市私有房屋土地使用权是否予以补偿问题的函》（建房〔1995〕468 号）收悉。经研究，函复如下：拆迁城市私有房屋应当严格执行现行有关法律和《城市房屋拆迁管理条例》，并按照规定对拆迁的房屋进行安置补偿。"另参见 1995 年 10 月 31 日建设部给北京市房地产管理局的复函，即"建房字第 624 号"《关于拆迁城市私有房屋土地使用权是否予以补偿问题的复函》，系建设部收到国务院法制局的上述复函后对北京市房地产管理局所作的复函，内容同上。

（第 27 条）。拆除非住宅房屋，按照原建筑面积安置（第 29 条）。拆除住宅房屋，由省、自治区、直辖市人民政府根据当地实际情况，按照原建筑面积，也可以按照原使用面积或者原居住面积（以下简称原面积）安置。对按照原面积安置住房有困难的被拆除房屋使用人，可以适当增加安置面积。增加安置面积的具体办法，由省、自治区、直辖市人民政府规定（第 30 条）。此外，1991 年《拆迁条例》还对搬家补助费、临时安置补助费或提供周转房（第 31 条），非住宅房屋停产停业损失（第 34 条）等作了规定。

（6）拆迁救济途径与强迁。当事人对裁决不服的，可以在接到裁决书之日起 15 日内向人民法院起诉。在诉讼期间如拆迁人已给被拆迁人作了安置或者提供了周转用房的，不停止拆迁的执行（第 14 条）。在房屋拆迁公告规定的或者条例第 14 条第 1 款规定的裁决作出的拆迁期限内，被拆迁人无正当理由拒绝拆迁的，县级以上人民政府可以作出责令限期拆迁的决定，逾期不拆迁的，由县级以上人民政府责成有关部门强制拆迁，或者由房屋拆迁主管部门申请人民法院强制拆迁（第 15 条）。

2. 配套部颁规章

1991 年《拆迁条例》出台后，建设部、司法部及国务院法制局等出台了一系列的配套规定：

（1）1991 年建设部《城市房屋拆迁单位管理规定》。

（2）1991 年建设部《关于印制颁发房屋拆迁许可证的通知》。

（3）1991 年建设部《关于进一步明确城市房屋拆迁行政主管部门的通知》。该通知对城市房屋拆迁管理行政主管部门的设置明确如下：按照《城市房屋拆迁管理条例》规定和国务院的现行机构、职能分工，全国的城市房屋拆迁管理工作由建设部主管，省、自治区的城市房屋拆迁管理工作由省、自治区建委（建设厅）主管。城市的房屋拆迁主管部门，由省（自治区）和城市人民政府根据《城市房屋拆迁管理条例》规定，明确城市房地产部门或建设系统的一个部门或机构，为房屋拆迁主管部门。为了保证房屋拆迁主管部门行政管理和执法的公正性、客观性，保证房屋拆迁管理工作与房屋估价、房屋产权、住房政策的协调，此项工作不能授权开发办或土地部门管理。

（4）1993 年司法部《房屋拆迁证据保全公证细则》。

（5）1995 年国务院法制局"对《关于拆迁城市私有房屋土地使用权是否予以补偿问题的函》的复函"。系国务院法制局给建设部的复函，复函内容为："你部《关于拆迁城市私有房屋土地使用权是否予以补偿问题的函》（建房〔1995〕468 号）收悉。经研究，函复如下：拆迁城市私有房屋应当严格执行现行有关法律和《城市房屋拆迁管理条例》，并按照规定对拆迁的房屋进行安置补偿。"

（6）1995 年建设部《关于拆迁城市私有房屋土地使用权是否予以补偿问题的复函》。系建设部收到国务院法制局的上述复函后对北京市房地产管理局所作的复函，内容同上。

（7）1995 年建设部《关于加强城市房屋拆迁管理工作的通知》。通知指出：近年来，各地为适应改革开放的需要和进一步改善城市环境，加快了城镇基础设施建设和旧城改造步伐，拆除了大量的棚户危房。各地政府和房屋拆迁主管部门对被拆迁房屋使用人的安置工作给予高度重视，做了大量的工作，取得了一定的成绩。但是，有些地方在房屋拆迁中问题较为突出。从当前一些地方拆迁工作中暴露的问题看，其主要原因是拆迁量过大超过了城市所能承受的经济能力，建设资金和安置用房不落实，被拆迁户不能如期回迁与安置；不依法安置，自行过渡户过多，甚至让被拆迁户自行安置；拆迁补偿价格太低，没有认真执行《城市房屋拆迁管理条例》。

（二）上海地方性立法

1. 1991 年《上海市城市房屋拆迁管理实施细则》

20 世纪 90 年代的上海，正处于继续推动 80 年代开始的旧城改造运动之中。20 世纪 90 年代初期，上海市区还有 1 500 多万平方米二级旧式里弄以下旧住房，其中成片危、简房约 365 万平方米，"365 危棚简屋"旧区改造的概念也由此而来。1992 年年底召开的中共上海市第六次党代会确立了到 20 世纪末上海的居住目标，其中包括完成"365 万平方米成片危棚简屋"改造（以下简称"365 工程"）。适逢此时，上海开始尝试有偿出让国有土地使用权，同时在旧区改造中引进社会资本。这些资金一方面用于危棚简屋的改造，另一方面用于市政基础设施建设。在基础设施得到改善的同时,居民居住水平也得到了根本改变,当时所谓的"百万居民大动迁"即反映了这一情形。在这种情况下,上海城市建设迅猛发展,国内外大批开发商涌进上海,旧区改造规模空前。在上述背景下,根据 1991 年国务院出台的《拆迁条例》,以及上海市经济、社会的具体情况,于同年出台了《上海市城市房屋拆迁管理实施细则》(以下简称 1991 年《实施细则》)。①

(1) 拆迁目的、适用范围、拆迁救济途径与强迁:与国务院《拆迁条例》一致。

(2) 拆迁程序:1991 年《实施细则》细化了拆迁程序及要求,一是规划管理部门在核发建设用地规划许可证,确定拆迁范围后,应通知拆迁范围内已取得建设工程规划许可证件的被拆迁人停止房屋及其附属物的改建、扩建等工程,并通知被拆迁房屋所在地的区、县房管局(第 9 条)。二是区、县房管局接到规划管理部门的通知后,通知相关部门暂停办理有关手续:第一,通知有关部门暂停办理房屋的买卖、交换、析产、分割、赠与、分户、出租、调配等手续;第二,通知公安部门暂停办理居民常住户口的迁入和分户手续;第三,通知工商行政管理部门暂停核发营业执照(第 10 条)。暂停办理有关手续的期限为十二个月。必要时可申请延长,但一般不超过六个月;超过六个月的,必须经市房管局批准(第 12 条)。三是明确申请拆迁许可提出的文件材料、审核权限与期限(第 13—15 条)。四是在公布拆迁公告后,如拆迁房屋性质为私有房屋,拆迁人应事先书面通知被拆迁房屋的所有人征求是否保留房屋产权的意见,无正当理由逾期不作答复的,作放弃保留房屋产权处理(第 19 条)。

(3) 拆迁补偿安置方式与计算标准:1991 年《实施细则》对拆迁补偿与拆迁安置分别作了规定,同时在很大程度上继承了 1987 年修正《拆迁办法》与 1988 年《管理规定》的政策内容,其中拆迁单位非居住用户的补偿基本沿用了上海市前述政策内容;拆迁私房的补偿则作了细化,包括保留产权以新建房屋或其他住房互换产权、放弃产权以公房安置或以货币安置,均作了明确的规定(第 37—39 条)。其中政策对放弃实物安置选用货币补

---

① 唐代中:《上海城市房屋拆迁研究》,同济大学 2007 年博士学位论文。

偿的被拆迁人进行奖励，并增加奖励额度，从 1988 年《管理规定》第 20 条规定"再给予百分之二十的奖励"，提高到 1991 年《实施细则》第 39 条规定"再给予补偿标准百分之五十的奖励"，表明政策鼓励货币补偿的意图。从拆迁补偿安置标准上，突出安置人口因素（详见表 2-1）。

2. 1993 年对《上海市城市房屋拆迁管理实施细则》的修改

上海市人民政府 1993 年 6 月 24 日第 38 号令发布《关于修改〈上海市城市房屋拆迁管理实施细则〉的决定》，对 1991 年《实施细则》中的两个条文作了修改。其中将第 37 条中，被拆迁私房所有人保留房屋产权选择产权调换，人均建筑面积 24 平方米以上、不超过原建筑面积的，24 平方米以上的部分"按新房的成本价出售"改为"按新房的市场价出售"。将第 39 条中，被拆迁私房所有人不保留产权，要求用公房安置的，"按估价标准给予补偿"改为"按估价标准的 60% 给予补偿"，即打六折补偿。此次修改降低"拆私还公"的补偿标准，与上海市公房出售的宏观政策相一致（详见表 2-1、表 2-2）。①

表 2-1　1991 年《实施细则》对房屋所有人的拆迁补偿方式与计算标准

被拆迁房屋类型	补偿方式	计算标准	条　文
A 公有非居住房屋	① 产权调换	新房产权调换面积按原房屋的面积计算，不另行补偿；扩大面积和提高房屋结构质量所增加的费用，由被拆迁人负担。	第 28 条第 3 款、第 30 条第 1 款
	② 作价补偿	货币补偿金额＝所拆房屋建筑面积×评估单价（重置价格结合成新）。	第 28 条第 4 款、第 30 条第 2 款
B 公有出租的居住房屋	产权调换	1. 新房产权调换面积按原房屋的面积计算；扩大面积和提高房屋结构质量所增加的费用，不另行补偿。 2. 所有人与承租人的原租赁关系保持，重新办理租赁手续。	第 31 条

---

①　内容详见上海市人民政府 1993 年 6 月 24 日第 38 号令《关于修改〈上海市城市房屋拆迁管理实施细则〉的决定》。

(续表)

被拆迁房屋类型	补偿方式	计算标准	条 文
C 单位非居住房屋	① 作价补偿	1. 拆迁人应补偿下列费用:被拆房屋、附属物与设备补偿,移地迁建费,设备搬迁费,停产待工人员工资性补贴,其他费用等。 2. 对调整产业结构或工业布局而关、停、并、转的被拆迁人,拆迁人应按规定的标准给予补偿。	第 33—34 条
	② 委托代建	委托拆迁人代建的,补偿费不再支付给被拆迁人;扩大面积和提高房屋结构质量所增加的费用,由被拆迁人负担。	第 35 条
D 私有居住房屋	① 保留产权、产权调换(拆私还私)	1. 按原面积互换产权(拆一还一),并结算差价。原房屋按建安价结合成新给予补偿,新房按下列计价标准计算:(1)互换新人均24平方米以内、不超过原面积部分,按新房成本价的1/3计算;(2)人均24平方米以上、不超过原面积部分按新房的成本价(1993年改为市场价)计算。 2. 按原面积互换产权后,仍居住困难的,可按下列标准超面积购房(保底面积),超过原面积部分按新房成本价计算:原人均8平方米以下,可照顾到人均10—12平方米;原人均8—12平方米,可照顾到人均12—16平方米。	第 37—38 条;备注:市建委、市物价局沪建住(92)第 822 号文新房成本价多层 867 元/平方米、高层 1 084 元/平方米
	② 放弃产权、公房安置(拆私还公)	原房屋按建安价结合成新给予补偿(1993年改为按估价标准的60%给予补偿);公房安置面积详见表2-2"拆迁安置"标准。	第 39 条
	③ 放弃产权、作价补偿(货币补偿)	1. 全部放弃产权:原房屋按建安价结合成新给予补偿,另给50%奖励。 2. 部分放弃产权:对人均24平方米保留产权,超过24平方米部分不保留产权的,原房屋按估价标准给予补偿(1993年新增规定)。	第 39 条
E 有产权纠纷房屋	/	拆迁人提出补偿安置方案,报区、县房管局批准;拆迁前对被拆迁房屋作勘察记录,并向公证机关办理证据保全。	第 41 条
F 抵押权房屋	① 产权调换	由抵押权人和抵押人重新签订抵押协议;达不成协议的参照上述 E,及第41条规定实施。	第 42 条第 1 款
	② 作价补偿	由抵押权人和抵押人重新设立抵押权或由抵押人清偿债务后,方可给予补偿。	第 42 条第 2 款

被拆迁房屋类型	补偿方式	计算标准	条　文
G 违章建筑、临时建筑	货币补偿	1. 违章建筑、超过批准期限或虽未定期限但使用两年以上的临时建筑，不予补偿；未超过批准期限的临时建筑，给予适当补偿。 2. 接到停建通知，继续改建、扩建的部分，不予补偿。	第 32 条
H 其他	/	拆迁公共事业房屋、宗教团体所有的房屋、依法代管的房屋、有关公共设施等。	第 64—66 条

表 2-2　1991 年《实施细则》对房屋使用人的拆迁安置方式与计算标准

被拆迁房屋类型一	被拆迁房屋类型二	安置方式	计算标准	条　文
A 公有居住房屋	A₁ 一般公房	公房安置	1. 安置房结构、质量、设备条件等和被拆迁房屋类型相似的，按原建筑面积予以分配； 2. 从市中心建成区迁至市区边缘地段，分配房屋建筑面积可酌情增加，但人均不超过 2 平方米。	第 50 条
	A₂ 特定类型公房（棚户、简屋或旧式里弄）	公房安置	1. 安置被拆迁房屋使用人的标准如下： （见下表） 2. 原人均居住面积大于 30 平方米的，分配新房的人均居住面积不超过 12 平方米。 3. 去郊县城镇或独立工业区安置的，分配新房的人均居住面积可按上述标准增加 1—2 平方米。	第 51 条

被拆迁房屋使用人原有居住面积（平方米/人）	新分配的居住面积（平方米/人）	
	在市中心建成区或原址就近地段安置	市中心建成区迁至市区边缘地段安置
小于 4	维持原面积	4
大于 4 小于 7	4—5	5—6
大于 7 小于 10	5—6	6—7
大于 10 小于 13	6—7	7—8
大于 13 小于 16	7—8	8—9
大于 16 小于 19	8—9	9—10
大于 19 小于 22	9—10	10—11
大于 22 小于 25	10—11	11—12
大于 25 小于 30	11—12	12

67

（续表）

被拆迁房屋类型一	被拆迁房屋类型二	安置方式	计算标准	条文
B 私有居住房屋	B₁ 自住	① 保留产权、商品房安置	1. 对原址建造非居住房屋的,应迁移至市区的边缘地区安置;对原址建造商品居住房屋的,一般亦应迁移至市区的边缘地区安置。补偿安置标准,参见上述"保留产权、产权调换(拆私还私)"。 2. 对原址建造商品居住房屋的,选择原地安置的,应按原址建造的商品房成本价与边缘地区建造的商品房成本价之间的差价购买居住房屋。	第49条
		② 放弃产权、公房安置	安置标准参见上述 A₁、A₂,按第 50 条、第 51 条执行。	第52条
	B₂ 全部或部分出租	① 保留产权	1. 私房所有人要求保留自住或空关部分产权的,按保留产权部分的面积互换房屋。对放弃产权的出租部分予以估价补偿;并按规定安置房屋使用人。 2. 私房所有人保留自住和出租私房全部产权的,所有人与使用人应继续保持原租赁关系,并应按照《上海市私有居住房屋租赁管理暂行办法》重新协商签订租赁合同。	第53条第2项、第3项
		② 放弃产权	1. 部分出租、部分自住的私房所有人不保留产权的,应按实际居住状况和规定标准分别对所有人和使用人进行安置。 2. 全部出租的私房所有人不保留产权的,按规定安置房屋使用人;对私房所有人仅作价补偿,不再安置。	第53条第1项、第4项

3. 1997 年"危棚简屋改造地块拆迁补偿安置试行办法"

1991 年《实施细则》实施以来,因补偿标准总体上偏低,引起了越来越多被拆迁户的不满,并导致了大量的动迁纠纷。同时,20 世纪 90 年代初制定的旧城改造"365 工程"尚未完成,需改造的危棚简屋共有 365 万平方米。据统计,到 1996 年年底累计完成 204 万平方米,占总量的 55.7%。此外,1992—1997 年因经济投资过热,商品房空置率增长过快,矛盾相当突出。在商品房房价走低、大量空置积压的情况下,1997 年年底上海市政府出台

《上海市危棚简屋改造地块居住房屋拆迁补偿安置试行办法》（以下简称1997年《试行办法》），该办法于1998年1月1日起实施，大幅度提高危棚简屋拆迁采用异地实物安置时的补偿标准，一方面加快旧区危棚简屋改造，另一方面也达到消化安置商品房，调控房地产市场的目的。①

（1）立法目的。1997年《试行办法》第1条明确立法目的旨在"加快本市旧区危棚简屋改造，促进空置商品住宅的消化，保障拆迁当事人的合法权益"。

（2）适用范围。1997年《试行办法》第2条明确适用范围为"在本市市区范围内，经市建设委员会核定的危棚简屋改造地块拆迁居住房屋的补偿安置"。此外，对于非危棚简屋地块拆迁基地，如被拆迁人要求按《试行办法》补偿安置的，拆迁人应当参照执行。②

（3）拆迁补偿安置方式与计算标准。一是提高安置面积标准（包括拆私还公、拆私还私、拆公还公），尤其是大幅提高异地安置面积标准；二是鼓励实房安置，与1991年《实施细则》鼓励货币化安置相反，《试行办法》对货币化安置款按八折计算，以鼓励动迁居民选择实房安置，消化空置商品房（详见表2-3）。

三、社会主义市场经济体制下城市房屋拆迁立法（2001—2010）

党的十四大针对建立社会主义市场经济体制，提出既要实现经济快速增长，又要对经济进行宏观调控的双重目标。这一时期整个宏观社会背景发生了巨大变化，计划经济已经开始向市场经济转变，土地供给制度、养老

---

① 1997年6月11日上海市人民政府"批转建委《关于积极消化空置商品住宅加快旧区危棚简屋改造若干意见》的通知"（沪府发〔1997〕17号），为确保市六届党代会提出的至20世纪末完成市区范围365万平方米危棚简屋改造奋斗目标的实现，就积极消化空置商品住宅，加快市区危棚简屋改造提出三点意见：一是各区政府要把旧区改造的重点放在危棚简屋改造上。并将其与消化空置商品住宅紧密结合；二是要体现政府、企业和个人多方出资、共同承担，市政府统筹协调，各区政府具体操作，结合改造地块、列出计划、分步实施、按期完成等原则；三是要从政策上给予积极鼓励和扶持。载上海市房屋土地管理局编：《上海市房地产管理文件汇编》（1997），第143—145页。

② 上海市房屋土地管理局"关于贯彻实施《上海市危棚简屋改造地块居住房屋拆迁补偿安置试行办法》若干意见的通知"（沪房地拆〔1997〕1233号），第1条、第12条。载上海市房屋土地管理局编：《上海市房地产管理文件汇编》（1997），第161—162页。

表 2-3　1997 年《试行办法》应安置面积与货币安置款计算标准

适用范围	补偿安置方式	计算标准					条　文
危棚简屋改造地块拆迁居住房屋（市政建设项目或其他建设项目拆迁居住房屋可参照执行）	① 以公房安置或互换产权安置	1. (原地安置)按被拆除房屋建筑面积计算安置面积,但下列情形除外:(1)原面积人均不足 10 平方米的,按照人均 10 平方米计算;(2)被拆私房以公房安置,原面积人均超过 24 平方米的,按照人均 24 平方米计算(10 平方米托底、24 平方米封顶)。 2. 异地安置增加面积标准,按上述计算标准为依据,并按下表所列百分率增加安置面积:					第 5—8 条

被拆除房屋地段	安置房屋地段			
	一、二、三	四	五	六
一、二、三	/	20%	40%	80%
四	/	/	20%	40%

(续表)

		3. 独生子女再增加 10 平方米,但已结婚的除外。 4. 互换产权的差价结算:原房屋按重置价格结合成新计算;安置房在应安置建筑面积以内按新房成本价计算,超过应安置建筑面积的部分,按照市场价计算。	
	② 货币安置	1. 货币化安置款＝四级地段空置商品住宅的平均售价×在四级地段安置应得的房屋建筑面积×80%。 2. 四级地段空置商品住宅的平均售价,由市建委和市物价局核定;在四级地段安置应得的房屋建筑面积,按照《试行办法》第 5—7 条的规定计算。 3. 货币化安置款由被拆迁使用人专项用于购买上海市经认定的空置商品住宅或者其他商品住宅,不得挪作他用;购房存款单不得兑取现金,不得转让、质押。	第 9 条、第 13 条

金制度、住房制度、医疗制度先后进行了一系列的改革。1995 年《城市房地产管理法》出台,1996 年 10 月上海市人民政府颁布了《上海市土地使用权出让办法》,规定从 1997 年 1 月 1 日开始,凡是六类经营项目使用的土地必须以出让的方式获得,土地使用权出让方式可采取协议、招标、拍卖,以及市政府批准的其他方式。1998 年国家取消福利分房,公积金制度诞生。在整个经济社会转型的过程中,拆迁补偿制度的修订也提上了日程,1991 年《拆迁条例》出台时住房性质多数为公房,到 1997 年以后新建房屋大多为商品房,原有的拆迁补偿制度已经跟不上城市房屋拆迁工作的需

要,在这一宏观经济背景下,2001年6月6日国务院通过了新修订的《城市房屋拆迁管理条例》(以下简称2001年《拆迁条例》),于2001年11月1日起施行。①地方亦随之出台相应的配套立法。

(一)全国性立法

1. 2001年国务院《城市房屋拆迁管理条例》

与1991年《拆迁条例》相比,2001年《拆迁条例》主要有如下改变:

(1)立法目的:将"保障城市建设的顺利进行"改为"保障建设项目顺利进行"。

(2)拆迁补偿安置对象:1991年《拆迁条例》第3条将"被拆迁人"定义为"被拆除房屋及其附属物的所有人与使用人",拆迁人需对所有人进行拆迁补偿,并对使用人进行拆迁安置。这是在当时公房为主体的情况下规定的,实践中因拆迁人不征求房屋所有人的意见,直接与使用人达成补偿安置协议;一些城市实行货币安置,将大部分补偿金支付给了使用人,致使房屋所有人的利益受损,引起房屋所有人不满。随着住房制度改革的逐步深化,我国房屋产权结构发生了很大变化,已从公房为主体转变为以私房为主体。而房屋租赁关系是所有人与承租人之间的合同关系,在拆迁中是从属的法律关系,应通过相关的民事法律关系予以调整。因此,为保护房屋所有人的合法权益,2001年《拆迁条例》第4条第3款规定"本条例所称被拆迁人,是指被拆迁房屋的所有人",第22条规定"拆迁人应当依照本条例规定,对被拆迁人给予补偿"。此外,为兼顾房屋使用人的合法权益,2001年《拆迁条例》第27条对房屋承租人的安置作了规定:"拆迁租赁房屋,被拆迁人与房屋承租人解除租赁关系的,或者被拆迁人对房屋承租人进行安置的,拆迁人对被拆迁人给予补偿。""被拆迁人与房屋承租人对解除租赁关系达不成协议的,拆迁人应当对被拆迁人实行房屋产权调换。产权调换的房屋由原房屋承租人承租,被拆迁人应当与原房屋承租人重新订立房屋租赁合同。"

(3)拆迁补偿安置方式与标准:1991年《拆迁条例》第20条规定"拆迁补偿实行产权调换、作价补偿,或者产权调换和作价补偿相结合的形式"。

---

① 唐代中:《上海城市房屋拆迁研究》,同济大学2007年博士学位论文。

"作价补偿的金额按照所拆房屋建筑面积的重置价格结合成新结算。"这一补偿标准,在房屋商品化程度不高的情况下是能够接受的,但随着市场经济的发展,以重置价计算被拆迁房的价值,不符合等价交换的原则。因此,2001年《拆迁条例》第23条规定"拆迁补偿的方式可以实行货币补偿,也可以实行房屋产权调换"。第24条又明确规定"货币补偿的金额,根据被拆迁房屋的区位、用途、建筑面积等因素,以房地产市场评估价格确定。具体办法由省、自治区、直辖市人民政府制定"。上述补偿安置标准充分体现市场价值标准进行等价交换的原则,取消了补偿安置中的人口因素。

（4）拆迁程序、救济与强迁:拆迁程序与救济和1991年《拆迁条例》的规定相同,强迁程序略有变化(详见第五章)。

2. 配套部颁规章

（1）建设部《城市房屋拆迁估价指导意见》。2003年12月1日根据《城市房屋拆迁管理条例》和《房地产估价规范》制定,旨在规范城市房屋拆迁估价行为,维护拆迁当事人的合法权益。

（2）建设部《城市房屋拆迁行政裁决工作规程》。2003年12月30日制定,旨在规范城市房屋拆迁行政裁决行为,维护拆迁当事人的合法权益。

（3）建设部《城市房屋拆迁工作规程》。2005年10月31日制定,旨在进一步规范城市房屋拆迁工作程序,加强房屋拆迁管理,维护拆迁当事人的合法权益。

（二）上海地方性立法

1. 2001年《上海市城市房屋拆迁管理实施细则》

2001年《拆迁条例》出台后,上海市人民政府于同年10月29日发布《上海市城市房屋拆迁管理实施细则》(以下简称2001年《实施细则》)。

（1）立法目的:同2001年《拆迁条例》。

（2）拆迁补偿安置方式与标准:2001年《实施细则》第32条规定了三种补偿安置方式:"拆迁补偿安置可以实行货币补偿,也可以实行与货币补偿金额同等价值的产权房屋调换(以下简称价值标准房屋调换);拆迁居住房屋,还可以实行以房屋建筑面积为基础,在应安置面积内不结算差价的异地产权房屋调换(以下简称面积标准房屋调换)。""货币补偿"与"价值标准房屋调换"实质上均属于市场补偿安置;"面积标准房屋调换"则系为了兼顾解决被拆迁人的居住困难,2001年《实施细则》第39条限定了适用范围:"被拆除房屋属于旧式里弄房屋、简易以及其他非成套独用居住房屋,符合拆迁房屋所在地的区、县人民政府规定条件的下列被拆迁人、房屋承租人,可以选择面积标准房屋调换……"该补偿安置方式是继承了1998年《试行办法》第6条"异地安置增加面积标准"的补偿政策,但与《试行办法》相比,大幅提高了面积增加的百分率,如从一、二、三类地段安置到四类地段从原先增加20%提高到了30%,安置到五类从原先增加40%提高到了60%,安置到六类从原先增加80%提高到了100%等。安置面积增加比率的调整,也反映市中心区到边缘区级差地租的变化。

此外,2001年《实施细则》还对居住房屋的货币补偿金额(第33条)、价值标准房屋调换的差价结算(第34条)、未出租私有居住房屋的补偿安置(第35条)等作了规定。对出租房屋的补偿,2001年《实施细则》第36条至38条区分三种出租类型分别予以规范:一是协商议定租金标准的出租居住房屋的补偿安置;二是执行政府规定租金标准的公有出租居住房屋的补偿安置;三是执行政府规定租金标准的私有出租居住房屋的补偿安置(详见表2-4)。

表2-4 2001年《实施细则》拆迁补偿安置方式与计算标准

被拆迁房屋类型一	被拆迁房屋类型二	补偿安置方式	计算标准	条　文
A居住房屋	居住房屋补偿安置一般规定	①货币补偿	1. 货币补偿金额计算公式＝被拆除房屋的房地产市场评估单价×被拆除房屋建筑面积(简称建筑面积)。 2. 对第35条、第36条、第37条第1款与第3款,适用被拆除房屋的房地产市场单价和价格补贴。被拆除房屋的房地产市场单价为房地产市场评估单价,当房地产市场评估单价低于最低补偿单价标准的,按最低补偿单价标准计算。	第32条、第33条
		②价值标准房屋调换	按被拆除房屋的货币补偿金额与安置房屋的房地产市场价结算差价。	第32条、第33条
		③面积标准房屋调换	以被拆除房屋建筑面积为基础,在应安置面积内不结算差价的异地产权房屋调换(适用条件与计算标准详见A_5)。	第32条、第39条

(续表)

被拆迁房屋类型一	被拆迁房屋类型二	补偿安置方式	计算标准	条 文
A 居住房屋	A₁未出租私有居住房屋	①货币补偿 ②价值标准房屋调换	1. 可选择①或②。 2. 货币补偿金额计算公式＝（被拆除房屋的房地产市场单价＋价格补贴）×建筑面积。	第35条
	A₂协商议定租金标准的出租居住房屋	①货币补偿 ②价值标准房屋调换	1. 已协商解除租赁关系的：可选择①或②，货币补偿金额计算公式同A₁。 2. 未解除租赁关系的：只能选择②，安置房屋由原承租人承租，被拆迁人与其重新订立房屋租赁合同。	第36条
	A₃执行政府规定租金标准的公有出租居住房屋	①货币补偿 ②价值标准房屋调换	1. 被拆迁人选择②的：由被拆迁人安置承租人，租赁关系继续保持，被拆迁人货币补偿金额计算公式同A₁。 2. 被拆迁人选择①的：租赁关系终止。(1)被拆迁人货币补偿金额计算公式＝被拆除房屋的房地产市场评估单价×建筑面积×20%。(2)房屋承租人可选择①或②，货币补偿金额计算公式＝（被拆除房屋的房地产市场单价×80%＋价格补贴）×建筑面积；符合条件的，还可选择A₅。	第37条
	A₄执行政府规定租金标准私有出租居住房屋	①货币补偿 ②价值标准房屋调换	1. 被拆迁人可选择①或②：租赁关系终止，被拆迁人货币补偿金额计算公式＝被拆除房屋的房地产市场评估单价×建筑面积×100%。 2. 房屋承租人的补偿安置同A₃。	第38条
	A₅旧式里弄、简屋及其他非成套独用居住房屋	③面积标准房屋调换	1. 适用范围：符合所在地的区、县人民政府规定条件：(1)未出租私有居住房屋所有人；(2)执行政府规定租金标准的公有、私有房屋承租人等。 2. 应安置面积：以被拆除房屋建筑面积为依据，按下表百分率增加安置面积：	第39条

对应 A₅ 行内的表格：

被拆除房屋地段	安置房屋地段		
	四	五	六
一、二、三	30%	60%	100%
四	／	40%	70%

3. 应安置面积内不结算差价，超过部分按房地产市场价支付房价款。

74

被拆迁房屋类型一	被拆迁房屋类型二	补偿安置方式	计算标准	条　文
B非居住房屋	/	①货币补偿 ②价值标准房屋调换	1. 货币补偿金额为被拆除房屋的房地产市场价,不适用被拆除房屋的房地产市场单价和价格补贴。 2. 对未出租的或已解除协商议定标准租赁关系的可选择①或②;对未解除市场租赁关系的选择②,重新订立租赁合同。 3. 对政府规定租金标准公有房屋,选择②的租赁关系保持;选择①的租赁关系终止,被拆除房屋的房地产市场价的20%补偿给被拆迁人,80%补偿给承租人。 4. 有关费用补偿:设备搬迁和安装费用、无法使用设备补偿、停产停业补偿。	第43条、第44条、第45条
C产权不明房屋	/	①货币补偿	拆迁人提出补偿安置方案,对被拆除房屋作勘察记录,并向公证机关办理补偿款提存和证据保全,并报区、县房地产局审核同意后实施拆迁。	第50条
D抵押权房屋	/	①货币补偿 ②价值标准房屋调换	1. 抵押人和抵押权人达成协议的,可选择①或②。 2. 达不成协议的,选择①,拆迁人应将补偿款向公证机关办理提存。	第51条
E违章建筑、临时建筑	/	①货币补偿	1. 违章建筑、超过批准期限的临时建筑,不予补偿;未超过批准期限的临时建筑,给予适当补偿。 2. 接到停建通知,继续新建、改建、扩建的部分,不予补偿。	第52条
F其他房屋	/	①货币补偿 ②价值标准房屋调换	拆迁公益事业房屋、宗教团体所有的房屋、依法代管的房屋、有关公共设施等。	第46—49条

（3）拆迁程序、救济途径与强迁：2001年《实施细则》第24条规定："拆迁人与被拆迁人或者房屋承租人达不成拆迁补偿安置协议的,经当事人申请,由被拆除房屋所在地的区、县房地局裁决……""当事人对裁决不服的,可以在裁决书送达之日起60日内向有管辖权的行政机关申请行政复议,也可以在裁决书送达之日起3个月内向人民法院起诉……行政复议、诉讼

期间不停止裁决的执行。"第 25 条规定:"被拆迁人或者房屋承租人在裁决规定的搬迁期限内未完成搬迁的,经区、县房地局申请,由区、县人民政府责成区、县房地局和公安机关等有关部门强制执行;或者由区、县房地局依法申请人民法院强制执行。"

2. 考虑"人口因素"的政府规章及规范性文件

(1) 2005 年上海市房地局《关于实施房屋拆迁面积标准调换的指导意见》

2001 年《拆迁条例》对拆迁补偿安置政策的最大调整,一言以蔽之,旨在大力推进市场价值补偿原则,取消安置中的户口因素,俗称从"数人头"到"数砖头",拆迁不解困。上海市配套《实施细则》中,对旧式里弄、简屋及其他非成套独用居住房屋拆迁补偿沿用 1997 年以来的成功经验,采用面积标准房屋调换。但上述拆迁补偿政策仅在原有面积基础上增加一定的百分率,并不考虑人口因素,仍难以解决百姓的实际困难,在实践中遇到很大阻力,老百姓不能接受。尤其是房少人口多的家庭,本寄希望通过动迁来改善居住条件,而新拆迁政策让不少家庭期待已久的愿望落空,因此,旧改基地拆迁的速度缓慢。不少拆迁单位为了赶速度,在与动迁居民的协商中重新考虑老拆迁政策中的人口因素,最初拆迁单位是与动迁居民悄悄进行的,导致同一基地补偿安置迥异,未享受到人口优惠政策的居民纷纷"翻盘",其后拆迁单位开始在整个拆迁基地制定统一的政策。在上述背景下,为统一全市的拆迁补偿安置标准,上海市房地局于 2005 年 5 月 9 日印发《关于实施房屋拆迁面积标准调换的指导意见》(以下简称《指导意见》,"沪房地资拆〔2005〕260 号文"),对拆迁实务中考虑人口因素的做法提出统一的指导意见。

第一,适用范围。限于《实施细则》第 39 条"面积标准调换",但对《实施细则》实施后因析产、赠与、买卖等原因,人为造成符合面积标准调换条件的,不予适用。第二,应安置面积最低标准。按照《实施细则》第 39 条第 2 款规定的百分率增加安置面积,低于表 2-5 规定的,按表 2-5 执行。第三,关于被拆迁户居住人员的认定。在房屋拆迁许可证核发之日,在被拆迁房屋处有本市常住户口,居住在被拆迁房屋内,且在本市无其他住房或虽有住房但居住困难(按照申请廉租住房的居住面积标准认定)的人员,应当认定为被拆迁户居住人员,实际上即指拆迁实务中所谓的"安置人口认定"(详见表2-5)。

表 2-5 "沪房地资拆〔2005〕260 号文"应安置面积标准对照表

被拆迁户居住人员	五类地段	六类地段
一人	30 平方米	40 平方米
二人	45 平方米	55 平方米
三人	60 平方米	70 平方米
三人以上	每增加一人,增加 12 平方米	每增加一人,增加 16 平方米

(2) 2006 年上海市人民政府《上海市城市房屋拆迁面积标准房屋调换应安置人口认定办法》

2005 年《指导意见》下发后,经过一年的实践,对上海全市拆迁起到了较好的推动作用,但毕竟系市房地局的一个规范性文件,效力等级不高。因此,经拆迁实务部门的呼吁,2006 年 7 月 1 日上海市人民政府公布了《上海市城市房屋拆迁面积标准房屋调换应安置人口认定办法》(以下简称"61 号令")。

第一,适用范围。适用于本市城市范围面积标准房屋调换的应安置人口认定及其监督管理(第 2 条)。第二,监督管理职责权限。明确建设单位取得建设用地规划许可或凭市发改委的项目批准文件,由区、县房地管理部门通知公安部门(第 3 条)。公安部门接到通知后,应当加强拆迁范围内常住户口迁入、分户的管理,以户口迁入和分户,应当由派出所报区、县公安机关审核后,方可予以办理(第 4 条)。在区、县房地局核发房屋拆迁许可证时,公安部门应协助提供拆迁范围内的本市常住户口信息(第 5 条)。市房地局、监察部门负责监督检查,并接受投诉、举报(第 10 第)。第三,应安置人口的认定标准。"61 号令"对应安置人口的认定标准区分三种情形作了详细的规定(详见表 2-6)。第四,应安置人口的认定程序。被拆迁居民提供证明材料、拆迁人形成初步认定意见后由街镇政府组织核实、认定结果公示(不少于 7 日)、对提出异议进行复核并公示复核结果(不少于 5 日);此外,"61 号令"还对法律责任、应用解释等作了规定(详见表 2-6)。

表 2-6　2006 年上海市人民政府"61 号令"应安置人口认定标准

分　类	认定标准	条文
认定标准之一	截至房屋拆迁许可证核发之日,在被拆迁房屋处有本市常住户口连续满一年,在本市无其他住房(或者虽在本市有其他住房,但居住困难),且居住在被拆迁房屋的人员,可以认定为被拆迁居住房屋的应安置人口。	第 6 条
认定标准之二	截至房屋拆迁许可证核发之日,在被拆迁房屋处有本市常住户口未满一年,在本市无其他住房(或者虽在本市有其他住房,但居住困难),居住在被拆迁房屋,符合下列特殊情形之一的人员,可以认定为被拆迁居住房屋的应安置人口: (一)拆迁范围内应安置人口的未成年子女; (二)因工作需要调回本市的干部、职工及其随迁家属,在拆迁范围内直系亲属处落户的; (三)因离休、退休、退职从市外迁回拆迁范围内家中的; (四)海员、船员、野外勘探人员、就学等人员迁回拆迁范围家中的; (五)本市居民因应征入伍、出国(境)而注销拆迁范围内的户口,后又恢复户口的; (六)本市居民因服刑、被劳动教养、人民法院宣告失踪或者宣告死亡等注销拆迁范围内的户口,后又恢复户口的; (七)市政府规定的其他情形。	第 7 条
认定标准之三	房屋拆迁许可证核发之日,不具有拆迁范围内的本市常住户口,在本市无其他住房(或者虽在本市有其他住房,但居住困难),且符合下列特殊情形之一的人员,可以认定为被拆迁居住房屋的应安置人口: (一)有本市常住户口的未成年人,且其父母属于拆迁范围内的应安置人口; (二)户口从被拆迁房屋内迁出,且拆迁时仍处于迁出状态的海员、船员、野外勘探人员、就学等人员(不包括已在外地结婚的); (三)因应征入伍而注销户口的人员; (四)因服刑或者被劳动教养而注销户口的人员; (五)户口不在本市的人员,因结婚实际居住在被拆迁房屋内至房屋拆迁许可证核发之日满两年,其配偶属于拆迁范围内的应安置人口; (六)市政府规定的其他情形。	第 8 条
有关用语的含义	本办法所称的"其他住房",是指: (一)本市他处的公有住房使用权; (二)本市他处的已购公有住房; (三)将已购公有住房出售、公有住房承租权差价交换; (四)因本市他处房屋拆迁获得过补偿安置; (五)在本市获得过住房货币补贴。 本办法所称的"居住困难",是指符合申请廉租住房的居住面积标准。 认定未成年人的"其他住房",应当以其父母的住房情况为准。	第 12 条 第 13 条

（3）2006 年上海市公安局、市房地局联合发文"关于执行《上海市城市房屋拆迁面积标准房屋调换应安置人口认定办法》相关工作要求的通知"（以下简称《认定办法》"沪公发〔2006〕317 号文"）。对两部门执行《认定办法》的程序与流程予以明确。

3. 旧区改造新机制的探索：试行"两轮征询"

旧区改造是提高市民居住质量、改善城区居住环境的重要途径。上海市历届市委、市政府十分重视旧区改造工作。20 世纪 90 年代"365 危棚"简屋改造，21 世纪初新一轮旧区改造，以及"十一五"中心城区二级旧里以下房屋改造，全市共拆除危旧房 7 000 多万平方米，约 120 万户家庭改善了居住条件。①但在旧区改造房屋拆迁中，动迁政策不够透明，补偿安置标准不够统一的现象仍然突出，动迁居民参与程度不高的情况仍然较为普通，"老实人吃亏，会闹者发财"的现象仍然存在，动迁居民要求公平、公开、公正的呼声越来越高。

2009 年 2 月 4 日上海市人民政府发布《关于进一步推进本市旧区改造工作若干意见》（以下简称"沪府发〔2009〕4 号文"），明确提出积极探索旧区改造新机制，扩大"事前两轮征询"制度试点，切实提高动迁居民的参与程度；同时完善居住房屋拆迁补偿安置办法，增加价格补贴与套型面积补贴，并将过去的"暗补"改为"明补"，以推进上海市旧区改造工作顺利进行。"沪府发〔2009〕4 号文"颁布后，上海市建交委、市房管局出台了两个配套性规范文件予以细化。

（1）旧改"两轮征询"制度的试点：2009 年 3 月 19 日上海市城乡建设和交通委员会、上海市住房保障和房屋管理局联合发布《关于开展旧区改造事前征询制度试点工作的意见》（"沪建交联〔2009〕319 号"），对旧改"事前两轮征询"制度作了细化规定。所谓"两轮征询"是指：第一轮，征询旧区改造意愿，由试点项目所在地街道办事处在地块范围内张贴征询公告，逐户发放征询意见书，愿意改造居民户数超过规定比例的（由各区政府确定比例，原则上不低于 90%），办理项目立项、规划等改造前期手续。未达到

---

① 参见"沪府发〔2009〕4 号"上海市人民政府印发《关于进一步推进本市旧区改造工作若干意见》。

规定比例的,暂停改造。第二轮,征询房屋拆迁补偿安置方案,在一定时间内,签订附生效条件的房屋拆迁补偿安置协议,即在签约期内(由各区政府确定,一般为 2 个月,可延长签约附加期 1 个月),签约户数达到规定比例的(由各区政府确定,原则上不得低于居民总户数的三分之二),本协议方生效。如未达到规定比例的,暂停改造。从上海市"两轮征询"制度的试点情况看,由于尊重了市民旧区改造的意愿,调动市民的实质参与程度,从很大程度上减少了动迁居民对政府拆迁工作的对立情绪,实践效果较为理想。

（2）补贴标准由"暗补"改为"明补"。2009 年 3 月 27 日上海市住房保障和房屋管理局发布《关于调整完善本市房屋拆迁补偿安置政策试点工作的意见(征求意见稿)》("沪房管拆〔2009〕88 号文")。第一,适用范围与项目确定。试点工作的适用范围为本市中心城区(含浦东新区)新启动的旧区改造项目。由中心城区房管部门提出试点申请,市房管局确定。第二,拆迁补偿安置方式和标准。补偿安置方式可选择货币补偿,也可以选择就近安置和异地安置,并规定了被拆除居住房屋价值补偿的计算标准,其中拆迁私有居住房屋的价值补偿包括评估价格、套型面积补贴与价格补贴;拆迁执行政府规定租金标准的公有及私有出租居住房屋的,对承租人的价值补偿除评估价格打八折外,其他同上。明确了套型面积补贴与价格补贴的计算公式,其中具体补贴面积与价格补贴系数由各试点区人民政府确定(详见表 2-7)。①第三,居住困难户的补偿安置。对按上述标准补偿安置后仍不能解决实际居住的,再增加居住困难户货币补贴,保障被拆迁人、房屋承租人的居住条件(详见表 2-7)。

（3）个案分析及试点效果评价。从试点情况看,由于大幅提高了补贴标准,将过去房屋价值补偿之外名目繁多的奖励费、补贴费正式纳入房屋价值补偿体系中来,将以往的"暗补"改为"明补",不再以其他奖励补贴名目来弥补房屋价值补偿标准偏低的非正常现象,还原被拆迁房屋价值补偿

---

① 以上海市长宁区为例,2010 年该区以"长府(2010)办字 027 号函"确定套型面积补贴为 15 平方米、价格补贴系数为 30％。

表 2-7 "沪房管拆〔2009〕88 号文"拆迁补偿安置方式和计算标准

适用范围	补偿安置方式	计算标准	条 文
本市中心城区(含浦东新区)的新启动的旧区改造项目,由中心城区房管部门提出试点申请,由市房管局确定。	计算被拆除居住房屋价值补偿款后,可选择:①货币补偿;②就近安置和异地安置。	一、居住房屋价值补偿计算公式 1. 拆迁私有居住房屋的:被拆除居住房屋价值补偿=评估价格+套型面积补贴+价格补贴。 2. 拆迁执行政府规定租金标准的公有及私有出租居住房屋:被拆除居住房屋价值补偿=评估价格×80%+套型面积补贴+价格补贴。 (1)评估价格=被拆除房屋的房地产市场评估单价×建筑面积(评估单价低于评估均价的按评估均价计算;评估均价=所有被拆除房屋的评估总价÷总面积); (2)套型面积补贴=评估均价×补贴面积(套型面积补贴仅适用于旧式里弄、简屋及其他非成套独用居住房屋,补贴标准由试点区人民政府确定); (3)价格补贴=评估均价×补贴系数×被拆除房屋的建筑面积(补贴系数标准由试点区人民政府制定)。	第2条第2款
		二、居住困难户的货币补贴计算公式 按上述标准补偿安置后,仍不能解决实际居住的,按以下办法增加货币补贴: 居住困难户货币补贴=异地配套商品房单价×(应安置对象×22平方米/人-补偿安置后的房屋折算面积)。 (1)异地配套商品房单价以市属配套商品房平均单价为基准,由各试点区制定; (2)应安置对象由区住房保障机构参照相关办法审核认定后公示; (3)补偿安置后的房屋折算面积=被拆除居住房屋取得的价值补偿款÷异地配套商品房单价。	第3条

81

的真面目,同时兼顾到居住保障,有利于建立"公平、公开、公正"的房屋拆迁补偿新机制,实践效果明显,赢得动迁居民包括动迁实施单位的好评。[1]

与1991年《实施细则》以"数人头"为主、2001年《实施细则》以"数砖头"为主的拆迁补偿政策相对应,实务中将上述试点补偿安置政策,形象地称为

---

[1] 笔者在长宁区调研中,一位从事动迁工作多年的经办人这样评价:"大幅提高补贴标准,在基地公示栏上公示,让每位动迁居民心中有了一份明白账,这样工作反而好做,不像以前,为促使居民尽快搬迁,按时期段划出几档奖励期,设面积奖、速迁奖、快速搬迁奖还有各类补贴,不少居民过了奖励期,但奖期内的各项奖励与补贴还得照给,否则根本走不了,这样对新走的居民反而不公平。"

"数砖头＋套型保底"。

　　以上海市长宁区杨家宅旧改试点基地为例，从启动到结束，时间短，签约快，没有一户进入裁决程序，百姓反响好。当然，从客观上分析，由于长宁区是首个试点基地，动迁规模不大，政府各职能部门重视，这也是该试点基地取得成功所不可忽视的因素。

■ 第二节　农村集体土地房屋拆迁专门立法

　　关于农村集体土地上房屋拆迁的专门立法，在中央立法层面，至今仍由《土地管理法》及《土地管理法实施条例》予以规范，集体土地上房屋拆迁补偿仍作为土地征收附属物补偿的一个组成部分。在地方立法层面，由于集体土地上房屋拆迁，同时涉及集体土地征收和房屋拆迁，应当如何进行规范，现行中央立法层面并未予明确。因此，各地对征收集体土地房屋拆迁，究竟应当着眼于房屋拆迁制度，还是纳入集体土地征收制度，因认识不一而存在不同的规范模式。[①]有将集体土地上房屋拆迁作为土地征收的组成部分统一规范，有将集体土地与国有土地上房屋拆迁合并立法，还有将集体土地上房屋拆迁单独予以规范（既独立于土地征收也独立于国有土地上房屋拆迁）。本节将对集体土地上房屋拆迁专门立法予以梳理。

一、地方立法模式

（一）模式一：国有土地与集体土地房屋拆迁统一立法

　　我国房屋拆迁制度主要是围绕国务院 1991 年、2001 年先后出台的两部《拆迁条例》建立起来的，适用范围限于城市规划区内国有土地上的房屋拆迁，并不包括集体土地上房屋拆迁。有的地方在制定配套的法规规章时，扩大《拆迁条例》的适用范围，建立统一的房屋拆迁法律制度，不区分国

---

　　① 参见崔建远主编：《房屋拆迁法律问题研究》，北京大学出版社 2009 年版，第 224 页以下；赵路兴等编：《城市房屋拆迁管理》，中国发展出版社 2007 年版，第 95 页。

有土地上房屋拆迁还是征收集体土地引起的房屋拆迁,凡是涉及城市房屋而引起补偿、安置的,均通过统一的地方性立法予以规范。如 2002 年《云南省城市房屋拆迁管理规定》、2004 年《深圳经济特区房屋拆迁管理办法》、2005 年《汕头经济特区城市房屋拆迁管理规定》、2002 年《扬州市市区房屋拆迁管理暂行办法》等。①

（二）模式二：集体土地房屋拆迁单独立法

有的地方人大或政府为集体土地上房屋拆迁进行专门立法,制定地方性法规或政府规章予以规范。有学者对单独立法模式作了进一步分类：

一种是从房屋拆迁的角度解决集体土地上的房屋拆迁。从立法内容上看,几乎完全参照城市房屋拆迁立法,例如《杭州市征用集体所有土地房屋拆迁管理条例》《吉林市集体土地房屋拆迁管理办法》等。另一种是从集体土地征收的角度解决集体土地上的房屋拆迁,从立法内容上看,原则上将房屋的补偿纳入集体土地的征收补偿中,但是对其中特定类型的房屋采取拆迁补偿的方式,对于此类房屋的补偿在程序上表现为土地征收程序与房屋拆迁程序的结合。例如,《北京市建设征用土地补偿办法》第 8 条明确规定,集体土地上的房屋作为土地附着物,对房屋所有权人的补偿安置纳入征地补偿中,第 17 条规定了各类房屋的具体补偿计算方法。然而,第 17条第 1 款则规定,拆迁住宅房屋的按照《北京市集体土地房屋拆迁管理办法》执行。上海也采取了类似的做法,专门制定了《上海市征用集体所有土地拆迁房屋补偿安置若干规定》。②

（三）模式三：集体土地房屋拆迁纳入土地征收立法

该种立法模式中,完全由集体土地征收制度来解决集体土地上房屋拆迁补偿,在集体土地征收程序中不存在房屋拆迁环节,不采用拆迁补偿的形式对房屋所有人进行补偿。例如《重庆市征地补偿安置办法》《石家庄市征用市区集体土地暂行规定》《温州市市区征收农民集体所有土地管理办法》等。房屋作为集体土地上的附着物,纳入集体土地征收,由征地机关依

---

① 参见崔建远主编：《房屋拆迁法律问题研究》,北京大学出版社 2009 年版,第 224—225 页。
② 参见崔建远主编：《房屋拆迁法律问题研究》,北京大学出版社 2009 年版,第 227—228 页。

照征地补偿方案,在规定的期限内,足额向集体经济组织支付土地补偿费,向房屋所有权人按重置结合成新价支付房屋补偿费或者给予住房安置后,集体经济组织应当交付土地,房屋所有权人亦应在征地补偿方案确定的时限内进行搬迁。①

二、上海地方性立法

(一)第一阶段:国有与集体土地房屋拆迁统一立法(1991 年前)

1980 年上海市人民政府颁布《上海市基本建设征用土地管理办法(试行)》,第 20 条规定:"被征用土地上的房屋需要拆除的,按照《上海市拆迁房屋管理办法(试行)》处理。"1980 年《上海市拆迁房屋管理办法(试行)》经修订后,于 1982 年 10 月 20 日经上海市第七届人民代表大会常务委员会第二十三次会议审议通过并批准,上海市人民政府于 1982 年 11 月 8 日颁布施行《上海市拆迁房屋管理办法》(以下简称 1982 年《拆迁办法》),这是新中国成立后第一部较为系统的关于房屋拆迁的地方性立法。从适用范围上看,1982 年《拆迁办法》主要规范城镇国有土地房屋拆迁,同时对农村集体土地上房屋拆迁作了规定,因此,属于房屋拆迁统一立法模式,尚未对国有土地与集体土地上房屋拆迁进行分别立法。

1982 年《拆迁办法》关于集体土地上房屋拆迁的规定计有两个条文,对拆迁补偿安置方式与标准作了原则规定。第 16 条规定:"拆迁农村人民公社社员房屋,一般按原拆原建的原则,由拆迁单位负责迁建,妥善安置被拆迁户。凡结合农村居民点规划建造房屋的,应当在当地人民政府主持下,由拆迁单位和被拆迁户取得协议后建造。按照农民新村规定新建社员住房的标准和面积超过原有房屋的,超过部分需要增加供应的统配建筑材料,由拆迁单位协助解决,增加的费用由被拆迁户负担。"第 17 条规定:"因征地原生产队建制被撤销的,拆迁地上房屋的被拆迁户,一律按本办法第十条规定的标准分配住房,进行安置。分配的房屋由被拆迁户租赁使用,按市房地局的规定按期缴付房租。对被拆除的房屋,参照市房地局规定的

---

① 参见崔建远主编:《房屋拆迁法律问题研究》,北京大学出版社 2009 年版,第 227 页。

标准进行估价,由拆迁单位补偿给房主。"从上述规定看,一般参照被拆迁房面积原地实物安置为原则,对原生产队建制被撤销的,则参照城市房屋拆迁补偿安置标准。

(二)第二阶段:参照国有土地房屋拆迁立法(1991—2001年)

1991年国务院《拆迁条例》适用范围为"城市规划区内国有土地上"房屋拆迁,对集体土地上房屋拆迁是否可参照适用未予明确。同年,上海市人民政府制定的《上海市城市房屋拆迁管理实施细则》(以下简称1991年《实施细则》)明确集体土地上房屋拆迁可参照适用。1991年《实施细则》第82条规定:"征用集体所有土地拆迁房屋及其附属物的,补偿安置由市或区、县土地管理部门参照本细则执行。"以上海市长宁区为例,该区在20世纪90年代除了新泾乡(后改为新泾镇)尚有集体土地外,其余街道所辖土地均为国有土地。1995年上海市长宁区新泾乡人民政府就集体土地上房屋拆迁出台规范性文件("长新府〔1995〕18号文"《新泾乡农村房屋拆迁补偿安置有关规定》),从文件规定的拆迁补偿安置方式与标准看,有两种补偿安置政策可供选择,一是可选择1991年《实施细则》规定的补偿安置方式,包括:1.保留产权、产权调换(通称"原面积产权互换");2.放弃产权、公房安置(通称"拆私还公");3.放弃产权、作价补偿(通称"货币补偿")。二是可选择该文件规定的优惠分房政策,即以公房使用权形式,归属产权房(通称"政策面积安置")。

实践中,选择"拆私还公"、"货币补偿"的极少,主要选择另两类:一是"原面积产权互换",[①]一般适用于原房屋面积大于应安置面积的动迁户,在差价结算上比全市政策优惠;二是"政策面积安置",在安置人口认定与安置面积计算标准上参照农村申请建房人口与建房面积标准,在差价结算上优于全市规定。这两种安置方式在安置房价款计算上,均考虑人口因素

---

① 新泾乡18号文规定的"原面积产权互换"补偿安置方式,与上海市人民政府"沪府发〔2002〕13号"令《上海市征用集体所有土地拆迁房屋补偿安置若干规定》规定的申请易地建房安置方式甚为接近:前者系无偿提供与原建筑面积对应的土地使用权,在保持新老建筑面积不变的情况下,对安置房与老房的建安价结算差价(老房需加价格补贴);后者系无偿提供另一处宅基地新建房屋,对老房补偿建安价(加上价格补贴)。换言之,拆了老房换了面积相同的新房,老房贴价格补贴,新房需支付差价,因此,基本符合等价交换的市场规则。

（人均保底面积为 30 平方米）与面积因素，以第二种产权互换为例：人均 30 平方米部分，每平方米按新房成本价的三分之一计算（多层 867 元/平方米、高层 1 084 元/平方米，此系 1992 年上海市核定的新房成本价）；人均 30 平方米以上不超过原建筑面积部分，按基地成本价计算（1 800 元/平方米，此系新泾乡核定的包括公建配套在内的建筑成本价）；超过原建筑面积部分，按市场价计算（2 300—2 500 元/平方米，划拨土地房屋的市场价）。此外，另收房屋层次费（20—110 元/平方米）。

2001 年《拆迁条例》颁布后，上海市亦出台新的《实施细则》，新泾镇对 1995 年制定的拆迁政策进行修订后仍继续适用（"长新府〔2001〕57 号文"《新泾镇农村房屋拆迁补偿安置补充规定》），将原先"公房使用权形式、归属产权房"的安置方式调整为"产权互换的优惠分房政策"，但主要政策内容没有改变（详见表 2-8）。

表 2-8　1995 年新泾乡农村房屋拆迁补偿安置方式及计算标准

政策选择	补偿安置方式	计算标准	条　文
选择新泾乡优惠分房政策	以公房使用权形式，归属产权房（通称"政策面积安置"，一般适用于原房屋面积小于应安置面积。2001 年调整为"产权互换的优惠分房政策"）	比照 1991 年《实施细则》、1993 年修改后第 39 条"拆私还公"计算原房屋的补偿款，但安置的是产权房，应安置面积参照农村住房可建面积计算： 1. 原房屋补偿：原面积与应安置面积，相抵范围内，按估价标准的 60% 补偿。对原面积大于应安置面积部分则按估价标准的 150% 给予补偿； 2. 新房应安置面积标准：按每安置人口 30 平方米计算，独生子女且未婚的照顾 15 平方米，生育两个及以上子女且均未婚的照顾 15 平方米，已婚怀孕的照顾 30 平方米； 3. 新房价款按下列计价标准计算：(1) 在原房面积与应安置面积相抵部分不计价，但相抵不足部分，按新房成本价的 50% 计价；(2) 因户式比原因，实际分房面积大于应安置面积，可按以下优惠价购买：5 平方米内按 1 000 元/平方米计价、6—10 平方米内按 1 200 元/平方米计价、10—15 平方米内按 1 800 元/平方米计价、15 平方米以上按市场价计价。	18 号文第 2 至 4 条及 1995 年该文解释口径第 2 条、第 4 条、第 9 条

政策选择	补偿安置方式	计算标准	条　文
选择上海市补偿安置政策	① 保留产权、产权调换（通称"原面积产权互换"，一般适用于原房屋面积大于应安置面积）	比照1991年《实施细则》、1993年修改后第37条，按原面积互换产权（拆一还一），但以更优惠的方式结算差价： 1. 原房屋按建安价结合成新给予补偿； 2. 新房价款按下列标准分段计算：（1）互换新房人均30平方米以内、不超过原面积部分，按新房成本价的1/3计算〔1992年沪建住（92）第822号文定价多层867元/平方米、高层1 084元/平方米〕；（2）人均30平方米以上、不超过原面积部分按新房的基地成本价计算〔1995年该乡定价为1 800元/平方米、2001年调整为1 850元/平方米〕；（3）超过原房屋面积部分按市场价计算〔2001年区分两个地段分别为2 300元、2 500元/平方米〕。	18号文第2条、第3条及1995年该文解释口径第3至6条
	② 放弃产权、公房安置（拆私还公）	比照1991年《实施细则》，实践中无。	18号文第3条
	③ 放弃产权、作价补偿（货币补偿）	按原房屋估价标准即建安价结合成新的150%补偿，实践中无。	18号文第2条、第3条

备注：上海市长宁区新泾乡人民政府"长新府〔1995〕18号文"《新泾乡农村房屋拆迁补偿安置有关规定》，该文件内容经"长新府〔2001〕57号文"《新泾镇农村房屋拆迁补偿安置补充规定》作了调整。

（三）第三阶段：集体土地房屋拆迁单独立法（2002年后）

2001年国务院《拆迁条例》第2条明确适用范围为"城市规划区内国有土地上"房屋拆迁。同时在"附则"中规定，对"城市规划区外国有土地上"实施房屋拆迁，并需要对被拆迁人补偿、安置的，参照本条例执行（第39条），但2001年《拆迁条例》对集体土地上房屋拆迁是否可参照适用同样未予明确。同年，上海市人民政府制定的《实施细则》对征用集体所有土地后拆迁房屋及其附属物的补偿安置办法，则明确另行规定（第67条）。2002年4月10日，上海市人民政府以"沪府发〔2002〕13号"令公布了《上海市征用集体所有土地拆迁房屋补偿安置若干规定》（以下简称《若干规定》），主要内容有：

1. 适用范围:征用农民集体所有土地拆迁房屋及其附属物的补偿安置活动(第1条)。

2. 被拆迁人的确定及计户方式:征地拆迁房屋,应当按规定对征地范围内的房屋所有人(被拆迁人)给予补偿安置(第4条第1款)。被拆迁人以合法有效的房地产权证、农村宅基地使用证或者建房批准文件计户,拆迁补偿安置按户进行(第4条第2款)。

3. 居住房屋的补偿安置方式:征地拆迁居住房屋,被征地的村或者村民小组建制撤销的,被拆迁人可以选择货币补偿,也可以选择与货币补偿金额同等价值的产权房屋调换(第6条第1款)。被征地的村或者村民小组建制不撤销的,具备易地建房条件的区域,被拆迁人可以在乡(镇)土地利用总体规划确定的中心村或居民点范围内申请宅基地新建住房,并获得相应的货币补偿;不具备易地建房条件的区域,按本规定第6条执行,被拆迁人不得再申请宅基地新建住房(第7条)。

4. 居住房屋的补偿安置标准:

(1) 货币补偿:货币补偿金额计算公式为:(被拆除房屋建安重置单价结合成新+同区域新建多层商品住房每平方米建筑面积的土地使用权基价+价格补贴)×被拆除房屋的建筑面积(第6条第2款)。从该计算标准中可以看出,对集体土地房屋拆迁,主要看被拆迁房的建筑面积,对宅基地面积(房屋占地与房前屋后的场地面积)则未予以考虑。但其后上海市房地局考虑该计算标准存在的局限性,在同年出台的规范性文件中("沪房地资拆〔2002〕513号"),[①]对"已批未建的房屋补偿"作了补充规定(详见表2-9)。

(2) 产权房屋调换:对选择与货币补偿金额同等价值的产权房屋调换的,被拆迁房屋货币补偿金额计算公式同"货币补偿"安置方式,然后与安置房的房地产市场评估价结算差价。

(3) 易地建房:被拆除房屋货币补偿金额计算公式为:(被拆除房屋建安重置单价结合成新+价格补贴)×被拆除房屋的建筑面积;被拆迁人使

---

① 参见上海市房屋土地资源管理局"沪房地资拆〔2002〕513号"《关于〈上海市征用集体所有土地拆迁房屋补偿安置若干规定〉若干应用问题的通知》,第8条、第9条。

用新宅基地所需的费用,由建设单位支付给被征地的村或者村民小组(第7条第2款)。

5. 非居住房屋的补偿安置方式及计算标准:拆迁非居住房屋实行货币补偿,货币补偿金额计算公式为:被拆除房屋的建安重置价+相应的土地使用权取得费用;被拆除房屋的建安重置价、相应的土地使用权取得费用,由建设单位委托具有市房地资源局核准的房屋拆迁估价资格的房地产估价机构评估(第9条)(详见表2-9)。

(四)对集体土地房屋拆迁补偿安置政策的调整(2006年)

鉴于上海市2002年出台的《若干规定》只考虑被拆迁房建筑面积对应的土地使用权基价补偿现象。为此,上海市房地局于2006年出台了规范性文件("沪房地资拆〔2006〕357号"),考虑可建未建、超标准建房因素,对

表2-9 2002年上海市征用集体土地拆迁房屋补偿安置方式与计算标准

被拆迁房屋类型	补偿安置方式	计算标准	条 文
A₁居住房屋(村或村民小组建制已撤销)	①价值标准房屋调换 ②货币补偿	1. 可选择①或②; 2. 货币补偿金额计算公式=(被拆除房屋建安重置单价结合成新+同区域新建多层商品住房每平方米建筑面积的土地使用权基价+价格补贴)×被拆除房屋的建筑面积; 3. 土地使用权基价及价格补贴标准,由所在区县人民政府制定并公布; 4. 已批未建的房屋补偿:征地公告前已批未建或尚未建造完毕的,按已批建筑面积给予土地使用权基价和价格补贴的补偿;在建工程按实际完成工程量重置价补偿;旧房应拆未拆部分按建安重置结合成新价补偿(沪房地资拆〔2002〕513号); 5. 可建未建的房屋补偿:征地公告前,因建设规划控制、经济困难等原因未新建、扩建住房的,现住房建筑面积以拆迁许可证核发之日符合农村建房条件的人数计算。对低于可建面积标准部分,给予土地使用权基价和价格补贴的补偿(沪房地资拆〔2006〕357号); 6. 超标准建房的补偿:对经建房审批,但在批准建房时,超过建房标准审批的,或只审批房屋占地面积未明确层数、建筑面积的,对超过建房标准的面积部分,给予房屋建安重置结合成新价补偿,但不补偿土地使用权基价和价格补贴(沪房地资拆〔2006〕357号)。	第6条

（续表）

被拆迁房屋类型	补偿安置方式	计算标准	条　文
A₂居住房屋（村或村民小组建制不撤销）	①价值标准房屋调换②货币补偿③申请易地建房并货币补偿	一、具备易地建房条件的，选择③申请易地建房并货币补偿： 1. 可以在乡（镇）土地利用总体规划确定的中心村或居民点范围内申请宅基地新建住房，并获得相应的货币补偿； 2. 货币补偿金额计算公式＝（被拆除房屋建安重置单价结合成新＋价格补贴）×被拆除房屋的建筑面积； 3. 被拆迁人使用宅基地所需费用，由拆迁人支付给村或村民小组。	第7条
		二、不具备易地建房条件的，可选择①货币补偿或②价值标准房屋调换。	第7条
B非居住房屋	货币补偿	土地使用权入股、联营等企业用房： 1. 货币补偿金额计算公式＝被拆除房屋的建安重置价＋相应的土地使用权取得费用； 2. 有关费用补偿：设备搬迁和安装费用、无法使用设备补偿、停产停业补偿。	第9条

于各农户在征地公告前，符合本市农村个人住房建设申请条件的村民家庭，因建设规划控制、经济困难等原因未新建、扩建住房的，对住房面积低于现行可建面积标准的部分，给予"土地使用权基价"和"价格补贴"；对虽经建房批准，但在批准建房时，超过建房标准审批的，或只审批房屋占地面积未明确层数、建筑面积的，对超过建房标准的面积部分，给予房屋建安重置结合成新价补偿，但不补偿土地使用权基价和价格补贴[①]（详见表2-9）。

（五）《征收条例》出台后的调整（2011年）

2011年国务院颁布《征收条例》，国有土地房屋征收新政策出台后，上海市人民政府经修订后以"沪府发〔2011〕75号"文公布了《上海市征收集体土地房屋补偿暂行规定》（以下简称《暂行规定》），内容上基本沿用了《若干规定》的规定，但性质上属于规范性文件，主要调整内容有两个方面：

---

① 参见上海市房屋土地资源管理局"沪房地资拆〔2006〕357号"《关于本市征收集体所有土地拆迁房屋补偿安置中的有关问题的通知》，第2条。

一是对居住房屋补偿加入了前述 2006 年以后政策调整内容,对已批未建的房屋补偿、可建未建的房屋补偿、超标准建房的补偿作了明确的规定;[1]二是对征地房屋补偿主管部门作了调整,包括已征未拆地块的征地房屋补偿工作,均从原先的房屋管理部门调整为土地管理部门。[2]

三、部分省市地方立法政策比较

各地集体土地房屋补偿安置中的核心问题,主要集中于补偿安置方式与标准的差异,以农村宅基地房屋拆迁为例,房屋及附属物等地上物部分的价值补偿各地差异不大,但如何对宅基地使用权价值进行补偿,各地做法仍存在较大的差异。本书另选择北京、广州等部分省市集体土地房屋拆迁补偿政策予以比较(侧重于补偿安置方式与标准)。

(一)北京市集体土地房屋拆迁补偿安置政策

1. 补偿安置方式

2003 年 6 月 6 日北京市人民政府颁布《北京市集体土地房屋拆迁管理办法》,该办法第 13 条规定:"宅基地上的房屋拆迁,可以实行货币补偿或者房屋安置,有条件的地区也可以另行审批宅基地。"该条明确宅基地房屋拆迁有三种补偿安置方式,一是货币补偿,二是实房安置,三是另批宅基地安置。

2. 补偿安置标准

(1)货币补偿:房屋拆迁补偿价,由宅基地区位补偿价、被拆迁房屋重置成新构成;计算公式为:房屋拆迁补偿价＝宅基地区位补偿价×宅基地面积＋被拆迁房屋重置成新价。[3]宅基地区位补偿价由区县人民政府以乡镇为单位确定并公布。宅基地面积应当经过合法批准,且不超过控制标准,未经合法批准的宅基地,不予认定。每户宅基地面积的控制标准,根据《北京市人民政府关于加强农村村民建房用地管理若干规定》第 6 条确定

---

① 2011 年《上海市征收集体土地房屋补偿暂行规定》第 16—18 条。

② 2011 年《上海市征收集体土地房屋补偿暂行规定》第 4 条、第 25—28 条。

③ 2003 年《北京市集体土地房屋拆迁管理办法》第 13 条;2003 年《北京市宅基地房屋拆迁补偿规则》第 3 条。

的标准执行。①根据该规定第 6 条,北京市村民每户建房用地标准,由各区、县人民政府根据本行政区域的情况确定并予公布,但近郊区各区和远郊区人多地少的乡村,最高不得超过 0.25 亩(折合 167 平方米);其他地区最高不得超过 0.3 亩(折合 200 平方米)。1982 年以前划定的宅基地,多于前款规定的标准,每户最高不得超过 0.4 亩(折合 267 平方米)。②

(2) 实房安置:一是以国有土地上房屋安置,拆迁人与被拆迁人应当按照被拆迁房屋拆迁的补偿款与安置房屋的市场评估价款结算差价。即拆迁人对被拆迁人依法给予货币补偿后,被拆迁人再以其所得的货币补偿款购买拆迁人提供的国有土地上的安置房屋。双方可按货币补偿相关规定签订拆迁货币补偿协议,再另行签订安置房屋买卖协议。③二是以经济适用住房安置,首先按规则计算出被拆迁房屋的补偿款,再由拆迁人按照规定价格购买政府定向提供的经济适用住房。④

(3) 另批宅基地安置:《北京市集体土地房屋拆迁管理办法》第 17 条规定:在具备条件的地区,可以按照土地管理法律、法规和规章的规定,另行审批宅基地由被拆迁人自建房屋,并对被拆除的房屋按照重置成新价给予补偿。适用另批宅基地安置的适用条件,拆迁人应当事先征得区县人民政府同意,且本集体经济组织区域内具备安排宅基地的土地,符合土地利用规划和城市规划,被拆迁人符合申请宅基地条件。拆迁人应当为被拆迁人办理宅基地申报审批手续和建房审批手续,被拆迁人应予协助。对新批宅基地少于原合法使用宅基地面积的,对不足部分可以按照区、县人民政府的规定给予补偿。⑤

(二) 广州市集体土地房屋拆迁补偿安置政策

1. 补偿安置方式

2007 年 12 月 19 日广州市国土资源和房屋管理局、广州市建设委员会

---

① 2003 年《北京市集体土地房屋拆迁管理办法》第 18 条;2003 年《北京市宅基地房屋拆迁补偿规则》第 4 条。

② 2003 年《〈北京市集体土地房屋拆迁管理办法〉实施意见》第 35 条。

③ 2003 年《〈北京市集体土地房屋拆迁管理办法〉实施意见》第 26 条。

④ 2003 年《〈北京市集体土地房屋拆迁管理办法〉实施意见》第 27 条。

⑤ 2003 年《〈北京市集体土地房屋拆迁管理办法〉实施意见》第 32—34 条。

联合颁布《广州市集体土地房屋拆迁补偿标准规定》(以下简称《规定》)，《规定》第 8 条规定：拆迁集体土地住宅房屋的拆迁补偿方式分为货币补偿、产权调换和农民自建 3 种方式。实行农民自建的，应符合本规定第 17 条的有关规定。《规定》第 17 条规定：实行农民自建的，需本村集体经济组织尚有宅基地，或尚有农用地可转为非农建设用地，供村集体经济组织统一建设安置住宅，此外，还应符合土地利用总体规划、城市规划和村镇规划，并按相关规定进行建设。

2. 补偿安置标准

(1) 货币补偿：《规定》第 9 条规定：实行货币补偿的，货币补偿金额根据被拆迁集体土地住宅房屋的重置成新价和宅基地土地使用权区位补偿价确定。计算公式：货币补偿金额＝被拆迁集体土地住宅房屋重置成新单价×被拆迁居住房屋建筑面积＋宅基地土地使用权区位补偿单价×核定的补偿面积。如被拆迁居住房屋建筑面积小于宅基地用地面积，按宅基地用地面积确定货币补偿金额。被拆迁集体土地住宅房屋重置成新单价由评估确定。未超过批准使用期限的临时建设房屋，按照重置成新价和剩余使用期限予以补偿，不给予宅基地土地使用权区位补偿价。《规定》第 10 条规定：根据本规定第 9 条第 1 款确定的补偿金额低于最低补偿金额的，按最低补偿金额予以补偿。[1]《规定》第 11 条规定：宅基地土地使用权区位补偿单价、集体土地住宅房屋拆迁最低补偿单价由市国土房管局根据广州市国民经济发展水平、广州市国有土地使用权基准地价、房地产市场变化情况，经市人民政府批准后定期公布。

(2) 产权调换：《规定》第 13 条规定：实行产权调换的，拆迁人可以根据规划要求统一申请安置房建设用地，支付申请安置房用地的所有费用，并出资统一建设安置房；或者由拆迁人提供自有产权房屋安置被拆迁人。《规定》第 14 条对实行产权调换的，被拆迁人的安置面积的标准核定作了明确：被拆除房屋的批准建筑面积低于 25 平方米/人的按人均 25 平方米

---

① 2007 年《广州市集体土地房屋拆迁补偿标准规定》第 10 条第 1 款规定："……最低补偿金额计算公式：最低补偿金额＝被拆迁集体土地住宅房屋重置成新单价×(被拆迁居住房屋建筑面积－核定的补偿面积)＋集体土地住宅房屋拆迁最低补偿单价×核定的补偿面积。"

93

核定,超过 40 平方米/人的按人均 40 平方米核定,在 25—40 平方米/人之间的按批准的建筑面积核定;2 人以下(含 2 人)的户,按 2 人核定;已婚并达到法定育龄夫妇尚未生育子女的按 3 人核定。此外,《规定》第 12 条还规定了托底保障面积:被拆迁人只有一处集体土地住宅房屋且人均建筑面积不足 25 平方米的,按人均 25 平方米的标准予以补偿。

(3) 农民自建:《规定》第 17 条规定:"实行农民自建……(一)本村集体经济组织尚有宅基地,可以安排宅基地给被拆迁人自建住宅或由村集体经济组织统一建设住宅。1.如由被拆迁人自建,拆迁人对被拆迁人按照被拆迁集体土地住宅房屋重置价给予补偿,对集体经济组织按照宅基地土地使用权区位补偿价给予补偿;2.如由村集体经济组织统一建设住宅,拆迁人按本规定第 9 条第 1 款给予村集体经济组织补偿,由村集体经济组织将建成的安置房分配给被拆迁人。(二)本村集体经济组织尚有农用地,可转为非农建设用地供村集体经济组织统一建设安置住宅的,由拆迁人依法办理集体土地征收、农用地转建设用地等手续和支付相关费用,对村集体经济组织按照被拆迁集体土地住宅房屋重置成新价给予补偿。"

(三)上海、北京、广州补偿安置方式与标准比较

1. 相同之处:补偿安置方式种类与内容相同,均为三种,名称虽异但实质相同。

2. 不同之处(详见表 2-10):

(1) 货币补偿金额计算标准存在差异。北京与广州基本一致,采"房地分离"的补偿原则,即区分房屋产权与宅基地;上海在 2002 年《若干规定》中只考虑被拆迁房建筑面积因素,2002 年、2006 年出台规范性文件后,对已批未建、可建未建与超标准建房的补偿问题作了细化规定。

(2) 实房安置标准存在差异:北京有商品房与经适房安置之分,广州则明确了应安置面积;上海实际上由各区县确定应安置面积标准,各区虽有差异,但总体上参照上海市农村个人住房建房标准执行。

(3) 批地建房的方式存在差异(内容详见表 2-10)。

表 2-10　上海、北京、广州集体土地房屋拆迁补偿安置方式与计算标准

城市	货币补偿款计算标准	实物安置	批地建房
北京	房屋拆迁补偿价＝宅基地区位补偿价×宅基地面积＋被拆迁房屋重置成新价	(1) 商品房安置：被拆迁房补偿款与安置房屋市场评估价款结算差价； (2) 经适房安置：以被拆迁房补偿款购买政府定向提供并规定价格的经适房。	(1) 另批宅基地由被拆迁人自建，被拆除房屋按重置成新价给予补偿；新批宅基地少于原合法使用宅基地面积部分给予补偿； (2) 拆迁人负责办理宅基地申报审批手续和建房审批手续并承担费用。
广州	货币补偿金额＝被拆迁集体土地住宅房屋重置成新单价×被拆迁居住房屋建筑面积＋宅基地土地使用权区位补偿单价×核定的补偿面积	安置面积按下述标准核定：(1)被拆除房批准建筑面积低于 25 平方米/人的按人均 25 平方米核定，超过 40 平方米/人的按人均 40 平方米核定，在 25—40 平方米/人之间的按批准的建筑面积核定；(2)2 人以下(含 2 人)的住户，按 2 人核定；(3)已婚并达到法定育龄夫妇尚未生育子女的按 3 人核定。	(1) 有宅基地的：A.被拆迁人自建，被拆迁人按房屋重置价补偿，村集体按宅基地土地使用权价补偿。B.村集体统一建设住宅，前述两项补偿款均给村集体； (2) 以农用地转非农建设用地统一建设住宅的：拆迁人支付征地及农转非手续与费用，对村集体按房屋重置价补偿。
上海	(1) 货币补偿金额＝(被拆除房屋建安重置单价结合成新＋同区域新建多层商品住房每平方米建筑面积的土地使用权基价＋价格补贴)×被拆除房屋的建筑面积； (2) 2002 年、2006 年通过规范性文件：对已批未建、可建未建与超标准建房的补偿作了细化规定。	(1) 原则：被拆迁房补偿款与安置房市场评估价款结算差价； (2) 应安置面积计算标准由各区县确定。	(1) 另批宅基地由被拆迁人自建，被拆除房屋货币补偿金额＝(建安重置单价结合成新＋价格补贴)×建筑面积； (2) 被拆迁人使用新宅基地所需的费用，由建设单位支付给被征地的村或者村民小组。

■ 第三节　房屋征收新政背景、变化及上海地方性立法

2011 年 1 月 21 日,国务院公布施行了《国有土地上房屋征收与补偿条例》(以下简称 2011 年《征收条例》),2001 年公布施行近 10 年的《城市房屋拆迁管理条例》同时废止。房屋征收新政一经出台,一石激起千层浪,不仅吸引多个领域知名专家、学者的广泛关注,激发普通市民、网民的持续热议,而且给地方政府、法院带来强烈震感,第一时间紧急动员专题研讨"房屋征收新政"应对举措。本节将从 2011 年《征收条例》的出台背景、显著特点及主要变化、上海地方性配套立法作简要的梳理。

一、房屋征收新政出台背景

(一)立法背景:公民私有财产权的宪法法律保障

国务院 2001 年、2011 年先后公布的两部《拆迁条例》,第 1 条均开宗名义,明确立法目的是"为了加强城市房屋拆迁的管理……保障建设项目顺利进行,制定本条例"。建设项目一部分是政府的公益项目,一部分是商业性项目,对城市房屋拆迁并未区分"公共利益"与"商业利益";在城市拆迁管理中,政府核发拆迁许可、进行拆迁裁决、组织强制拆迁;建设单位则负责拆迁补偿安置、自行或委托资质单位实施拆迁。随着立法的不断完善,上述房屋拆迁立法与宪法、法律对国家强制取得公民私有财产所有权的规定出现抵触,并日益加剧。

1. "私有财产公益征收补偿"入宪

1954 年《宪法》第 13 条对"城乡土地和其他生产资料(包括房屋)"的公益征用作了原则性规定。[①]1982 年《宪法》第 10 条第 3 款对"土地"的公益征用作了规定,但未区分征收与征用,亦未明确补偿。[②]2004 年 3 月全国人大第四次宪法修正案,一是明确区分了土地征收与土地征用,土地征收系国家强制取得土地所有权,而土地征用系国家强制取得土地使用权;二是

---

① 1954 年《宪法》第 13 条:"国家为了公共利益的需要,可以依照法律规定的条件,对城乡土地和其他生产资料实行征购、征用或者收归国有。"

② 1982 年《宪法》第 10 条第 3 款:"国家为了公共利益的需要,可以依照法律规定对土地实行征用。"

将"公民私有财产(包括房屋)"的公益征收与征用明确写入宪法;三是明确土地征收前提需"给予补偿"。①

2."房屋公益征收补偿"写入《物权法》

2007年3月16日颁布的《物权法》第42条,从民事基本法层面对土地房屋公益征收作了原则规定,首次对公益征收这一物权变动的特殊方式予以明确并进行规范,即国家通过公益征收强制取得财产所有权。②

3.人大授权立法与"征收条例"初次审议搁浅

2007年8月修正的《城市房地产管理法》,按照新颁布《物权法》的精神,对土地房屋公益征收补偿作了原则规定,同时授权国务院制定具体办法。③2007年12月,依据《城市房地产管理法》的立法授权,国务院常务会议首次审议了《国有土地上房屋征收与拆迁补偿条例》,但未获通过。

4."违宪违法之争"、"五学者建议"与修订程序重启

(1)《拆迁条例》"违宪违法之争"

《征收条例》初次审议搁浅后的两年,针对《拆迁条例》违宪违法的质疑以及修改拆迁条例的呼声越来越高。依据《宪法》《物权法》《城市房地产管理法》的规定,国家运用征收手段强制取得公民房屋的所有权,必须具备下述法定要件:第一,征收主体需为"国家";第二,征收目的或范围需为了"公共利益";第三,征收立法层级需为"法律";第四,征收前提需"给予补偿"。国务院2001年颁布施行近10年的《拆迁条例》,就房屋拆迁方面的规定显然与上述宪法、法律房屋公益征收的规定存在冲突:第一,拆迁人为"建设单位",政府行使监督管理职责,包括核发拆迁许可、行使拆迁裁决、实施强制拆迁等;第二,拆迁目的或范围包括"公共利益"与"商业利益";第三,拆

---

① 1982年《宪法》2004年修正后的第10条第3款规定:"国家为了公共利益的需要,可以依照法律规定对土地实行征收或者征用并给予补偿。"第13条第3款规定:"国家为了公共利益的需要,可以依照法律规定对公民的私有财产实行征收或者征用并给予补偿。"

② 2007年《物权法》第42条规定:"为了公共利益的需要,依照法律规定的权限和程序可以征收集体所有的土地和单位、个人的房屋及其他不动产……征收单位、个人的房屋及其他不动产,应当依法给予拆迁补偿,维护被征收人的合法权益;征收个人住宅的,还应当保障被征收人的居住条件……"

③ 2007年修正《城市房地产管理法》第6条规定:"为了公共利益的需要,国家可以征收国有土地上单位和个人的房屋,并依法给予拆迁补偿,维护被征收人的合法权益;征收个人住宅的,还应当保障被征收人的居住条件。具体办法由国务院规定。"

迁立法层级为"行政法规";第四,国家向拆迁人核发拆迁许可前未"给予补偿",国家应该先对被拆迁人房屋含土地使用权进行征收补偿,然后才有权将该地块出让给建设单位(详见表2-11)。

表2-11 《拆迁条例》与《物权法》存在抵触的对照表

抵触内容	《物权法》关于征收规定	《拆迁条例》关于拆迁规定
主 体	国 家	建设单位
目 的	公共利益	包括"公共利益"与"商业利益"
立法层级	法 律	行政法规
前 提	征收需"给予补偿"为前提	向建设单位核发拆迁许可前未"给予补偿"

(2)北大"五学者建议"与修订程序重启

2009年12月,北京大学法学院沈岿、王锡锌、陈端洪、钱明星、姜明安五位知名学者,向全国人大常委会提交《关于对〈城市房屋拆迁管理条例〉进行审查的建议》,依据《立法法》相关条文之规定,请求全国人大常委会对《拆迁条例》存在的"与上位法冲突"的问题进行审查并提出处理意见。[1]

北大"五学者建议"请求全国人大常委会对《拆迁条例》启动"违宪违法审查"程序,推动了国务院重启条例修订的进程。

5."征收条例"二次征求意见与公布施行

2010年1月29日、12月15日,国务院法制办两次在政府网站上全文公布"征收条例"的征求意见稿,向社会公开征求意见,分别收到意见和建议65 601条和37 898条。[2]开了行政立法两次征求意见的先例。2011年1月19日,国务院总理温家宝主持第141次常务会议原则通过了《征收条例》。1月21日,温家宝签署第590号国务院令,正式予以公布,自公布之日起施行。

从上述立法背景看,本书对2011年《征收条例》出台评价之一即为"酝

---

① 《立法法》第90条第2款:"公民享有违宪违法审查建议权,即公民认为行政法规同宪法或者法律相抵触的,可以向全国人大常委会书面提出进行审查的建议";第87条:"下位法违反上位法的应予修改或撤销";第88条:"全国人大常委会有改变或者撤销同宪法和法律抵触的行政法规的权限"。

② 参见国务院法制办公室农林城建资源环保法制司、住房城乡建设部法规司、房地产市场监管司编:《国有土地上房屋征收与补偿条例释义》,中国法制出版社2011年版,第218—219页。

酿漫长、出台急促":从 2004 年"私有财产公益征收补偿"入宪,到 2007 年"房屋公益征收补偿"写入《物权法》,紧随其后《房地产管理法》的立法授权,到 2007 年 12 月《征收条例》首次审议未获通过,其后搁浅了近两年,2009 年重新启动修订程序,再到 2010 年年初、年底两次向社会公开征求意见,酝酿过程不可谓不长。然而,《征收条例》虽期盼已久,但就在 2011 年春节临近,距二次征求意见稿公布满一个月逾四天,即在 1 月 19 日获原则通过,再隔一天,于 21 日经温家宝总理签署公布并同日施行,仍出乎许多人的预料,出台略显急促。

(二)社会背景:房屋拆迁存续正当性受到持续挑战

房屋征收新政经多年酝酿后又迅速出台,有其深层的复杂社会背景。近年来,一些热点事件深刻反映 2011 年《征收条例》出台的深层社会背景,举几个典型事件:

1. "株连拆迁"事件

2004 年,湖南嘉禾"株连拆迁"事件。2004 年 5 月 25 日,央视新闻频道《社会记录》播出了节目《拆迁之痛》。2003 年 7 月,嘉禾启动珠泉商贸城项目,涉及拆迁居民 1 100 多户,机关单位 20 余家。在项目开工仪式上贴出"雷人"宣传标语:"谁不顾嘉禾的面子谁就被摘帽子";"谁工作通不开面子,谁就要换位子";"谁影响嘉禾一阵子,我就影响他一辈子"。此外,县政府下发"四包两停"红头文件,被动迁居民称为"株连九族"拆迁政策。所谓"四包"是指,包在规定期限内完成拆迁补偿评估工作、签订好补偿协议、腾房并交付各种证件;包协助做好妥善安置工作,不无理取闹、寻衅滋事,不参与集体上访和联名告状。不能认真落实"四包"责任者,将实行"两停"处理——暂停原单位工作、停发工资。该事件经央视报道后,湖南省政府、建设部成立联合调查组,认定这是一起集体滥用行政权力、损害群众利益的违法违规事件。其后,"四包两停"拆迁政策被叫停,嘉禾县委书记、县长被撤职。[①]

---

① 参见谭剑、胡作华、龙弘涛:《嘉禾拆迁:11 名受株连人员处分全撤销》,载《新华每日电讯》2004 年 5 月 28 日。

2."钉子户"事件

2007 年，重庆"最牛钉子户"拆迁事件。时值 2007 年 3 月 16 日《物权法》刚刚颁布，重庆一座孤零零立在 10 米深坑的二层小楼，被国内外众多媒体炒得沸沸扬扬，杨某夫妇固守这座小楼，杨系前全国散打冠军，其妻在小楼空地上开现场新闻发布会。3 月 19 日，重庆九龙坡区人民法院举行听证后，对房管局拆迁裁决裁定准予执行，并向杨某发出限期 4 月 10 日搬迁通知，否则法院将强制执行。4 月 2 日该户与开发商达成易地安置协议，自行搬离后，该二层小楼随即被拆除。①

在网络上关于重庆"最牛钉子户"的评判中，有不少将之与前几年在网络上广为流传的美国"最牛钉子户"②相比较，但笔者认为对这两起钉子户的评判，需分别置于中国与美国完全不同的"私有财产宪法法律保障体系"之中予以考察，包括两国完全不同的法文化背景。重庆"最牛钉子户"事件，由于在房屋拆迁制度下，无论是公益拆迁还是商业拆迁，政府均可依法强迁或申请法院强制执行，被动迁户有服从政府生效裁决与法院生效裁判的义务。因此，该事件更多折射出动迁户对现行拆迁制度的抵抗与漠视，更多的应是负面的、消极的评价；美国"最牛钉子户"，由于该起案例涉及商业性质，面对开发商的重金收购，该房屋主人说"不"，完全系依法行使法定财产权利，因此，该事件更多的是积极的评价。③

3."拆迁自焚"事件

2009 年，成都金牛区唐某某"拆迁自焚"事件。在该事件中，为阻止政府强迁，唐某某站在楼顶抗争，往身上泼汽油自焚，后不治身亡。唐的数名亲人或受伤入院或因暴力抗法被刑拘。④2010 年，江西宜黄"拆迁自焚"事件。9 月 10 日，江西省抚州市宜黄县凤冈镇强拆钉子户引发自焚事件，拆

---

① 参见汤小俊：《重庆"最牛钉子户"事件仍在僵持》，载《中国国土资源报》2007 年 3 月 27 日；白勇：《重庆"最牛钉子户"自动搬迁》，载《中华工商时报》2007 年 4 月 4 日。

② 关于美国"最牛钉子户"的报道详见庄庆鸿：《美国老太太"逼"大楼改变设计：美国最牛"钉子户"与开发商结成忘年交，房子将被命名为"信念广场"》，http://news.sohu.com/20100409/n271405897.shtml，访问日期：2011 年 3 月 2 日。

③ 参见尹建国：《重庆"史上最牛钉子户拆迁案"的法治思考》，载《人民法院报》2007 年 4 月 10 日。

④ 参见凤凰网：《成都将拆迁户自焚事件定性为暴力抗法》，http://news.ifeng.com/society/2/200912/1203_344_1459866.shtml，访问日期：2011 年 3 月 2 日。

迁户钟家三人被烧成重伤,其中一人不治身亡。8 名事件相关责任人受到处理,县委书记、县长被立案调查,后被免职。①

2010 年 10 月 12 日,宜黄事件发生后一个月(距 2011 年《征收条例》出台 3 个月),一位宜黄县政府官员投书财新网(据称经过网络身份认证),对宜黄事件作了正面回应,对强迁自焚事件进行分析和梳理。该文从一定程度上反映了基层政府和官员的一些看法,具有一定的普遍性。文章指出:"这个事件发展到今天的结果,从某个角度看,与其说是钟家的胜利,不如说是记者的胜利,是互联网式民主的胜利,不过它也是把双刃剑,用得不好也很容易走它的反面……宜黄县这些年的发展变化,尽管其中也确实包含一些领导急功近利争政绩的因素,但它客观上促进了宜黄的大踏步发展……强拆并非地方政府所愿,是无奈的选择。被高涨的地价和房价吊足了胃口,很多人做梦都想依靠政府征地实现一夜暴富,而大幅度提高拆迁补偿标准,政府肯定吃不消……从某种程度上说,没有强拆就没有我国的城市化,没有城市化就没有一个'崭新的中国'。"②

撇开文章的观点是否正确,但该文涉及的问题仍值得反思:网络背景下拆迁事件的客观评价问题、城市化与社会经济的和谐发展问题、公共利益与个体利益的平衡问题、土地财政与政绩观问题、拆迁当事人间(政府、拆迁人与被拆迁人)的利益博弈问题、司法救济失灵与申诉信访问题等,因此,该文一出,再次引发热议。

从上述社会背景,本书对 2011 年《征收条例》出台评价之二为"民心所向、形势所迫":从 20 世纪 80 年代以来,房屋拆迁工作对推进城市建设和旧城改造步伐、改善居民居住环境、促进经济发展均起到了积极作用。但由于地方政府、拆迁人、被拆迁人及相关利害关系人间多方权益博弈,日益呈现错综复杂的趋势,强弱对比兼具绝对性与相对性的特征,难以保

---

① 参见王石川:《宜黄拆迁事件警钟为谁而鸣》(原载 2010 年 9 月 19 日《京华时报》),http://news.ifeng.com/opinion/politics/detail_2010_09/19/2553457_0.shtml,访问日期:2011 年 3 月 2 日。

② 参见财新网:《宜黄一官员投书本网:透视强拆自焚事件》(本文来源于 2010 年 10 月 12 日财新网),http://policy.caing.com/UnionNews.jsp?id=100187635&time=2010-10-12&cl=106&page=all,访问日期:2011 年 3 月 2 日。

持均势。出现工业化、城镇化与土地集中速度过快、城乡规划与环境保护问题突出等严峻形势。尤其在经济不发达、法治意识不强的地区,失衡现象更加严重,拆迁事件极易成为影响社会稳定的导火索,国务院历年来发过多次红头文件,三令五申要求地方政府切实做好拆迁维稳工作,但收效甚微。因此,2011 年《征收条例》出台一方面是民心所向,另一方面也是形势所迫。

二、房屋征收新政显著特点及主要变化

（一）2011 年《征收条例》显著特点

2011 年《征收条例》共 5 章 35 条。章名分别为总则、征收决定、补偿、法律责任与附则,与原条例 5 章 40 条从结构篇幅上大体相近。2011 年《征收条例》出台,引发了专家、学者及普通网民的热议,对 2011 年《征收条例》的亮点解读主要集中于下述五个方面:

1. 条例用语上:弃用"拆迁"代以"征收"或"搬迁"。2011 年《征收条例》最终放弃了原条例沿用多年的"拆迁"一语,代之以"征收"或"搬迁"。这除了有规范法律用语的考虑外,也与近年"拆迁"一词伴随过多的负面信息相关。有论者撰文指出:"搬迁"取代"拆迁",不是一个简单的概念上的变化,而是蕴涵着法治深意。一是要彻底改变过去以"拆"为主的土地征用模式;二是今后所有土地都是在"公共利益"的名义下征收。①

2. 征收目的上:剥离"商业利益"限于"公共利益"。2011 年《征收条例》彻底剥离了原条例中的"商业拆迁",限定于"公益征收",并在立法上首次对征收"公共利益"范围作了明确界定,这意味着今后"商业搬迁"将无法再借助政府公器,只能走市场契约之途。

3. 征收主体上:剔除"建设单位"限于"市县政府"。2011 年《征收条例》明确房屋征收是政府行为,房屋征收与补偿的主体应当是市县政府,政府确定房屋征收部门组织实施。房屋征收决定、补偿决定、申请法院强制执行都将以政府名义作出,禁止建设单位参与搬迁工作,这意味着今后房

① 参见冯海宁:《搬迁取代拆迁,一字之变绝非文字游戏》,载《法制日报》2010 年 1 月 22 日。

屋征收活动中将不大可能重现开发商的身影。

4. 征收程序与补偿标准上：从"形式公正、公开"走向"实质参与、公平补偿"。体现了立法者欲尽最大限度保障被征收人合法权益的立法初衷。

5. 执行模式上：取消"行政强拆"改为"司法强拆"。2011 年《征收条例》放弃原条例下的行政与司法强制执行"双轨制"，改采司法强制执行"单轨制"，彰显国务院希望通过加入法院"司法审查"元素，加强对政府征收补偿活动的制约，以缓减官民冲突。

上述解读大致涵盖了 2011 年《征收条例》与原条例相比的新特点与新动向。在本节内容中，将择 2011 年《征收条例》中受到重点关注的几个问题作重点介绍。

（二）2011 年《征收条例》的主要变化

1. 关于 2011 年《征收条例》"适用范围"问题

2011 年《征收条例》第 2 条规定，为了公共利益的需要，征收国有土地上单位、个人的房屋，应当对被征收房屋所有权人（以下简称被征收人）给予公平补偿。2011 年《征收条例》该条规定与原条例相比有两点需予重点关注：

（1）2011 年《征收条例》仅适用于"国有土地上的房屋"，不适用于"集体土地上的房屋"。2011 年《征收条例》公布前，在城市规划区内国有土地上实施房屋拆迁由《拆迁条例》调整；集体土地征收由《土地管理法》调整，集体土地上房屋拆迁补偿作为土地征收补偿的一个组成部分，即纳入地上附属物的补偿范围。但地方配套立法中存在三个不同的立法模式已如前一节所述。因此，2011 年《征收条例》施行后，仅适用于国有土地上的房屋征收，因征收集体土地拆迁房屋仍适用《土地管理法》及地方配套规定。

（2）2011 年《征收条例》适用于"房屋所有权人"，对"公房承租人"适用问题未予明确，需地方制定相应的配套规定。在实践中房屋承租情况复杂，分为"公房承租人"与"私房承租人"。对于因历史原因形成的公房承租人，其合法权益应受到保护，但由于类型多样，全国各地对公房承租人的保护政策差异较大,因此,2011年《征收条例》对此未作统一规定,由各地政府根据实际情况制定有关补偿政策。对于私房承租人问题,则应纳入一般民事法律关系,依据《合同法》的规定予以调整。

2. 关于"管理体制"问题

2011年《征收条例》与原条例在管理体制上有很大不同:

(1) 市、县级人民政府。在2011年《征收条例》中,市、县级政府系征收与补偿的主体,房屋征收决定、征收补偿决定、申请法院强制执行均以政府名义作出。主要职责有:征收补偿方案的组织论证、听证、修改、公布(第10条、第11条);征收决定前社会风险评估(第12条);作出征收决定(第13条);制定补助、奖励办法(第17条);违法建筑认定与处理(第24条);作出房屋征收补偿决定(第26条);申请法院强制执行(第28条)等。而在原条例中,市、县级政府(上海市为区、县政府)主要对房屋拆迁管理承担监督职责,并负责组织强制拆迁。

(2) 房屋征收拆迁部门。在2011年《征收条例》中,房屋征收部门组织实施征收与补偿工作。主要职责有:对房屋征收实施单位的监督(第5条);拟定征收补偿方案并报市、县级人民政府(第10条);组织征收范围内房屋的调查登记并公布调查结果(第15条);与被征收人签订补偿协议(第25条);达不成补偿协议或者被征收人不明确的,报请市、县级人民政府作出补偿决定(第26条);建立房屋征收补偿档案并将分户补偿情况公布(第29条)。而在原条例中,房屋拆迁部门(上海市为房地局或房管局)负责核发拆迁许可、作出拆迁裁决等,相当于行使2011年《征收条例》中市、县级人民政府的职权。

(3) 房屋征收拆迁实施单位。在2011年《征收条例》中,房屋征收实施单位接受房屋征收部门的委托,承担房屋征收与补偿的具体工作,行为后果由房屋征收部门承担。房屋征收实施单位不得以营利为目的。而在原条例中,拆迁实施单位则受拆迁人即建设单位的委托,委托形式早期为"打包制"近年改为"劳务制"。

上述新旧条例管理体制的区分,详见表2-12。

表 2-12　新旧条例管理体制对照表

管理体制	2011 年《征收条例》	原条例
市、县级人民政府	系征收与补偿的主体,房屋征收决定、征收补偿决定、申请法院强制执行	监督职责,并负责组织强迁
房屋征收/拆迁部门	组织实施征收与补偿工作,拟定征收补偿方案,签订补偿协议	核发拆迁许可、作出拆迁裁决,申请政府强迁或申请法院强制执行
房屋征收/拆迁实施单位	受房屋征收部门的委托,不得以营利为目的	受拆迁人即建设单位的委托,从"打包制"到"劳务制"

3. 关于房屋征收范围即公共利益的界定问题

如前所述,2011 年《征收条例》最引人注目的变化在于将征收明确限定于公共利益,改变了原条例不区分商业利益与公共利益的状态:

(1) 公共利益概念界定:征收需以"公共利益"为前提,但公共利益作为典型的"不确定法律概念",最大的特色即表现在其内容的不确定性,包括"利益内容(涉及价值判断)"的抽象性及"受益对象(涉及受益者数量)"的相对性,其内涵与外延在不同国家与地区的不同发展阶段均不相同。因此,2011 年《征收条例》征求意见中,对公共利益的界定问题存在很大分歧:一是认为界定过宽,主张凡具有商业性质、营利目的的项目都应予排除;二是认为界定不全面,主张凡是城市建设中的重大工程,由政府主导的住宅小区、开发区、商业街区都应当纳入。2011 年《征收条例》在"公共利益"界定上考虑中国基本国情,如中国经济社会发展现阶段工业化、城镇化的需要,遏制房价过快上涨势头、稳定房价、满足人民群众基本住房保障的需要,建立公共服务供给的社会和市场参与机制的需要等。①

(2) "公共利益"的界定类型:2011 年《征收条例》修订中,参考比较了不同国家或地区的立法界定。从世界各国立法看,对公共利益的界定大致

---

① 参见国务院法制办公室农林城建资源环保法制司、住房城乡建设部法规司、房地产市场监管司编:《国有土地上房屋征收与补偿条例释义》,中国法制出版社 2011 年版,第 33—34 页。

分为三种类型：一是概括式规定，对哪些事项属于公共利益未予明确，如美国、法国、德国等，例如，美国联邦宪法第五修正案规定："非依正当法律程序，不得剥夺任何人的生命、自由或财产；非有合理补偿，不得征收私有财产供公共使用"；二是列举式规定，对公益事业范围进行列举，如日本在土地征用法等立法中详细列举可以征收土地的"公益事业"范围；三是不作规定，主要是一些经济转轨国家，是否为公共利益取决于政府的决定，如俄罗斯、吉尔吉斯斯坦等。①

经过广泛的立法调研，2011 年《征收条例》第 8 条对公共利益的界定类型采用"概括加列举"。一是对"保障国家安全、促进国民经济和社会发展等公共利益的需要"作概括规定；二是列举了六种情形：对国防和外交的需要，由政府组织实施的能源、交通、水利等基础设施建设，科技、教育、文化、卫生、体育、环境和资源保护、防灾减灾、文物保护、社会福利、市政公用等公共事业，保障性安居工程建设，旧城区改建等纳入公益范围。②

4. 关于房屋征收三个主要环节与程序

与原条例相比，2011 年《征收条例》在征收环节与程序亦有了显著变化：

（1）征收决定环节。第一，规划、年度计划的编订与征求公众意见。为防止不当或过度动用征收权，2011 年《征收条例》第 8 条明确征收需以"公共利益"为前提，同时在第 9 条强调规划先行、规划民主。房屋征收建设项目需符合各类规划，包括国民经济和社会发展规划（由发改部门负责编制）、符合土地利用总体规划（由国土部门负责编制）、符合城乡规划和专项规划（由规划部门负责编制）；对保障性安居工程建设、旧城区改建，还应当纳入市、县级国民经济和社会发展年度计划。对上述规划计划的编订需广泛征求社会公众意见，经过科学论证。第二，征收补偿方案的拟定、论

---

① 参见国务院法制办公室农林城建资源环保法制司、住房城乡建设部法规司、房地产市场监管司编：《国有土地上房屋征收与补偿条例释义》，中国法制出版社 2011 年版，第 35—37 页。

② 参见 2011 年《国有土地上房屋征收与补偿条例》第 8 条。

证、修改、听证与公布：2011年《征收条例》明确，征收补偿方案由房屋征收部门负责拟定，报市县级政府（第10条第1款），市县级政府组织有关部门对征收补偿方案进行论证并予以公布、征求公众意见、将征求意见情况与修改情况予以公布、对旧区改建补偿方案遇多数人反对的需组织听证（第10条第2款、第11条）。第三，社会稳定风险评估：2011年《征收条例》明确市县级政府作出征收决定前，应按有关规定进行社会稳定风险评估（第12条）。目的是为了能够从源头上预防和化解社会矛盾，实现科学发展，构建和谐社会。第四，征收决定的作出与公告：市、县级人民政府作出房屋征收决定后应当及时公告。载明征收补偿方案和行政复议、行政诉讼救济途径（第13条）。

（2）补偿环节。第一，"征收补偿协议"及救济：房屋征收部门与被征收人就补偿内容达成一致的，双方订立补偿协议。当事人不履行协议约定义务的，向法院起诉（第25条）。①第二，"征收补偿决定"及救济：对达不成补偿协议的，由房屋征收部门报请市县级政府作出补偿决定。不服征收决定的，可申请行政复议，也可以提起行政诉讼（第26条）。

（3）搬迁环节。第一，自行搬迁：补偿协议与决定的自动履行。第二，申请法院强制执行：征收补偿决定作出后，被征收人不申请复议、不提起行政诉讼，在补偿决定规定的期限内不履行搬迁义务的，由市县政府申请法院强制执行（第28条）。

5. 关于房屋征收三对核心法律关系

2011年《征收条例》规范的房屋征收活动中，主要有三对核心法律关系：一是征收决定，二是征收补偿协议，三是征收补偿决定。与原条例所规范的房屋拆迁活动中的拆迁许可、拆迁补偿协议与拆迁裁决相对应。对新旧条例三对核心法律关系在主体、救济与执行方式的变化列表简述如下（详见表2-13）。

---

① 2014年11月1日修正《行政诉讼法》第12条将行政协议纳入行政诉讼受案范围，因此，在《行政诉讼法》2014年修正并于2015年5月1日施行前，对征收补偿协议纠纷系通过民事诉讼救济途径，新行政诉讼法施行后，对征收补偿协议纠纷系通过行政诉讼救济途径。

表 2-13　新旧条例三对核心法律关系对照表

原条例				2011 年《征收条例》			
类别	主体	救济	执行	类别	主体	救济	执行
拆迁许可	拆迁管理部门	行政复议/行政诉讼	/	征收决定	市县级人民政府	行政复议/行政诉讼	/
拆迁补偿协议	拆迁人/被拆迁人	民事诉讼或仲裁/可申请先予执行	法院强制执行	征收补偿协议	征收管理部门/被征收人	民事诉讼/行政诉讼①	法院强制执行
拆迁裁决	拆迁管理部门	行政复议/行政诉讼	拆迁管理部门申请市县政府强迁或法院强制执行/复议诉讼不停止执行	征收补偿决定	市县级人民政府	行政复议/行政诉讼	市县级政府申请法院强制执行/复议诉讼停止执行

6. 关于房屋征收补偿内容

2011 年《征收条例》明确房屋征收补偿主要包括被征收房屋价值的补偿，搬迁、临时安置的补偿，停产停业损失的补偿，其他补助与奖励等（第 17 条至第 24 条）。与原条例相比，有两点予以说明：（1）关于补助与奖励问题：2011 年《征收条例》对此作了明确规定，具体补助与奖励办法由市县级政府制定（第 17 条第 2 款）；在原条例中对此则没有明确。（2）关于土地使用权补偿问题：2011 年《征收条例》颁布后，仍有不少人著文指出 2011 年《征收条例》对"土地使用权补偿"未作规定。但国务院法制办、住房城乡建设部在"关于征收条例二次征求意见吸收采纳情况的说明"中指出：被征收房屋价值补偿是根据类似房地产的价格来评估（第 19 条第 1 款），这里已经包括了土地使用权的补偿。

三、房屋征收新政的上海地方性配套立法

房屋征收新政出台后，上海市政府经过半年多的立法研讨和制定，于

---

① 　行政诉讼法 2014 年修正并于 2015 年 5 月 1 日施行前，对征收补偿协议纠纷系通过民事诉讼救济途径；新行政诉讼法施行后，对征收补偿协议纠纷系通过行政诉讼救济途径。

2011 年 10 月 19 日公布了配套规章《上海市国有土地上房屋征收与补偿实施细则》(以下简称 2011 年《实施细则》),内容简述如下:

(一)关于征收管理体制与组织实施机构

1. 管理部门。市房屋行政管理部门是本市房屋征收与补偿工作的主管部门,负责本市房屋征收与补偿的业务指导和监督管理等工作。市和区(县)发展改革、建设、规划土地、财政、公安、工商、监察等有关行政管理部门,应当依照本细则的规定和职责分工,互相配合,保障房屋征收与补偿工作的顺利进行。被征收房屋所在地的街道办事处、镇(乡)人民政府,应当配合做好房屋征收与补偿的相关工作。①

2. 征收主体。明确区(县)人民政府负责本行政区域的房屋征收与补偿工作。

3. 征收部门。区(县)房屋行政管理部门为本行政区域的房屋征收部门,负责组织实施房屋征收与补偿工作。

4. 征收事务受托组织。房屋征收部门可以委托房屋征收事务所,承担房屋征收与补偿的具体工作。房屋征收事务所不得以营利为目的。房屋征收部门对房屋征收事务所在委托范围内实施的房屋征收与补偿行为负责监督,并对其行为后果承担法律责任。②

(二)关于征收范围及确定程序

1. 征收范围。与 2011 年《征收条例》内容完全一致。

2. 征收范围确定依据及权限。对 2011 年《实施细则》第 8 条第 1 项至第 4 项规定的建设项目需要征收房屋的,房屋征收范围根据建设用地规划许可证确定。对第 5 项规定因旧城区改建需要征收房屋的,由市建设行政管理部门会同市房屋管理、发展改革、规划土地、财政等行政管理部门以及相关区(县)人民政府确定。对细则第 8 条规定的其他情形,由市房屋行政管理部门会同相关行政管理部门和区(县)人民政府确定。③

---

① 2011《上海市国有土地上房屋征收与补偿实施细则》第 4 条。
② 2011《上海市国有土地上房屋征收与补偿实施细则》第 5 条第 1 款、第 2 款、第 3 款。
③ 2011《上海市国有土地上房屋征收与补偿实施细则》第 10 条。

3. 征收决定程序。(1)一般程序。2011 年《实施细则》详细制定了从规划、年度计划的编订与征求公众意见;征收补偿方案的拟定、论证、修改、听证与公布;社会稳定风险评估;征收决定的作出与公告等征收决定作出的一般程序。(2)旧改"两轮征询"程序。2011 年《实施细则》还将上海 2009 年开始试行的旧改"两轮征询"制度化,明确首轮改建意愿征询需有 90%以上的被征收人、公有房屋承租人同意的,方可进行旧城区改建;房屋征收部门应当在征收决定作出后,组织被征收人、公有房屋承租人根据征收补偿方案签订附生效条件的补偿协议。在签约期限内达到规定签约比例的,补偿协议生效;在签约期限内未达到规定签约比例的,征收决定终止执行。签约比例由区(县)人民政府规定,但不得低于 80%。[①]

(三)征收补偿安置方式、计算标准及救济程序

1. 补偿安置方式。2011 年《实施细则》区分居住房屋、非居住房屋、抵押权房屋、未经登记建筑(违章建筑、临时建筑)及其他房屋,对各类型房屋的补偿方式作了明确,除了未超过批准期限的临时建筑给予货币补偿外,其他类型房屋均可选择货币补偿与房屋产权调换。

2. 计算标准。首先,关于居住房屋的计算标准。被征收居住房屋的补偿金额包括评估价格与价格补贴,对特定类型房屋(旧式里弄房屋、简屋以及其他非成套独用居住房屋)还增加了套型面积补贴;居住困难户另增加保障补贴。上述居住房屋的补偿金额与增加的保障补贴可用于购买产权调换房屋。此外,还有按期签约、搬迁奖励费、临时安置费或周转房、搬迁费等其他补贴,具体标准由区(县)人民政府制定。其次,关于非居住房屋的计算标准。包括被征收房屋的市场评估价;设备搬迁和安装费用;无法恢复使用的设备按重置价结合成新结算的费用;停产停业损失补偿(按被征收房屋市场评估价 10%确定,超过 10%需评估);按期搬迁奖励等(详见表 2-14)。

3. 征收补偿程序及救济。同 2011 年《征收条例》。

---

① 2011 年《上海市国有土地上房屋征收与补偿实施细则》第 12 条、第 21 条。

表 2-14　2011 年《实施细则》征收补偿安置方式与计算标准

被征收房屋类型一	被征收房屋类型二	补偿安置方式	计算标准	条　文
A 居住房屋	居住房屋征收补偿一般规定	① 货币补偿 ② 房屋产权调换	1. 被征收居住房屋的补偿金额＝评估价格＋价格补贴。 (1) 评估价格＝被征收房屋的房地产市场评估单价×被征收房屋的建筑面积。评估单价低于评估均价的,按评估均价计算。 (2) 评估均价＝被征收范围内居住房屋评估总价÷居住房屋总建筑面积。 (3) 价格补贴＝评估均价×补贴系数×被征收房屋的建筑面积。补贴系数不超过 0.3,具体标准由区(县)人民政府制定。 2. 套型面积补贴＝评估均价×补贴面积。仅适用于特定类型房屋,包括:旧式里弄房屋、简屋以及其他非成套独用居住房屋。每证补贴面积标准不超过 15 平方米,具体标准由区(县)人民政府制定。 3. 居住困难户的保障补贴＝折算单价×居住困难户人数×22 平方米－被征收居住房屋的补偿金额。 (1) 人均不足 22 平方米折算公式:被征收居住房屋的补偿金额÷折算单价÷居住困难户人数。 (2) 折算单价由区(县)人民政府制定。 4. 其他补贴:(1)按期签约、搬迁奖励费;(2)临时安置费或周转房;(3)搬迁费。具体标准由区(县)人民政府制定。 5. 上述居住房屋的补偿金额与增加的保障补贴可用于购买产权调换房屋。	第 26 至 28 条、第 31 至 33 条
	A₁ 执行政府规定租金标准的公有出租居住房屋	① 货币补偿 ② 房屋产权调换	1. 被征收人选择货币补偿的:租赁关系终止。 (1) 被征收人补偿金额计算公式＝评估价格×20%。 (2) 房屋承租人可选择①或②,补偿金额计算公式＝评估价格×80%＋价格补贴＋套型面积补贴(仅适用于特定类型房屋)。 2. 被征收人选择房屋产权调换的:由被征收人安置承租人,租赁关系继续保持,被征收人补偿金额计算公式＝评估价格×80%＋价格补贴＋套型面积补贴(仅适用于特定类型房屋)。 3. 其他补贴同 A。	第 29 条
	A₂ 执行政府规定租金标准私有出租居住房屋	① 货币补偿 ② 房屋产权调换	1. 被征收人补偿金额计算公式＝评估价格×100%。 2. 房屋承租人的补偿同 A₁。 3. 其他补贴同 A。	第 30 条

（续表）

被征收房屋类型一	被征收房屋类型二	补偿安置方式	计算标准	条　文
B非居住房屋	非居住房屋征收补偿一般规定	①货币补偿②房屋产权调换	1. 被征收房屋的市场评估价格。 2. 设备搬迁和安装费用。 3. 无法恢复使用的设备按重置价结合成新结算的费用。 4. 停产停业损失补偿(按被征收房屋市场评估价10%确定,超过10%需评估)。 5. 按期搬迁奖励。具体奖励标准由区(县)人民政府制定。	第34至35条
	B₁执行政府规定租金标准的公有出租非居住房屋	①货币补偿②房屋产权调换	1. 被征收人选择货币补偿的:租赁关系终止。 (1) 被征收人补偿金额计算公式＝评估价格×20％。 (2) 房屋承租人可选择①或②,补偿金额计算公式＝评估价格×80％。 2. 被征收人选择房屋产权调换的:由被征收人安置承租人,租赁关系继续保持。	第36条
C抵押权房屋	/	①货币补偿②房屋产权调换	1. 抵押人和抵押权人达成协议的,可按协议选择①或②给予补偿。 2. 达不成协议的,实行货币补偿的,应将补偿款向公证机关办理提存;实行房屋产权调换的,抵押权人可以变更抵押物。	第39条
D违章建筑、临时建筑	/	①货币补偿	1. 违章建筑、超过批准期限的临时建筑,不予补偿;未经登记的合法建筑和未超过批准期限的临时建筑,给予补偿。 2. 房屋征收范围确定后,实施新建、扩建、改建房屋及其附属物,改变房屋、土地用途等,不予补偿。	第11条第14条
E其他房屋	/	①货币补偿②房屋产权调换	拆迁宗教团体所有的房屋、依法代管的房屋、有关公共设施等。	第37至38条

第 三 章

房屋征收新政公益界定之争

本章以前述制度梳理章为基础,采用历史分析与制度分析方法,对照德国、法国、美国等国家土地征收公益范围历史演变及界定中存在的共性问题,结合我国房屋征收操作实务与司法实践,就我国房屋征收公益范围界定中存在的主要问题展开讨论,并提出本书的观点。

■ 第一节　公共利益概念及特征

征收需以"公共利益"为目的。然而,何为公共利益? 作为一个极其古老的词汇,不少学者对其进行过深入的探讨,但"公共利益"一词仍是个不得不追问的"幽灵"。[1]有学者称"公共利益"系一个"罗生门"式的概念:公益概念的最大特色,即表现在其内容的不确定性及受益对象的不确定性。[2]正如庞德所说:公共利益是一匹非常难驾驭的马,你一旦跨上它就不知道它将把你带到哪儿。[3]还有学者称"公共利益"的概念犹如普洛透斯(Proteus)的脸孔:一方面,学术界对于什么叫"公共"的认识存在争议;另一方面对什么是"利益"也是众说纷纭。[4]更有学者干脆主张放弃对"公共利益"概念的追问,认为基于该概念的不确定性,哪怕对其进行列举式的界

---

① 沈开举:《征收、征用与补偿》,法律出版社 2006 年版,第 55 页。
② 陈新民:《德国公法学基础理论》(增订新版上卷),法律出版社 2010 年版,第 228 页。
③ 罗斯科·庞德:《法理学》(第 3 卷),廖德宇译,法律出版社 2007 年版,第 205 页。
④ 肖顺武:《公共利益研究——一种分析范式及其在土地征收中的运用》,法律出版社 2010 年版,第 8 页。

定,亦是立法者不切实际的"幻想"或者是一种"理性的愚昧与狂妄"。①可见,欲对"公共利益"概念的内涵与外延作一个清晰的界定实非易事。

然而,"公共利益"作为一个典型的不确定法律概念(unbestimmter Rechtsbegriff),从立法、行政到司法使用该概念的例子不胜枚举。除了由立法者广泛运用公益概念外,行政执法与法院司法中的运用亦屡见不鲜。公共利益的概念,由最高位阶的宪法以降,所有国家之行为——立法、行政、司法,皆广泛使用公益作为其行为"合法性"的理由及行为之动机。②因此,该概念成为法学界所广泛讨论的法律概念,对此概念的研究,成果颇丰。③本节先就公共利益概念、特征及与相关概念的区别作简要概览。

一、公共利益的概念

公共利益(public interest, bonum commune, salus publica, Öffentliche Interesse),以字面上的解释,可认为系"公共的利益",简称为公益。与该概念相似的用语有:大众福祉、社会福祉、公共福利、社会福利、公众利益等。④从词源学的角度看,作为一个复合词,"公共利益"由两部分构成,其中"公共"主要是指利益的"受益对象","利益"才是真正的内容。然则,何为"公共"、何为"利益"?

(一)何为"公共"?

据学者考证,英文"public"一词的涵义具有双重来源:一是希腊词"pubes",大致可英译为"matruity"(成熟、完备)。二是希腊词"koinon",英语中的"common"来源于该词。综合上述两类词源,按照马修斯(David Mathews)的分析,"公共"一词所蕴涵的成熟和超越自我己私的含义,既指一种事情,比如公共政策;也指一种能力,比如执行政策,理解自他关系

---

① 方乐坤:《我国土地征收中的公共利益评断模式分析——兼及代议均衡型公益评断模式的成立》,载《河南社会科学》2010年第5期。

② 陈新民:《德国公法学基础理论》(增订新版上卷),法律出版社2010年版,第229页。

③ 相关专题研究如陈新民:《德国公法学基础理论》(增订新版上卷),第六篇《公共利益的概念》,法律出版社2010年版,第228—260页;肖顺武:《公共利益研究——一种分析范式及其在土地征收中的运用》,法律出版社2010年版;邢益精:《宪法征收条款中公共利益要件之界定》,浙江大学出版社2008年版,等。

④ public interest为英文,bonum commune和salus publica为拉丁文,Öffentliche Interesse为德文。

等。①17世纪中叶，英国才开始使用"public"一词，在当时，其含义通常用"世界"或"人类"来替代"公共"；法语中的"公共"（Le Pubic）一词最早用来描绘"公众"；而"公众"一词在德国18世纪才开始出现，并从柏林传播开来。②因此，近代以来所出现的"公共"一词，迄今为止含义是基本稳定的，与"公众"或"人类"等事务有关。③

那么，究竟什么是"公共"？据学者的总结，学界有以下四种代表性的观点：一是"数量说"。即从数量的角度对"公共"进行界定。如有学者指出，作为公共利益主体的"公共"，比社会学中的"群体"、政治学中的"阶级"更广泛，系由无数个体、群体组成的，每个个人和群体都是其中的分子，但又不同于个别的个人和群体。要构成"公共"，其主体必是超越个体与群体、以不特定多数人为特征。这一观点吸纳民主理论的多数原则，构成"公共"须在主体数量上过半数，易于操作，但受到"谷堆辩"理论的质疑。④二是地域说。1884年德国学者洛厚德提出以地域基础作为界定的标准，认为公益是一个相关空间内关系人数的大多数人的利益。该主张系以国家行政区划为基础，操作性强，但由于过度以区域作为利益主体归属的标准，对超越区域的利益主体未能兼顾。⑤三是正义说。该说主要是考虑到公共利益本身的强烈正当性，认为正义、公正、福利的概念，既是公共性本身，又是公共性的实体内容。该说在定性研究上虽较前述学说为进步，但定量分析不足。⑥四是开放说。如德国学者纽曼提出界定"公共"含义的"开发性

① Mathews, D. The Public in Theory and Practice, Public Administration Review(Special Issue on Citizenship and Public Administration, H.G. Frederickson and R.C. Chandler, ed.), Mar. 1984, 44:122—123: pp.21—22.转引自李春成：《公共利益的概念建构评析》，载《复旦学报》2003年第1期。

② 参见[德]哈贝马斯：《公共领域的结构转型》，曹卫东等译，学林出版社1999年版，第24页。

③ 关于"公共"一词的词源学考证，参见邢益精：《宪法征收条款中公共利益要件之界定》，浙江大学出版社2008年版，第11—12页。

④ 学者以"谷堆辩"理论对"数量说"提出了诘问：拿掉一料谷子肯定不会影响一堆谷子的构成，但是，再拿掉两三粒行不行，拿到什么时候才不成为一堆谷子呢？而且，不管选择哪一个数目，又怎么从这个数目起再加一粒谷子就开始成为一堆呢？因此，在到底增加或减少多少人后构成或不构成公共利益，就成为"数量说"必须面对的一个问题（吴光远主编：《哲学与智慧》，中国社会科学出版社2003年版，第14—15页。参见肖顺武：《公共利益研究——一种分析范式及其在土地征收中的运用》，法律出版社2010年1版，第10页）。

⑤ 陈新民：《德国公法学基础理论》（增订新版上卷），法律出版社2010年版，第232—233页。

⑥ 参见肖顺武：《公共利益研究——一种分析范式及其在土地征收中的运用》，法律出版社2010年版，第12页。

标准"，"公共"意味着"公共性原则"：任何人可以接近，不封闭，但也不专为某些个人保留。这事实上包含着对个人利益的超越的意思。①

可见，"公共"的含义十分丰富，总体而言，对"公共利益"中"公共"含义的理解需把握下述几点：一是公共利益主体具有复数性。涉及国家、社会、个体（集体）三类主体但又超越于三类主体之上，如仅涉及某一类主体，则只能称为国家利益、社会利益、个体（集体）利益，而不能称之为公共利益；②二是公共利益主体又具有时空上的发展性与变动性，要善于运用辩证法，区分不同情形作具体分析，避免片面理解。

（二）何为"利益"？

关于利益的定义，同样有多种学说：一是"欲望说"，又称"需求说"或"主观说"。基于心理学的现实考察，认为利益是人的一种主观需求，是纯主观层面的范畴。这种观点过于强调主观性，容易抹杀利益客观性的一面，故失之偏颇。二是"客观说"。与"主观说"相反，该种学说强调将利益形式与内容均看成是客观的东西，把利益看作为纯物质性的，因此，该学说因未顾及利益具有主观性的特点，因此，亦不全面。三是"主客观统一说"，该学说综合上述"主观说"与"客观说"的观点，认为利益内容是客观的，但表现形式是主观的，因此，该种观点较为妥帖。四是关系说。认为利益实质上就是物质关系、经济关系、社会关系的体现。该观点从主客体的关系中加以把握，较好描述了利益的动态性特征，但具有一定的抽象性。③

结合上述"主客观统一说"与"关系说"，所谓利益，是需要主体以一定的社会关系为中介，以社会实践为手段，使需要主体与需要对象之间的矛盾状态得到克服，即需要的满足。简言之，就是人们通过社会关系表达出来的需要。利益是对主体与客体关系的一种价值判断，无疑使利益概念的内容具有不确定性与多面性。

---

① 参见杨峰：《财产征收中"公共利益"如何界定》，载《法学》2005 年第 10 期。

② 参见肖顺武：《公共利益研究——一种分析范式及其在土地征收中的运用》，法律出版社 2010 年版，第 13 页。

③ 参见肖顺武：《公共利益研究——一种分析范式及其在土地征收中的运用》，法律出版社 2010 年版，第 13—15 页。

首先,价值判断存在多元性,不仅包括物质上的,也包括精神上的,如文化、风俗、习惯与宗教等利益;其次,价值判断的历史性,由于在不同的社会发展时期,人们价值判断的标准存在差异,不可能完全一样,利益的内容也就随着动态的国家社会情形而有所不同,呈现不确定性与多面性;再次,在作出价值判断时,离不开主体判断的主观性,离不开人们的个人好恶。[①]

二、公共利益概念的特征

由上对"公共利益"两个概念的分析,显见,欲对"公共利益"概念下一个定义并非易事,正如陈新民教授所言:公益概念的最特别之处,在于其概念内容的不确定性,是为典型的不确定法律概念。表现为下述两个显著特征:[②]

(一)利益内容的不确定性

如上述,利益不外是一个主体对一个客体的享有,或是主体及客体间的关系;或是在主体及客体关系中,存在价值判断或价值评判等。利益和价值产生密切的关联。而价值判断是人类所运用进行的精神行为,这种价值判断及形成之利益的概念,具有不确定性,不限于物质利益,也及于形而上属于理想式的利益,如文化、风俗及宗教等利益皆可包含在内。利益这个概念,无一定之成型(Dasein),如同价值概念,完全系乎变动中之社会、政治及意识形态,来充实这些概念之内容。[③]因此,利益是价值判断的结果,是人们以感觉肯定存在之实益,也是民所好之的不定对象,由此可见利益之不确定性及多面性。

(二)受益对象的不确定性

公益概念最主要及复杂的特征,就是其受益对象的不确定性。这是缘于一般对公益及其相关用语,如大众福祉、公众利益、社会利益等之解释,概括为公共(公众)之(享有)利益之上。而享有利益的对象既然是公共,何

---

① 参见邢益精:《宪法征收条款中公共利益要件之界定》,浙江大学出版社 2008 年版,第 10 页。

② 关于公共利益概念的特征,在不少论述中作了阐述,有学者指出公共利益不确定性的特征可归纳为四个方面:一是内容的不确定性,二是受益主体的不确定性,三是适用范围的不确定性,四是操作的不确定性等(易坤坤:《行政控权视野下公共利益范围的界定》,载《学术论坛》2010 年第 11 期)。

③ T.Läufer, aaO. S. 690;E.Krüger, aaO. S. 5[陈新民:《德国公法学基础理论》(增订新版上卷),法律出版社 2010 年版,第 229—230 页]。

谓公共？若只采简单二分法概念，将公共的概念相对地提出私人的概念，将公益相对于私益外，并不能完全清晰了解公共的定义为何。公法学界讨论公益的概念，所着重的，并不在于利益概念的讨论，而是环绕所谓公共的概念来努力阐明这个概念的问题所在。①如前述有数量说、地域说、正义说、开放说等多种学说。因此，作为受益对象亦具有极强的不确定性，随着时代的发展，对"公共"的解释亦不断深入。②

由于公益概念上述两方面的特征，因此难以下一个放诸四海皆准的定义。学者单锋指出：大部分承认公共利益的学者也认为提出一个能被普遍接受的公益概念是近乎不可能的，尤其是不可能用实质性的语句为公益下一个概括性的定义，但人们期望通过努力尽可能完整地描述公共利益。因此，学者转而主张以描述性的公益内涵界定模式来揭示公益的本质。③但从现代宪法的思潮，对公益概念的认知，逐渐从对不确定多数受益人的重视，转向对公益的质量之上。换言之，所谓最重要的公共利益，系以宪法的基本精神来决定，即使对少数的受益人（例如对弱者的扶助）的扶助措施，亦可认为是合乎现代公益之概念。因此，对公益概念的理解，宜由量（受益人的数量）转向对质（公益的性质）的方向之上。④同时，亦应考虑一国的社会背景与时代特征。

三、公共利益与相关概念

根据学者的研究，从主体上看，利益可分为个人利益和群体利益两大类。可进一步划分为个人利益、家庭利益、集体利益、集团利益、国家利益和社会利益六个层次。⑤其中个人利益、集体利益、社会利益和国家利益系

①　陈新民：《德国公法学基础理论》（增订新版上卷），法律出版社 2010 年版，第 232 页。
②　参见陈新民：《德国公法学基础理论》（增订新版上卷），法律出版社 2010 年版，第 229—232 页。
③　有学者从三个方面对公共利益的内涵作描述性界定：一是主体的不特定性和多数性，即利益主体不是特定的人，具有开放性；二是个人利益的还原性，能源于对于个人利益的抽象最后应该还原成真实的个人利益；三是利益享有的公用性，包括利益享有的不可分性、非排他性与非竞争性（黄文艺、范振国：《公共利益内涵的法哲学界定》，载《南京社会科学》2010 年第 9 期）。
④　参见陈新民：《德国公法学基础理论》（增订新版上卷），法律出版社 2010 年版，第 258 页。
⑤　参见王伟光：《利益论》，人民出版社 2001 年版，第 90 页。

并列关系。①国家利益、社会利益与公共利益之间的关系十分紧密,争议较少;但对个人利益、集体利益与公共利益的关系,包括上述主体之外的政府利益与公共利益之间的关系,则存在较多的争论。

（一）公共利益与个人利益

公共利益受益主体具有不确定性,但公共利益仍应具有个人利益的还原性。罗尔斯曾有十分形象的阐述:利益,不论是个人的或集体的,最后必须像饥饿或发痒那样,落实到个人,为个人所感觉到。不存在不能落实到个人利益的国家利益或者社会的集体利益。②上述论断用来分析公共利益与个人利益的关系同样十分贴切。公益应该扎根于个人利益之中,来源于个人利益的抽象,最后应该还原为真实的个人利益。因此,尽管公共利益具有受益主体不特定性的特征,无论公共利益的主体在开始时有多么不特定,但最后一定要能够使那些不特定的人实际享受到或可能享有到。③换言之,公共利益不是个人利益的叠加,但公共利益最终落实到个人利益。

关于公共利益与个人利益对立统一的关系,学者作了如下归纳。首先,二者的统一性表现在:第一,两者是互相依赖的,维护私人利益同时也是合乎公共利益的,反之,符合公共利益的最终也还原于个人利益;第二,两者又是互相包含的,公共利益是"大公有私",私益同样包含着真正的公共领域;第三,二者会发生转化,并没有不可逾越的鸿沟。其次,二者又具有对立性:第一,公共利益与个人利益各有其独特的价值,不可以相互替代;第二,个人利益具有反公共利益的倾向;第三,公共利益具有扩张性,容易成为损害私权的借口;第四,二者的表达必须相互制约。④

（二）公共利益与政府利益

政府作为公共利益的代表者与维护者,应该没有自身利益,政府利益与公共利益是一致的。⑤在相关的利益中,政府利益与公共利益联系最为

119

---

① 参见[英]威廉·韦德:《行政法》,徐炳等译,中国大百科全书出版社1997年版,第10页。

② [美]约翰·罗尔斯:《正义论》,何怀宏等译,中国社会科学出版社1988年版,第266—267页。

③ 黄文艺、范振国:《公共利益内涵的法哲学界定》,载《南京社会科学》2010年第9期。

④ 肖顺武:《公共利益研究——一种分析范式及其在土地征收中的运用》,法律出版社2010年版,第21—25页。另参见刘晓欣:《"公共利益"与"私人利益"的概念之辩》,载《湖北社会科学》2011年第5期。

⑤ 张武扬:《公共利益界定的实践性思考》,载《法学》2004年第10期。

密切,也最为严格。上述论述系从应然角度进行的分析,这不能得出政府利益等于公共利益的结论。从实然角度,政府系由公务员组成的具体的机构,也存在下列自身的利益:一是政府官员的利益;二是政府部门的利益;三是政府组织整体的利益。①如果将自身利益视为公共利益,并从自身利益视角来权衡公共利益,必然会损害社会其他主体的利益。在市场经济中,政府利益与公共利益的关系尤为密切,互为交叉,难以区分,因此,更需要对政府利益进行必要的梳理、规范与约束。避免以公共利益为名追求政府自身利益,比如为了增加财政收入而进行房屋征收。②

（三）公共利益与集体利益

"集体"是一个哲学的概念,指既包含个人又与个人相对的整体范畴或社会范畴,是指共同利益的人们,按照一定社会关系所构成的联合体。"集体利益"是指集体内部所有个人带来满足感、使他们的需要得到满足的产品、活动方式和社会关系状态的总和。③集体利益与公共利益既有共性又有区别,二者的共性在于:1.都是一种共同利益,涉及多数人的利益;2.都是一种群体利益,虽然各自的群体存在大小差异;3.二者有重叠的地方。集体中绝大多数人的利益符合通常所说的"公共利益",但相对于该集体之外更大范围的共同体的绝大多数人来说,该集体利益又处于从属性的地位。④二者的区别在于:1.利益主体不同。前者是特定的多数人,后者是包括国家、社会、个体中不特定的多数人;2.开放性不同。前者是封闭的,后者则是开放性的;3.范围不同。二者虽有重叠,但多数情形公共利益范围大于集体利益范围;4.优先性不同。二者相较于个人利益都具有优先性,但公共利益又优先于集体利益。⑤

鉴于公共利益概念界定中存在的困难,因此,可尝试从上述与公共利益相近概念的联系与区别中进一步把握公共利益概念的内涵与外延。

---

① 涂晓芳:《政府利益对行政行为的影响》,载《中国行政管理》2002 年第 10 期。

② 张翔:《论城市房屋征收制度中的公共利益》,载《学习与探索》2011 年第 3 期。

③ 耿步健:《从马克思、恩格斯经典论述谈集体利益高于个人利益》,载《求索》2005 年第 9 期。

④ 胡锦光、王锴:《论我国宪法中"公共利益"的实现》,载《中国法学》2005 年第 1 期。

⑤ 肖顺武:《公共利益研究——一种分析范式及其在土地征收中的运用》,法律出版社 2010 年版,第 25—28 页。

■ 第二节　境外宪法征收条款公益界定

西方的公益征收立法,起源于罗马时代。[①]其近代意义,经由荷兰著名法学家格劳秀斯(Hugo Grotius,1583—1645)的阐明。他指出,征收的许可,是因为领主对其臣民有"最高统治权"(dominium eminens),依此原则,如有"合法之理由"(iusta causa),而且,此项合法理由,系以"公共用途"(utilitas publica)为目的,领主自可以来侵犯人民的财产。[②]人民可以由领主之处,取得损失补偿。征收制度在法国、德国等欧洲国家率先得以发展,但整个 18 世纪,只要是为了公共用途之需,国家对人民的财产即可征收之,并无特别的法律作为依据。直到法国大革命后,才将财产征收的许可要件列入宪法,成为近代自由法治国家的正式法律制度。

一、德国公益征收

（一）古典征收概念

德国的征收理论经近百年的演变,[③]在 1848 年《法兰克福宪法(草案)》公布后,至次年《法兰克福宪法》正式公布及 1850 年公布《普鲁士宪法典》关于财产征收之规定,[④]逐渐酝酿成一个明确的法律概念,此即所谓的古

---

① G.Meyer, Das Recht der Expropriation, 1868, ss.9—130.这是德国学界广受注目的一本有关征收之专论[参见陈新民:《德国公法学基础理论》(下册),山东人民出版社 2001 年版,第 462 页注释 93]。

② F.A.Mann, Zur Geschichte des Enteignungxrechts. in：Festschrift Deutscher Juristentag, Bd. Ⅱ, S.295ff[转引自陈新民:《德国公法学基础理论》(下册),山东人民出版社 2001 年版,第 420 页]。

③ 德国普鲁士邦国 1794 年颁布的《普鲁士一般邦法引论》(Einl.ALR)第 74 条及第 75 条,已规定了征收的一般规则。依该法引论第 74 条规定:倘人民之权利及利益,和公共福利相抵触之时,人民的权利及利益应屈服于公共福利之下。第 75 条规定:任何人之特别权利及利益,系为公共福利之必要而牺牲时,应获得补偿。此外,该法第 4 条第 1 款第 11 项:惟有在为公共福利所必要时,国家才可强制收买人民之财产。德国第一个征收法,是黑森大公国于 1821 年 5 月 27 日公布的。随后,各邦国也陆续制定了征收法典。依该阶段陆续制定的征收法典,财产之征收,是为了公共福利所必需,并且,须给予被征收人公平或是全额或适当的补偿,方可许可[参见陈新民:《德国公法学基础理论》(下册),山东人民出版社 2001 年版,第 420 页、第 462 页注释 96]。

④ 1849 年 3 月 28 日正式公布《法兰克福宪法》第 164 条第 2 款正式将财产征收予以规定:惟有"因公共福利之需要,并依法律,且给予公正的补偿"之情况下,征收才属合法。1950 年 1 月 30 日普鲁士公布的《普鲁士宪法典》第 9 条,对征收之要件及程序,有更周延之规定:……财产,惟有在为公共福利,并且事先地给予补偿;在急迫情况时,至少须暂定额地给予补偿后,且依法律之规定,方可以剥夺或限制之[参见陈新民:《德国公法学基础理论》(下册),山东人民出版社 2001 年版,第 421 页]。

典征收(Die klassische Enteignung)理论。德国古典征收学说之成例,可由普鲁士 1874 年 1 月 11 日公布的土地征收法,及以该法为榜样而制定于德国其他邦法之中,得窥一斑,直到第一次世界大战结束为止。德国古典征收理论有下列特征:(1)征收的标的,只局限于所有权及他物权,包括不动产与动产;(2)征收所采取的法律手段,是行政机关以行政处分为之,是为典型的行政征收制度;(3)征收的目的需有益于"公众福利",要求必须有一个公共事业或公用事业存在,如自来水厂、电厂及政府机构、学校等;(4)征收必须给予全额的补偿。①

（二）扩张的征收概念

1919 年《魏玛宪法》在第 153 条第 2 项规定:"财产征收,惟有因公共福利,根据法律,方可准许之。除了联邦法律有特别规定外,征收必须给予适当之补偿,有关征收之讼,由普通法院审判之。"上述宪法征收条款,是世界上第一部宪法将征收之过程,以精密技术性的方式,规定于宪法内。学者称之为"扩张的征收概念"(Die erweiterte Enteignungsbegriff)。与前述古典征收概念相比,有如下区别:(1)征收标的不再以所有权与他物权为限,只要是任何具有财产价值之权利,皆可纳入征收人,如债权、知识产权等;(2)征收形式可以经由行政处分——所谓的"行政征收"(Administrativenteignung),或是由法律直接予以执行——所谓的"立法征收"(Legalenteignung);(3)征收目的不再限于公用事业,也包括一般的公共利益;(4)征收补偿只须"适当"。②

1949 年德国《基本法》公布,宪法公益征收条款从总体上沿袭了魏玛宪法的规定。依基本法的思想,一个合宪的征收,其许可要件如下:一是必须是为了公共福利;二是必须有充分的法律基础;三是比例原则必须被尊重;四是必须予以公正的补偿。

从上述德国古典征收概念到扩张的征收概念,前者受当时所弥漫的"财产权不可侵犯"理念之影响极大。对于政府行使征收之限制,极为严

---

① 参见[德]哈特穆特·毛雷尔:《行政法学总论》,高家伟译,法律出版社 2000 年版,第 664 页;陈新民:《德国公法学基础理论》(下册),山东人民出版社 2001 年版,第 421—422 页。

② 同上,第 423—424 页。

厉。倘一块土地(私人财产),实系公共福利之建设所需要,政府无法利用私法的程序(自由买卖等方式),或是,利用私法途径,必须旷日废时且极为困难时,才可运用征收方式,强制地取得土地,故强制性质的征收,必须附随于私法行为之后,方可行使。[①]而从 19 世纪末进入 20 世纪,伴随自由主义财产观念面临的诸多社会问题,财产权社会义务、社会(福利)法治国家理念逐渐占据主流,征收的公益范围亦随之扩大。

(三)征收公益要件的司法审查

"公益利益"作为典型的不确定的法律概念,按照传统理论,行政机关通过裁量授权获得活动空间,通过不确定的法律概念获得判断余地。因此,各种学理主张对不确定法律概念的适用只进行有限的司法审查,[②]但也有学者持不同意见,认为行政机关不可能享有只受有限司法审查的判断余地。从司法审查上,联邦行政法院以前对不确定的法律概念通常只作有限的审查,但后来认为——除明示列举的例外情形之外——法院应当对不确定的法律概念进行全面审查,行政机关不享有判断余地。[③]以司法来审查征收公益,以其层次不同,分为宪法层次与行政层次:

1. 宪法层次:由宪法法院来审查决定征收公益类型的法律有无违宪。宪法法院应慎重考虑立法者之立法,是否有着符合公益的急迫需求。必须待征收公益和重大、急迫公益之一致性获得肯定后,以及对于人民财产权利之保障,已尽最大保障,如比例原则、必要性原则及公正补偿之确认,该征收公益才合宪。[④]

2. 行政层次:由行政法院审查,行政机关在实行征收个案时,有无遵从征收法律的规定。行政法院可审查该征收措施实质及形式的合法性,但有

---

① H.Diester, aaO. S. 35[转引自陈新民《德国公法学基础理论》(下册),山东人民出版社 2001 年版,第 421 页]。

② 主要有巴霍夫 1995 年提出的判断余地理论、乌勒同时提出的合理性理论以及沃尔夫提出的评价特权理论等(参见[德]哈特穆特·毛雷尔:《行政法学总论》,高家伟译,法律出版社 2000 年版,第 134 页)。

③ [德]哈特穆特·毛雷尔:《行政法学总论》,高家伟译,法律出版社 2000 年版,第 136 页。

④ 如德国联邦宪法法院在 1968 年 12 月 18 日,对有关"汉堡水坝法"(Ham. Deichordnungsurteil)著名案件的裁判中表示,宪法法院审查一个征收法律,其见解并不受立法者的拘束,而是以一切有关的因素、事实,公正地作评判的标准,来决定该立法所肯定的征收有无违反宪法保障人民权利之精神[BverfGE 24,367/406.陈新民:《德国公法学基础理论》(下册),山东人民出版社 2001 年版,第 482 页]。

争议的是对征收目的的实质合法性之审查问题。行政法院诚然可以审查一个征收之公益是否实际存在,但究竟在此个案中,有无征收之目的存在? 以及对于征收之范围及方法,有无其必要? 但是,到底行政法院有无"能力"可以决定,如到底一个学校、军事措施、一条道路有无建筑之必要性? 究竟一个军用飞机场是否只需四个飞机起降跑道抑或两个跑道,即是否满足军事需要? 从德国征收法发展的历史上,其答案应属否定。故,在审查征收个案公益需求时,即有行政法院审查的"极限"出现。因此,在征收个案审查中,既然对征收必要性方面成效不彰,法院多半会赞成行政机关所提出的征收计划内之看法,法院的实质审查效力即不复存在。法院只得转而对亦属征收要件之一的要点,例如有无经过认真的协议价购程序? 有无其他不妨碍征收目的,但可予财产权人较小之损害方式存在? 征收的补偿有无公正等,属于补救性的审查方法,来尽可能保障被征收人的权利。①

124

二、法国公用征收

(一)公用征收概念的起源

法国法律承认行政主体在必要时,可以通过强制方式取得必要的财产权,此种方法称为公用征收和公用征调。②其中行政主体为了公共利益目的,按照法定的形式和事先公平补偿原则,以强制方式取得私人不动

---

① 认为法院只是审查形式上的要件,鲜对该公益内容作实质之审查。H. Rittstieg. aaO. S. 416. 虽然德国学界通说,仍采肯定行政法院可以全权审查,如 Fr. Schack, Enteignung nur zum Wohl der Algemeinheit, BB1961, 77;P. Häberle, aaO. S. 596;C.H. Ule, aaO. S. 140;联邦宪法法院也是这种见解,见 BVerfGE24,367/404;32,195/197;45,297/321,335,338;58,300/322。但在联邦行政法院之判决,却偏向只审查比例原则问题,也就是在有无较和缓之方法 BVerWGE2,35/36;3,332,335;4,185,187;13,75;19,171;21,191;H. Rittxtieg. aaO. S. 417[参见陈新民:《德国公法学基础理论》(下册),山东人民出版社2001年版,第482页]。

② 法国的公用征调是指行政机关为了公共利益,在公用征收外,依照法定程序,强制取得财产权或劳务的常用方式。它和公用征收不同,不仅适用于不动产,而且适用于动产和劳务。但它对不动产只能取得使用权,不能取得所有权。对于动产可以取得所有权和使用权。我国过去称这种制度为征用,但征用一词不包括取得所有权的意义,因此,学者把它译为公用征调。公用征调区分军事征调和民事征调。公用征调实行事后补偿,不是事前补偿。计算补偿金的日期,以财产权丧失日或提供劳务日为准。当事人不服的可以提起越权之诉(王名扬:《法国行政法》,中国政法大学出版社1988年版,第405—409页)。

产的所有权或其他物权的程序叫作公用征收。法国公用征收的特征为：首先，公用征收是行政主体行使公共权力时的一种特权，是私人所没有的权力。其次，公用征收的标的限于不动产。最后，为保护私人财产起见，公用征收只能为了公共利益目的，按照法定的程序和事先补偿的原则进行。[1]

法国公用征收的原则建立于大革命时期和第一帝国时期，以后经过多次立法规定和判例补充，逐渐发展成为现行制度。在旧制度时期，从理论上说，国王是全国土地的主人，对于全国土地享有最高的支配权。私人对于土地只有用益物权，土地属于私人的用益财产。国王认为必要时，可用特权状收回私人所有的土地，同时予以补偿，金额由行政机关自行决定。大革命时期在个人主义思想支配下，认为私有财产神圣不可侵犯。法国1789年8月发表的《人权宣言》第17条[2]对财产征收作了明确规定，首次将财产公益征收写入宪法，为公民财产权提供宪法保障。该条规定确定了公用征收的基本原则：(1)合法认定公共需要的存在。(2)公平补偿被征收人的损失。(3)在占有被征收财产前，事先支付补偿。

（二）公用征收概念的扩张

法国现行的公用征收制度，规定在1977年的公用征收法典中。其制度特点是适用范围越来越广。这种扩张表现在公用征收条件的四个方面：(1)享有公用征收权力的主体：一是公法人，包括国家、地方团体和公务法人，后两类主体在20世纪70年代得以放宽并确立；二是私人，主要为受特许人，即享有公务特许权或公共工程特许权的人，例如高速公路建设、城市规划执行、开发天然资源等活动。还有一些私人，例如温泉所有者、建筑公司等，由于其活动具有公益性质，有时获得法律的授权。(2)公用征收的对象，最初限于不动产所有权，以后扩张到不动产的其他物权，在例外情况下还包括无体财产权。(3)公用征收的目的，随着时间的发展而不断扩大。

---

[1] 王名扬：《法国行政法》，中国政法大学出版社1988年第1版，第365页。

[2] 《人权宣言》第17条规定："财产是神圣不可侵犯的权利。除非由于合法认定的公共需要的明显的要求，并且在事先公平补偿的条件下，任何人的财产不能被剥夺"[参见萧榕主编：《世界著名法典选编》（宪法卷），中国民主制出版社1997年版，第103页]。

125

《人权宣言》第 17 条称公用征收的目的是公共需要。1804 年《法国民法典》第 545 条把《人权宣言》中公共需要一词,改为以公用为目的。①以后的发展是逐渐扩大公用观念的范围。在 19 世纪资本主义早期阶段,法国政府进行大量基础建设,特别是兴建铁路、公路、运河等,必须采取公用征收手段。这种情况决定 19 世纪时公用观念和公产、公共工程、公务观念密切联系。20 世纪以后,政府对于经济生活和社会生活的干预逐年增加,公用的目的不再受到公产、公共工程和公务观念的限制,发展成为公共利益的同义语。行政法院认为只要能满足公共利益就是达成公用目的。此扩张的公用观念,反映在很多立法和判例当中。②(4)公用征收的受益人范围的扩张。从享有公用征收权力的人扩张到不享有该征收权力的人。判例和立法均确立私人从事公共利益的活动时,可以请求行政主体进行公用征收,然后将被征收的不动产转移于私人。例如 1953 年的土地法,规定行政机关可以征收土地移送于私人建筑公司,建造的房屋应按行政机关所规定条件出售给住户。③

由上可见,法国关于公用征收概念的扩张与德国经历了一个类似的发展历程。

（三）公用征收要件的司法审查

从判例上看,法国行政法院在受理越权之诉、审查公用目的是否合法时,对公用目的采取极广泛的解释,同时也注意防止行政机关滥用公用征收权力。行政机关利用公用征收如果不是为了公共利益目的,而是在公共利益的掩饰下满足其他行政上的利益或个人利益时,例如主要为了增加财政收入或满足纯粹私人利益,这种征收会被认定为不符合公用目的。

---

① 《法国民法典》第 545 条规定:"任何人不得被强制出让其所有权。但因公用,且受公正并事前的补偿时不在此限。"

② 从立法上,如卫生健康方面:征收矿泉以改善疗养站,征收成批或成片房屋以消除不卫生的居住,采取公用征收防止水污染。社会行政方面:采取公用征收解决失业,解决人口多家庭和贫困人的居住……经济方面:采取公用征收以便合理利用土地、矿产、瀑布、植树造林,改善耕作条件。城市规划方面:征收大片土地进行分区建设,扩张城区建设(王名扬:《法国行政法》,中国政法大学出版社 1988 年版,第 372 页)。

③ 参见王名扬:《法国行政法》,中国政法大学出版社 1988 年版,第 367—374 页。

1. 有益于私人的公用征收

公用征收在满足公共利益的同时,也使某一特定私人得到利益,这种行为仍符合公用目的。例如一个市镇政府征收土地建设一个广场,广场内部特别为邻近一所疗养机构的寄宿人员提供使用方便,则不能认为是纯粹为了私人利益。

2. 地区经济发展

法国行政法院根据具体情况判断公用征收是否符合公用目的,不是根据公用征收本身考察是否符合公用目的。例如一个海滨地区的市政府,征收土地建设跑马场,行政法院认为符合发展旅游事业和地区经济的公用目的。如果在农业地区,这种征收不会被认为符合公用目的。[1]

3. 利益衡量原则与"损益对比分析理论"

法国行政法院关于公用目的的解释的最新发展,是注意比较由于公用征收进行建设可得到的利益,以及可能引起的损害,以防止公用征收权的滥用。例如被征收人的损失、财政上的负担、环境污染等,然后决定公用征收行为是否符合公用目的,防止行政机关滥用公用征收程序。法国行政法院对征收公用目的的审查,最高行政法院在长期审判实践中形成了"损益对比分析理论",该理论的应用加强了对土地征收公用目的宣告行为司法审查的力度。[2]

三、美国的征收制度

（一）美国宪法上的"征收"(taking)

美国政府的权力受到宪法的根本制约,征收权也不例外。美国联邦宪法第五修正案规定:"不予公正补偿,私人财产不得被征为公用(nor shall private property be taken for public use without just compensation)。"第五修正案没有授予联邦政府征收权,它另有起源,征收权是国家早已存在的、固有的、强制将私人财产用于公共目的的权力,在美国法上被称为 the

---

[1] 参见王名扬:《法国行政法》,中国政法大学出版社 1988 年版,第 372—373 页。
[2] 关于法国最高行政法院在长期审判实践中形成的"损益对比分析理论",详见张莉:《法国土地征收公益性审查机制及其对中国的启示》,载《行政法学研究》2009 年第 1 期。

power of eminent domain，其字面意思为"极地"，相当于德国法上的"高权"即"至上权力"。意指"政府行使征收私人所有者财产的固有权力，特别是土地及将其转让于公用并为征收给予合理补偿"。①宪法第五修正案征收条款的目的是对政府既有的征收权给予成文的明确的限制，主要体现在两个方面：第一，征收必须满足"公共使用"（public use）的要求；第二，对征收必须作出公正的补偿（just compensation）。②

什么是征收（taking）？在美国，征收分为两大类：一是"占用性"征收（possessory taking），包括"占有"（taking title，即政府将财产的所有权收归己有，为明确的征收）与"占用"（taking possession，即政府虽然没有取得所有权，但永久性地占用了财产，因为实质上的"占有"而构成征收）。二是"规制性"征收（regulatory taking），政府不直接占有或占用，而只是对财产进行规制。在美国纯粹的政府规制是不需补偿的，因为在美国宪法框架下，规制属于政府合法的"警察权力"（police power），如政府有权对工厂的污染进行规制，要求工厂进行整改乃至停产，这种规则来源于警察权力，无需补偿。但是，在某些情况下，规制会对财产所有者带来沉重负担，以至于等同于征收。③

（二）美国宪法征收条款中的"公共使用"（public use）

什么是公共使用（public use）？回顾美国的法律史，公共使用的定义随着时间和事实的不同而不同，有两个绝然不同的定义：一种为窄的定义，认为公共使用要求公众实际使用（actual use），或有权实际使用被征收的财产。如高速公路、机场、水电设施、公共图书馆等，被称为"actual use"理论或狭义理论。另一种为宽的定义，认为公共使用相当于公共目的（public

---

① Eminent domain：the inherent power of a governmental entity to take privately owned property，esp. land，and to convert it to public use，subject to reasonable compensation for the taking. See Black' Law Dictionary，2004 West，a Thomson business，p.562.

② 刘向民：《美国的征地行为》，载吴敬琏、江平主编：《洪范评论》（第 7 辑），中国法制出版社 2007 年版，第 93 页。

③ 如何判断规制和征收之间的边界？第一种方法是公害和公益的区别。如规制系防止公害则无须补偿，如规制是为了获取公益则属于征收。第二种方法是经济损失的大小。如规制的结果造成财产损失过大，则视为征收。如立法禁止一切会造成土地沉淀的煤矿开采。第三种方法是附加条件。总之，当规制的后果造成财产的所有合理经用用途被摧毁时，即构成征收，须予补偿［参见刘向民：《美国的征地行为》，载吴敬琏、江平主编：《洪范评论》（第 7 辑），中国法制出版社 2007 年版，第 93—101 页］。

purpose），即它能给公众带来好处和利益，被称为"public benefit"理论或广义理论。在早期，窄的定义占上风，特别是 19 世纪下半叶。现代以来，美国的法院似乎越来越倾向于宽的定义。①

1. 实际使用（actual use）理论

通常被称为狭义理论，该理论得到第五修正案的有力支持。毕竟"当公众使用某种物品时，一种公共所用'public use'就存在了"。在 19 世纪早期，一个纽约州的法院按照"actual use"理论解释"public use"这个术语，只有当整个公众被授予一种权利支配使用被征收的财产利益时，州政府才可以征收私人财产。②"actual use"标准包含两个因素：全体地使用被征收财产的机会或权利；相同地使用被征收财产的机会或者权利，并且没有一个成员可以有比其他任何人更多地使用被征收财产的机会或权利。有关"actual use"分析的可能最著名的事例，出现在布拉德古德诉莫霍克和哈德逊公司（Bloodgood v. Mohawk & Hudson R.R. Co）案的同意意见中。③纽约纠错法院在 1837 年的案件中，支持了州立法机关有授权铁路公司为铺设新铁路而征收私人土地的权力，但判决铁路公司败诉，理由是铁路公司没有在征收原告的土地前支付补偿金。参议员特雷西（Tracy）的单独同意意见中，他拒绝接受大多数人有关立法机关可以合宪地将财产所有权从一个私人转移到另一个私人的主张。他认为与州宪法中的"public use"要件的原文相冲突，④因为该词语的自然意思含着"公众拥有与占有"。特雷西据此提出下述结论：立法机关不能授权只对公众产生利益的征收，理由是，这样的征收"对于宪法条款的用词与目的来说是令人反感的"。⑤

129

① 有学者指出：所有征用可分为三大类：第一类是公共所有（Public Ownership），比如道路、公立医院、军事基地。第二类是私人所有，但为公共所用（Public Use），比如私有的铁路、水电煤气公司、体育馆。第三类是私人所有、私人所用，但服务于公共目的（Public Purpose）。前两类者属于窄义的公共使用，构成公共用途，没有什么争议，争议焦点在第三类［刘向民：《美国的征地行为》，载吴敬琏、江平主编：《洪范评论》（第 7 辑），中国法制出版社 2007 年版，第 108 页］。

② See Willim B.Stoebuck, A General Theory of Eminent Domain, 47 Wash. L.Rev. 533，589（1972）.

③ 18 Wend. 9（N.Y.1837）（参见邢益精：《宪法征收条款中公共利益要件之界定》，浙江大学出版社 2008 年版，第 177—178 页）。

④ 纽约州 1821 年宪法规定："private property（shall not）be taken for public use, without just compensation。"

⑤ Bloodgood, 18 Wend. At 60—62（Tray, Sen., concurring）.

2. 公共利益(public benefit)理论

与上述狭义理论观点不同的是,广义理论认为,当征收导致对部分公众产生某些利益时,征收私人财产就满足"public use"要件。该理论分析的核心问题不是被征收的财产将被用于何种特定用途,而是政府是否享有合宪性的权力来追求它征收财产所欲达到的目的。宽的定义下,只要政府合理地相信对财产的征收会为人带来好处,即满足了公共目的(public purpose)的要求,政府和公众并不必要直接占有或使用被征收的财产。

以下为关于公共利益理论的三个典型案例:

第一是旧城改造[1954 年伯曼诉帕克案(Berman v. Parker)案①],最高法院首次明确拒绝了"actual use"狭窄的定义,认为政府可以运用征收权力,将需要改造的旧城征收并转卖给开发商。其理由是公共福祉(public welfare)概念是非常广泛的,它所代表的价值可以是精神上的,也可以是身体上的,可以是美学上的,也可以是金钱上的,这些在立法者的权限内,不容法院去重新评估它们。假如市政府认为首都应该是整洁美丽的,则宪法第五修正案没有理由去阻止它……道格拉斯法官(J.Douglas)的意见明确表示,国会在此行使的是范围广泛的警察权力(police power),法院必须尊重立法机关有关征收是否符合公共目的的判断。尽管开发商属于私人赢利性质,但国会有自由认为私人机构而非政府能更好地为公共利益服务,因而法院也不强求都市重建过程中征收的土地属于公共所有。②

第二是经济发展[1981 年波兰城社区理事会诉底特律市(Poletown

---

① 该案缘于华盛顿特区的旧城改造,依据 the District of Columbia Redevelopment Act of 1945,华盛顿特区欲征收市区内老旧地区予以重新规划,以消除老旧地区之落后与脏乱。然而征收后之土地除了将街道、公共事业、娱乐设施和学校所需用地移转给政府机关外,将其他土地出租或卖给开发公司、个人,由后者依照国家首都计划委员会(National Capital Planning Commission)所撰写之重新开发计划加以整建开发。本案上诉人(即原告)是个百货公司,虽无落后、脏乱等贫民窟之问题,但因列入整建计划区域内需一并被征收。上诉人主张其土地被征收后是由私人而非公家机关所管理,重新开发后供私人而非公共使用,因此,违反美国宪法第五修正案所规定公共使用(public use)要件。Berman v. parker, 348 U. S. 26(1954), 75 S. Ct. 98(1954)。

② 参见邢益精:《宪法征收条款中公共利益要件之界定》,浙江大学出版社 2008 年版,第 182—183 页。

Neighborhood Council v. City of Detroit)案①]，政府将征来的土地转让给企业，以促进当地的经济发展、创造就业符合公共使用。密歇根州最高法院就案中争议加以研判：在本案中利用征收之方法是否构成征收私人财产供私人使用，因而违反该州1963年宪法。州最高法院最终判决上诉人败诉，理由为立法者已决定政府此种行为符合公共需要（public need），而且具有必需的公共目的（an essential public purpose）。因此，在立法者作此决定后，法院即应自我限制，并引用伯曼案作为支持的理由，认为立法者说话时，公共利益即已几乎结论性地宣告。②

第三是财富的再分配[1984年夏威夷住房管理局诉米德基夫（Hawaii Housing Authority v. Midkiff)案③]，如果土地分配极度不均，政府可以通

---

① 在1981年的该案例中，底特律市（Detroit）计划将取得——如有必要则将征收——一大片土地，并将廉价转让给通用汽车公司（General Motor Corporation）作为汽车装配厂用地。此前，通用汽车公司曾宣布，如果城市不提供新的厂址，工厂将搬迁别处。底特律征收计划的"公共利益"包括保留6 000多个工作机会、维持税收以及防止城市社会条件的进一步恶化。新厂址所在的住户、商店和教堂全部要拆迁，其地方居民委员会挑战征收不满足公共用途条件。Poletown Neighborhood Council v. City of Detroit, 304 N.W. 2d 455（Michigan, 1981）.

② 原文为：When a legislature speaks, the public interest has been declared in terms "well nigh conclusive". 该案还引用大法官Cooley的主张认为，在征收案件中，最重要的考虑因素是达成某种公共利益之必要性，不实行征收将无法达成此项公共利益，法律并不将手段（means）当成需要（need），而当有公共需要（public need）时，个人自由使用其所有财产之抽象权利即须让步于社会整体的安适和保障以及他人之相关权利。在本案中，征收权力主要是用来达成必需的公共目的——减轻失业和振兴社会经济，私人受益只是偶然罢了。最后，密歇根州最高法院在判决中附加说明：本判决所认定本案征收计划符合公共目的不代表每一件为了振兴经济、增加就业机会之征收案都将被本院接受，假如公共利益（public benefit）不是如此明显且重大，我们将不会赞同此种计划（参见邢益精：《宪法征收条款中公共利益要件之界定》，浙江大学出版社2008年版，第185—186页）。

③ 在1984年该案中，联邦最高法院面临夏威夷的一个政策，迫使大地主把土地出售给其承租人。具体案情为：由于受前殖民地时期的影响，夏威夷的土地所有权集中在部落酋长和贵族手里，造成土地分配的极度不均（当时联邦和州政府拥有该州近50%的土地，另一半为72名大地主拥有，其中18名拥有该州40%的土地）。为减少土地垄断在少数人所造成的社会和经济问题，夏威夷州议会制定了1967年《土地改革法》，规定征收出租的土地，然后移转给承租人，以减少土地所有权的垄断。根据该法律，凡住在位于至少五英亩面积土地内单一家庭住宅用地的承租人即有权向夏威夷住房管理局（Hawaii Housing Authority, 简称HHA）请求征收其所承租之土地，承租人提出申请后，该法授权HHA举办听证会以决定是否州征收此一面积土地将可促进该法律的公共目的。后由于被上诉人不遵守命令，HHA遂向联邦地区法院提起诉讼。联邦地区法院判决上诉人败诉，联邦上诉法院认为该法律违反美国宪法第五修正案公共使用（public use）之要件，但联邦最高法院则推翻上诉法院的判决，发回重审，认为该法律并不违反第五修正案公共使用（public use）之要件。其理由为：第一，公共使用要件与最高主权公权力的范围是一致的，本院不以自己的判断代替立法者的判断，除非此种使用显然地无合法的基础。管制土地垄断及其弊端是典型在公权力行使的范围内，而将土地所有权重新分配以减少弊端是征收权合理的行使。第二，仅以被征收之土地移（转下页）

过征地对土地再分配。该案中,夏威夷州原土地所有者极度愤怒,认为这种再分配是宪法所禁止的"从私人到私人"的财产转移,属于违宪行为。但是,最高法院一致判决这个土地的再分配属于"公共使用"(public use)。法院再一次强调对立法机构关于征收是否为了"公共使用"的判断要给予尊重。奥康纳(O'Connor)大法官写道:"本院已经说得很清楚,除非对征地权的使用完全没有合理根据,法院不会代替立法机构作出关于什么构成公共用途的判断。"只要征地行为与一个预见的公共目的有合理关联,这种征地行为就是第五修正案所允许的。由于夏威夷州议会合理地认为对高度集中的土地进行重新分配会促进公共利益,这种征地行为就满足了"公共使用"的要求。

(三)法院对"public use"审查标准的反思

美国法院在历史上一直将注意力放在征收补偿,而非征收行为是否符合公用目的上。一方面,公共用途概念实在太宽泛,法院难以发展出一套可操作的理论,为司法界定提供实质性标准。另一方面,在国家从最小政府转变为积极政府后,美国法院对公共用途问题放手不管并不是逃避司法责任,而是这个问题有一个更好的决定者——由民选代表组成的议会,而尊重议会的传统在英美国家源远流长。因此,议会相当于一个"公益机器":在通常情况下,其所产生的法律或决定被认为自动符合"公共利益"。虽然议会因为可能侵犯少数人的利益而未必是理想的"公平机器"(fairness machine),[①]但它至少可以作为相当理想的"公益机器"(public interest machine),因为由民主选举产生的议会是社会多数人利益最可靠的代表。[②]尽管美国法院尊重议会的决定,但并非在征收公益要件的审查上无所作为。尤其是征收权在很多情况下不再由议会直接行使,而是委托给行政部门或对开发具有利益动机的私人。在这种情况下,法院显然不能

(接上页)转给私的受益人的事实,并不能因而责难该征收仅具有私的目的。该案与伯曼案不同之处在于,本案是审理州议会法律的合宪与否,而伯曼案是审理国会(联邦最高立法机构)的法律;因为州亦具有最高主权,为了避免侵犯州的权力,联邦最高法院在此类案件中均相当自制。所以,联邦最高法院在本判决中特别强调议会在其职权范围内和国会具有同等能力去决定何者构成公共使用[谢哲胜:《财产法专题研究》(二),中国人民大学出版社 2004 年版,第 160—164 页]。

① Frank I. Michelman, Property, Utility, and Fairness: Comments on the Ethical Foundations of "just Compensation" Law, 80 Harvard Law Review 1165(1967), at 1248.

② 高建伟:《美国土地征收中的"公共利益"》,载《美国研究》2011 年第 3 期。

盲目对征收权的行使赋予同样高度的尊重。虽然对于什么构成"公共用途"一直未能发展出令人满意的标准,但也通过判例积累了相当的经验,在一定程度上发挥着司法的保障公民财产权的最后防线作用。①

上述三个案例基本确立了在现代条件下"公共使用"的含义:认为公共使用(public use)相当于公共目的(public purpose)、公共利益(public interest)、公共需要(public need)、公共福祉(public welfare)。只要具备以下两个条件,征地就满足了"公共使用"的要求:(1)征地具有合法的公共目的;(2)征地与达到这一目的有合理的关系。这一宽泛的定义是否合理,是否背离第五修正案的本意?历史的回顾告诉我们,公共使用宽泛定义是随着现代规制国家(regulatory state)的发展而占据主导地位的。在早期规制不足的情况下,正是因为市场失灵是更严重的问题,也许更宽泛解释公共使用会产生正面的效果。然而,在当今规制无孔不入的时代,政府失灵反而可能是更大的威胁。是否恰恰应该对国家规制的权力作出更多的规范和更多的限制呢?②

正是这些忧虑,联邦最高法院在 2005 年柯罗诉新伦敦市(Kelo v. City of New London)一案③中,再次对"公共使用"进行了激烈辩论,此案成为

---

① 邢益精:《宪法征收条款中公共利益要件之界定》,浙江大学出版社 2008 年版,第 209 页。

② 参见刘向民:《美国的征地行为》,载吴敬琏、江平主编:《洪范评论》(第 7 辑),中国法制出版社 2007 年版,第 105 页。

③ 柯罗(Kelo)案的背景与案情介绍:新伦敦市是康州一个经济落后城市,1998 年失业率几乎达到州失业率的两倍。为振兴经济,市政府授权一家私人非营利组织——新伦敦开展公司(New London Development Company)协助该市规划经济发展。后经市议会的批准,授权该公司以市政府名义购买或行使征收权取得私人财产,因与柯罗女士等拥有 15 处私人不动产的 9 名财产所有人谈判失败。2000 年 11 月,该公司向法院申请启动征收程序。15 处房产中有 4 处位于规划的第三部分即办公区域,11 处位于规划的第四部分(A),即州立公园或海港配套支持部分。柯罗等认为,这些房产都不属于危旧房屋或者状况不佳,而是由于位于开发区域内才被征收的。2000 年 12 月,柯罗等人向新伦敦高级法院起诉,法院经审理后禁止对第四部分(A)内的财产进行征收,但驳回对第三部分内财产进行征收的救济申请。

双方均上诉后,康州最高法院判决所有征收行为都是合法的。判决依据是康州的法律规定,即财产征收即使是对已开发土地的征收,作为经济发展计划的一部分,也符合"公共使用",属于"公共利益"。康州最高法院认为如果一个经济项目可以创造就业机会、增加税收和财政收入、复兴落后地区(即便不是衰败地区),就是用于公共使用。对第四部分(A)的征收,其使用目的的确定,并且在规划过程中已给予合理的注意,因此,支持市政府的征收决定。这一开发计划经过新伦敦市政府和议会批准,又经诉讼得到新伦敦法院和康州法院的支持。而柯罗等被征收的 9 名所有人不同意重建计划,也不同意市政府的征收补偿,于是继续上诉到联邦最高法院。2005 年 6 月,以 5:4 作出终审判决。以史蒂文斯大法官为首的多数意见,支持了康州最高法院的判决。Sandra Day O'Connor 等支持私人财产所有权的四名法官则持异议意见(参见王静:《美国财产征收中的公共利益——从柯罗诉新伦敦市政府案说起》,载《国家行政学院学报》2010 年第 3 期)。

近二十年来最受关注关于经济发展的征地案例。①值得注意的是该案的反对方。此案是五票赞成，四票反对，而伯曼和米德基夫案均为一致意见。

柯罗案中，以史蒂文斯大法官(John Paul Stevens)为首的支持征收行为多数意见的主要理由为：第一，政府不可以为了私人目的进行征收，但如果为了由公众使用的目的，国家可以将财产从一个私人的名下转移给另一个私人，并非只有国有机构运营才是公众使用。第二，通过柯罗案和伯曼及米德基夫案，联邦最高法院认识到全国各地的社会需要是不同的，并随着时间流逝也在发生变化。不同地方有着不同的社会需要，这取决于各州的资源、土地保有量、产业对大众福利的重要性及民众长期养成的风俗和习惯。推进经济发展是政府传统的职能……虽然推动经济发展不是要消灭衰败地区，但是增加工作、提高税收，毫无疑问，也属于公共目的。州立法机构和法院能够辨别什么是地方公共需要，新伦敦重建计划是经过认真和充分设计的，新伦敦政府官员的判断应该得到尊重。第三，一旦公共目的问题得到确认，项目征收土地的数量和特征及需要征收哪块土地用以完成整体规划属于立法机关的自由裁量范围。②

最引人注目的是在米德基夫案中执笔法庭判决书的奥康纳大法官这次站到了反对经济发展属于公共使用的一面。她认为："在经济发展的旗帜下，所有的私人财产都可能被征收和转让给他人，只要立法机构认为新的用途比原来的用途对公众更有利就行了……如果如本庭所言，假如转让后的私人财产产生的一些附加的公益就可以使得经济发展类的征收都成为公共使用的话，公共使用和私人使用的区别也就不存在了——这等于事实上从第五修正案中删去了'为公共使用'一语。"③奥康纳大法官区分了柯罗案和伯曼及米德基夫案。后两案的征地行为都构成"公共使用"，是因为两案都是为了消灭对社会的正面危害：伯曼案是要消除城市中心的极度贫困；米德基夫案是要改变土地所有权的寡头结构。通过消除危害，社会

---

① 陈晓芳：《土地征收中的"公共利益"界定》，载《北京大学学报(哲学社会科学版)》，2013 年第 11 期。

② 王静：《美国财产征收中的公共利益——从柯罗诉新伦敦市政府案说起》，载《国家行政学院学报》2010 年第 3 期。

③ Kelo v. City of New London，125 S. Ct. 2671(2005).

获得了直接的收益。而在柯罗案中,原告的财产并没有对社会造成直接的危害。征地所取得的好处是间接的,不是直接的,直接受益是接受土地转让的厂商,而不是一般公众。不过,学者亦指出,该"直接利益"的新标准实际运用起来未必比"公共用途"的标准更合理。①

关于日本的征收制度,从学理与立法上,受到欧美法的影响,尤其是深受德国、法国等大陆法的影响,公益征收制度亦经历了一个发展演进的历程。限于篇幅,在后续章节中相关部分予以介绍,此处不再专题展开研究。

■ 第三节　房屋征收新政公益界定及实务争议

一、房屋征收公益界定的立法演进

从宪法层面,我国 1954 年宪法明确对城乡土地和其他生产资料的征用需以"公共利益"为目的。②1975 年、1978 年宪法征用条款中则取消了"公共利益"标准。③1982 年宪法征用条款又恢复了 1954 年宪法的规定,明确"国家为了公共利益的需要,可以依照法律规定对土地实行征用"。④2004 年《宪法修正案》区分了征用、征收概念,并明确均需以"公共利益"为目的。⑤上述宪法征用、征收条款对公益要件作了提示性的原则规定。

从法律法规层面,关于房屋拆迁征收公益要件的立法,可大致区分为土地征用征收附带房屋拆迁混合立法、房屋拆迁单独立法与房屋征收单独立法三个阶段:

---

①　学者指出:奥康纳大法官提出的这个"直接利益"新标准,不一定比宽泛的"公共用途"的标准要好。首先,把经济发展给公众带来的利益说成是间接的值得商榷。经济发展固然会造益厂商,但社会也会直接受益于新增的就业机会、更良好的治安和环境、更多的消费和娱乐选择;政府也直接受益于增加的税收、更高的民意支持等。很难说这些收益不是直接的。其次,从危害角度,米德基夫案的寡头结构固然是一种危害;柯罗案中分散的土地所有权阻碍了土地的集中开发,从而损害了当地的经济发展,这难道不是危害吗?因而,奥康纳大法官提出的新标准仍然是不清晰的,实际运用起来也未必比"公共用途"标准更合理[参见刘向民:《美国的征地行为》,载吴敬琏、江平主编:《洪范评论》(第 7 辑),中国法制出版社 2007 年版,第 107—108 页]。

②　1954 年《宪法》第 13 条。

③　1975 年《宪法》第 6 条第 3 款、1978 年《宪法》第 6 条第 3 款。

④　1982 年《宪法》第 10 条。

⑤　2004 年《宪法修正案》第 20 条、第 22 条。

（一）土地征用征收附带房屋拆迁立法中的公益界定

中央人民政府 1950 年 6 月 30 日公布《土地改革法》设有多个条文，①对地主之外的其他阶级成分及团体在"一般农村"土地与房屋征收作了规定，在实践中系无偿收归国有的性质。《土地改革法》第 1 条开宗明义，明确征收目的系"废除地主阶级封建剥削的土地所有制，实行农民的土地所有制，借以解放生产力，发展农业生产，为新中国的工业化开辟道路"。

中央人民政府 1950 年 11 月 21 日公布《城市郊区土地改革条例》，系新中国成立后首次明确征用公益要件的中央立法，该条例第 14 条征用的目的系"国家为市政建设及其他需要"。

1953 年 12 月 5 日，经中央人民政府批准公布政务院《国家建设征用土地办法》，是新中国第一部比较完整的土地征用行政法规。该办法第 1 条明确征地目的系为适应国家建设的需要；第 2 条规定："凡兴建国防工程、厂矿、铁路、交通、水利工程、市政建设及其他经济、文化建设等所需用之土地，均依本办法征用之。"可见，土地征用范围极广，是为了国家建设需要，即不是纯粹为了公共利益，也不是为了保障私人财产权。

1958 年国务院修改并发布的《国家建设征用土地办法》第 2 条同原办法相比，增加了"文化教育卫生建设"的内容。1982 年国务院公布的《国家建设征用土地条例》第 2 条，明确征地目的为"国家进行经济、文化、国防建设以及兴办社会公共事业"等需要。关于征地目的同原办法，均是为了"国家建设"的需要。

1986 年《土地管理法》第 21 条规定："国家进行经济、文化、国防建设以及兴办社会公共事业，需要征用集体所有的土地或者使用国有土地的，按照本章规定办理。"第 22 条还规定："按照国家规定，列入国家固定资产投资计划的或者准许建设的国家建设项目，经过批准，建设单位方可申请用地。"

1998 年修订后的《土地管理法》，删去了 1986 年《土地管理法》第 21 条、第 22 条关于土地征用目的的界定。修订后的《土地管理法》第 43 条仅

---

① 1950 年《土地改革法》第 3 条、第 4 条、第 6 条等。

规定："任何单位和个人进行建设,需要使用土地的,必须依法申请使用国有土地;但是,兴办乡镇企业和村民建设住宅经依法批准使用本集体经济组织农民集体所有的土地的,或者乡(镇)村公共设施和公益事业建设经依法批准使用农民集体所有的土地的除外。""前款所称依法申请使用的国有土地包括国家所有的土地和国家征收的原属于农民集体所有的土地。"对于建设项目的性质系公用事业或个人所需未予区分。

2004 年《宪法修正案》区分了征用、征收概念后,《土地管理法》于 2004 年进行了修正,区分了征用、征收概念,明确土地征用征收需为了公共利益的需要,但对征用征收公益要件并未作进一步的界定,与 1998 年修订条文内容相同,实际上对于建设项目的性质并未作区分。[①]

2007 年 3 月 16 日正式颁布了《物权法》,在立法过程中,曾有主张应在物权法中对公益范围予以界定,但最终多数意见认为,物权法难以对公共利益作出统一的具体界定,还是分别由土地管理法、城市房地产管理法等单行法律规定较为切合实际。因此,最终通过的《物权法》第 42 条虽明确征收集体土地和单位、个人的房屋及其他不动产需以"公共利益"为目的,但对"公共利益"范围未作进一步的界定。[②]随后,《城市房地产管理法》于 2007 年 8 月 30 日进行了修改,增加了一个条文,明确"为了公共利益的需要,国家可以征收国有土地上单位和个人的房屋,并依法给予拆迁补偿,维护被征收人的合法权益;征收个人住宅的,还应当保障被征收人的居住条件。具体办法由国务院规定"。

从上可见,2004 年宪法修正后,我国现行有关土地房屋的立法已区分了征用、征收概念,并在立法中明确了土地房屋征收需以公益为目的。但

---

① 2004 年修正《土地管理法》第 2 条、第 43 条。

② 据时任全国人大常委会法制工作委员会主任胡康生在其主编的物权法释义中介绍:在物权法制定过程中,曾有人认为,应在物权法中明确界定公共利益的范围,以限制有的地方政府滥用征收权力,侵害群众利益。在立法过程中,曾将"为了公共利益的需要"修改为"为了发展公益事业、维护国家安全等公共利益的需要",但有关部门和专家认为这样规定仍不清楚。全国人大法律委员会、全国人大常委会法制工作委员会会同国务院法制办、国土资源部等部门以及专家反复研究后一致认为:在不同领域内,在不同情形下,公共利益是不同的,情况相当复杂,物权法难以对公共利益作出统一的具体界定,还是分别由土地管理法、城市房地产管理法等单行法律规定较为切合实际(胡康生主编:《中华人民共和国物权法释义》,法律出版社 2007 年版,第 102 页)。

从《物权法》《土地管理法》与《城市房地产管理法》内容看,对土地房屋征收公共利益范围仍未作进一步的界定。从而导致土地房屋征收实践中,仍围绕建设项目的需要,并不区分建设项目的主体系单位还是个人,也不区分建设项目的性质系公用事业还是私人需要。

（二）原房屋拆迁立法中的公益界定

首先,从城市房屋拆迁专门立法看,从前述制度梳理章中可见,我国城市房屋拆迁专门立法中对公益要件的界定并不明确。在1991年国务院出台《拆迁条例》前,地方先行就房屋拆迁单独出台法规规章及规范性文件。从拆迁目的规定来看,主要是为了"国家建设和城市改造的需要,改善百姓居住质量与城市面貌"。1991年《拆迁条例》首次从中央层面进行统一立法。1991年《拆迁条例》第1条开宗明义,明确立法目的是"为加强城市房屋拆迁管理,保障城市建设顺利进行,保护拆迁当事人的合法权益,制定本条例"。第2条又明确适用范围:"凡在城市规划区内国有土地上,因城市建设需要拆迁房屋及其附属物的,适用本条例。"2001年《拆迁条例》与1991年《拆迁条例》相比,仅将"保障城市建设的顺利进行"改为"保障建设项目顺利进行"。其次,从征用（征收）集体土地拆迁房屋的地方专门立法看,房屋拆迁目的亦系为"保障城市（城乡）建设项目顺利进行"。①

从上述地方房屋拆迁立法以及国务院两部《拆迁条例》相关内容看,拆迁目的是为了"保障城市（城乡）建设（项目）顺利进行"和"城市（城乡）建设（改造）需要"。上述条文中所称的"城市（城乡）建设需要"是广义的,它不仅包括地方政府直接投资的基础设施建设,还包括其他种类生产或生活设施建设。这类建设的筹建者,既可以是单位也可以是个人,而所有上述各类建设,都被包容到"城市（城乡）建设"的总概念中。②可见,地方房屋拆迁立法及两部《拆迁条例》均视"城市（城乡）建设"从总体上符合国家或社会发展方向,并未区分建设项目主体姓"公"还是姓"私",也未区分建设项目

---

① 1998年《杭州市征用集体所有土地房屋拆迁管理条例》第1条、2003年《北京市集体土地房屋拆迁管理办法》第1条等。

② 建设部房地产业司、体改法规司编:《城市房屋拆迁管理条例释义》,中国法制出版社1991年版,第15页。

性质是否为"公共利益"与"商业利益",均可动用国家强制力剥夺单位、个人房屋所有权。

（三）现行房屋征收立法中的公益界定

2007年8月修正《城市房地产管理法》对土地房屋公益征收作了原则规定,授权国务院制定具体办法。国务院随后于2007年12月首次对2011年《征收条例》提交审议未获通过,搁浅了近两年后于2009年重启修订程序,并于2010年两次向社会公开征求意见后于2011年年初正式公布实施。

在2011年《征收条例》起草过程中,对公共利益界定的立法模式存在很大争议。有主张公共利益界定采概括法,通过正面描述的方式定义,也有主张采排除法进行界定,即将商业利益加以排除。但也有主张公共利益难以精确定义,不具体列举,操作性会大打折扣。而且公共利益和商业利益本不是一对对立的概念,在属性上和实践上存在交叉,很难完全分离。考虑到公共利益概念在不同的国家、同一国家的不同历史时期,内涵与外延是不断发展变化的,它的稳定是相对的、发展变化是绝对的,既是具体的、又是历史的。[①]

综合上述因素,2011年《征收条例》第8条对公共利益的界定采取了"概括加列举"的方式。一是先作概括规定"为了保障国家安全、促进国民经济和社会发展等公共利益的需要";二是明确列举了六种情形,包括国防和外交,政府组织实施的能源、交通、水利等基础设施建设,科技、教育、文化、卫生、体育、环境和资源保护、防灾减灾、文物保护、社会福利、市政公用等公共事业,保障性安居工程建设、旧城区改建的需要,以及法律、行政法规规定的其他公共利益的需要。

此外,2011年《征收条例》不仅从实体上以概括加列举的方式对公共利益要件作了实体性的规制,而且还对征收公共利益的界定程序作了较为详细的规定,关于公共界定程序,在第二章第三节中已作了梳理,此处不再

赘述。

二、房屋征收新政公益界定模式评析

（一）征收公益要件的界定模式

从世界各国对土地房屋征收公益界定的立法模式看，概有三种：第一类为概括式立法模式。即对到底哪些属于公共利益不加以明确界定，主要是通过其他法律对私人财产加以保护，主要包括美国、法国、澳大利亚、加拿大、德国、菲律宾、越南等国。采用概括式立法国家有下列两个特点：一是保护私人财产的法律健全；二是司法机关对政府征收权形成有效制约和监督。通过判例使"公共利益"这一模糊的不确定法律概念在个案中得以明确。

第二类为列举式立法。即在土地征收法中对公共利益范围予以列举，但这些国家或地区考虑到列举难以穷尽公益事项，因此，通过兜底条款弥补列举立法存在的周延性问题与滞后性问题，给未来行政与司法留下解释的空间，但也有些国家或地区则在立法中作穷尽式的列举。采用该立法模式的主要为成文法国家或地区，主要包括日本、韩国、印度、波兰等和我国台湾地区和香港特区。包括两种情况：一是列举后加但书或兜底条款，以我国台湾地区为代表。二是在相关法律中穷尽列举"公益事业"范围，以日本为代表，在土地征用法中对得征用或使用土地的事业作了穷尽的列举规定。①

第三类对公共利益不作明确的界定。主要为经济转轨国家，立法中对公共利益没有明确界定，这可能使国家征收范围放得过宽而达到别的目的。如俄罗斯、乌兹别克斯坦等苏联地区的国家。如俄罗斯规定，为"国家

① 《日本土地征用法》（昭和二十六年即 1941 年 6 月 9 日法律第二十一号公布；昭和六十一年即 1986 年 12 月由日法律第九十三号最后修改）第 3 条规定：得征用或使用土地的成为公共的利益的事业，必须为符合下列各号之一者的事业：一、依道路法的道路，依道路运送法的一般汽车道或供一般汽车运送事业之用的专用汽车道或者依停车场法的路外停车场；二、适用或准用河川法的河川及其他与公共利益有关的河川或者对于这些河川以治水或利水为目的设置的堤防、护岸、水库、水路、贮水池及其他设施；三、依防沙法的防沙设备或者准用同法的防沙用设施……三十五、为关于前各号之一所列的事业所不可缺少的通路、桥、铁道、轨道、索道、电线路、水路、池井、土石的教放场、材料的放置场、职务上需要常驻的职员的执勤办公室或者宿舍及其他设施（《日本土地征用法》的译本，由"北大法意"免费提供，在此深表谢意）。

或市政的需要"得允许征收,但关于征收范围在民法、土地法等立法中并未确定。[①]

（二）2011年《征收条例》房屋征收公益界定模式的现实意义

如前述,2011年《征收条例》的亮点之一为"在我国立法史上首次界定了公共利益",[②]以"概括加列举"的方式明确公共利益的内涵与外延。因此,对政府征收权的制约和监督,以及对单位、个人财产权的保障有很强的实践意义。

首先,从公共利益界定实体规制上,采取"概括加列举"的方式符合我国的现实。一方面,通过概括式界定,使得这一不确定的法律概念从具体内容与受益对象的确定性方面得以增强。另一方面,通过列举式界定"公共利益",正如学者言,这是改变"公共利益"虚置的唯一可行方式。[③]在城市房屋拆迁活动中,作为宪法与法律"公共利益"这一大词的判断主体,地方政府为了尽快改变城市面貌,短期内增加地方财政"钱袋子",上项目保持高速增长数据,对"公共利益"采取了虚置和无限扩张的态度,其不仅存在于某一省份、某一地区,而是全国各地政府的通用"法宝"与重要"抓手",而且一抓就灵。

在前述境外征收公益概念的历史变迁中,经历了一个从窄到宽的过程,如美国法上对"什么是公共使用",从"公共所有"(Public Ownership)、"公共使用"(Public Use)到"私人所有、私人所用"但服务于"公共目的(Public Purpose)";德国法上从"古典的征收概念"到"扩大的征收概念";法国法上关于公用征收概念的扩张同样经历了类似的历程。而我国从原房屋拆迁单独立法到房屋征收条例的出台,在房屋拆迁征收目的或范围上经历了一个从宽到窄的限缩过程,这是一个理性的回归。但现行房屋征收立法就何为公共利益,如何界定、评判公共利益,仍然给行政与司法留下了

141

---

① 国务院法制办公室农林城建资源环保法制司、住房城乡建设部法规司、房地产市场监管司编:《国有土地上房屋征收与补偿条例释义》,中国法制出版社2011年版,第35—37页。

② 国务院法制办公室农林城建资源环保法制司、住房城乡建设部法规司、房地产市场监管司编:《国有土地上房屋征收与补偿条例释义》,中国法制出版社2011年版,第35页。

③ 参见唐忠民:《新征收与拆迁补偿条例应细化"公共利益"》,载《法学》2010年第3期。谢寄博、周健:《国有土地上房屋拆迁与补偿中的公共利益界定》,载《前沿》2013年第11期。

一个巨大的裁量与解释的空间。

其次,从公共利益界定程序规制上,征收条例对房屋公益征收程序作出明确的规定,对我国具有尤为重要的意义。长期以来,"重实体、轻程序"观念难以根除,从房屋拆迁实务中,无论是拆迁人与被拆迁人,政府拆迁管理部门与法院审判部门,均更多关注房屋拆迁中的实体问题,对走程序往往认为是走过场,或异化为一种手段,未能真正体现程序的独立价值。在西方,"公共利益"则被视为一个程序性的观念,集中表现在美国国父们的公共利益观。联邦党人立论的观念基础是:公共利益不在个人利益之上,政府官员也不是有德性的行政人。"如果人都是天使,就不需要任何政府了。如果是天使统治人,就不需要对政府有任何外来的或内在的控制了。"①因此,2011 年《征收条例》对征收公益界定明确规定了具体的、可操作性的程序机制。虽然程序性规制并不能绝对保障公益界定结果的完全正当,但却是唯一能令人信服的"看得见的公正"。②

简言之,面对原有房屋拆迁立法对"公益"概念界定缺失与不足所导致的强烈批评,国务院历经多年酝酿并最终发布 2011 年《征收条例》,首次从中央立法层面尝试对房屋征收"公益"范围作出概括加列举式的立法界定,并考虑到土地房屋征收"公益"概念自身所具有"不确定"的特性,从实体规制与程序规制两个方面对公益要件作了清晰化的努力。对此,学界、网络媒体对 2011 年《征收条例》明确今后房屋征收限定公共利益排除商业利益,予以高度的评价与期望,笔者也认为,该立法的历史意义将随时间的推移而不断显现。

(三)房屋征收新政公益要件界定中面临的问题

1. 立法层面存在的不足

从中央立法层面,2011 年《征收条例》以"概括加列举"的立法模式对"何为公共利益"作了规制,同时,还对征收公益界定程序作了较为详细的规定。但在公益范围、实体性与程序性判定标准、争议救济途径等仍存在

---

① 原文为"if men were angels, there would be no need for government"。参见[美]汉密尔顿、杰伊、麦迪逊:《联邦党人文集》,程逢如等译,商务印书馆 2004 年版,第 64 页。

② 房绍坤:《论征收中"公共利益"界定的程序机制》,载《法学家》2010 年第 6 期。

缺漏,主要有下列三个方面的问题:

首先,公益范围界定仍有待于配套立法作进一步的细化。2011年《征收条例》第8条对"公共利益"范围的界定,系考虑到全国各地政治、经济、社会发展的共性与基本面,尚难以兼顾各地的差异性。因此,亟须地方人大、政府根据各地的实际情况,引入公益认定的听证会制度,研究出台相应的实施细则。①从各省市已出台的实施细则来看,由于受地方经济发展、政治绩效、财政收入等因素的影响,对征收公益范围的实体规制基本照抄2011年《征收条例》的规定,不愿意通过细化来束缚自己的手脚。

其次,征收公益认定程序与救济程序仍然存在虚置的风险。2011年《征收条例》规定在规划、年度计划的编订过程中"应当广泛征求公众意见";②对旧城区改建如多数被征收人认为补偿方案不符合条件,"应当组织由被征收人和公众代表参加的听证会,并根据听证会的情况修改方案"。③从上述立法看,在政府作出征收决定前,未就征收公益认定单独设立一个行政或司法的前置确认程序,同时也未赋予利害关系人相应的救济权利。虽然2011年《征收条例》对征收决定明确了行政与司法救济途径,但考虑到征收决定涉及面广、影响面大,上级行政机关与司法机关通常不会轻易去"翻烧饼",从而在事实上增加了救济程序虚置的风险。因此,在房屋征收中商业利益和公共利益并存,应通过完善"公共利益"论证程序,有效防止行政机关滥用公共权力,以公共利益为借口侵害被征收人的合法权益。④

此外,2011年《征收条例》仅适用于国有土地上房屋公益征收,《土地管理法》修订工作尚在进行,因此,还需从中央立法层面对集体土地上房屋公益征收加以规制。

2. 行政执法层面存在的问题

政府行使公益征收权存在的核心问题,在于对公益范围界定仍存在扩

---

① 李增刚:《前提、标准和程序:中国土地征收补偿制度完善的方向》,载《学术月刊》2015年第1期。
② 2011年《征收条例》第9条。
③ 2011年《征收条例》第11条。
④ 胡洪:《房屋征收中的公共利益困境——基于公共选择理论的分析框架》,载《江海学刊》2014年第5期。

张解释的本能冲动。特别是 1994 年实行分税制改革后,财权向中央集中的程度提高(企业增值税 75％、所得税 60％归中央),地方政府转向财政体制边缘的土地(土地出让金留地方),房屋拆迁是地方政府提高财政收入与政绩的重要法宝,有的地方甚至成为主要的途径。①如上述,由于 2011 年《征收条例》第 8 条就"何为公共利益"的规定仍较为原则,从而给地方政府留下了一个充裕的裁量与解释空间。但从各省市已出台的实施细则中,对征收公益范围实体规制中基本照抄 2011 年《征收条例》的规定,尚未发现主动予以细化或限缩解释的立法例。这应在预料之中,有学者指出,在对房屋拆迁征收公益界定的立法讨论中,是谁不主张立法界定"公共利益"?一是相当多的地方政府,二是开发商群体。是谁主张立法界定"公共利益"? 自然是广大的普通民众。②根据有关资料,早在 2001 年《拆迁条例》出台前就有人提出对"公共利益"具体化,因地方政府坚决反对而未采用。在 2011 年《征收条例》修订过程中,就如何界定"公共利益"问题,倾向于采取对公共利益进行列举并进行范围较窄的界定,但遭到了政府的强烈反对,有主张采用概括式,如需列举则希望宽一点。③开发商任志强甚至认为"所有拆迁都是公共利益:土地收益是公共利益,实现城市规划是公共利益,商业服务是公共利益,解决就业是公共利益,提供税收是公共利益,危房改造是公共利益……因此,没有非公共利益的拆迁行为"。④

在《拆迁条例》实施期间,许多地方政府基于局部或短期利益的考虑,将城市发展中的危旧房改造及范围更大的旧城区改造项目,以半商业半公益的模式与开发商联手开发。或者先征为临时绿地、或土地储备转为熟地后再通过土地市场出售,这引发动迁居民的强烈不满并引发缠诉缠访。在 2011 年《征收条例》修订期间,许多人对危旧房改造、城市旧城区改建是否纳入公益范围提出质疑,有人认为,危房改造由于涉及不特定或特定人的

---

① 吴小萍:《城市房屋拆迁中的准公益项目初探——对公共利益的另一种类型化解读》,载《学术交流》2010 年第 3 期。
② 唐忠民:《新征收与拆迁补偿条例应细化"公共利益"》,载《法学》2010 年第 3 期。
③ 郭少峰:《国务院法制办:拆迁条例新法遇三大难题》,载《新京报》2009 年 12 月 28 日。
④ 冯海宁:《搬迁取代拆迁,一字之变绝非文字游戏》,载《法制日报》2010 年 1 月 22 日。

生命财产安全,可定义为符合公共利益;但对旧房改造,并无急迫的危险,改造与否应由房屋权利人自行决定,政府不能以公益征收为名强制征收。①2011年《征收条例》第8条第5项明确将"旧城区改建"纳入公益征收范围,授予地方政府以充裕的判断余地与裁量空间,从而在该领域给政府增加了作扩大解释的可能。

3. 司法审查面临的现实困境

关于征收公益目的司法审查问题,概有下列三个方面:一是征收公益专门立法及部门立法违宪违法审查问题,目前有依《立法法》寻求救济的途径,但在实践中却鲜见之。②一方面是立法不备,跟不上社会转型时期的需要,在宪法与上位法严重滞后的情况下,地方立法有时不得不突破上位法的规定,对此还引发学者"良性违宪"的激烈争论;③另一方面是缺乏审查制度所需之法治意识与环境,该立法较多是移植,缺乏本国历史传统的根基,难以生根发芽。二是对规范性文件在个案审查中的附带审查问题,虽经学者的强烈呼吁,但即便纳入行政诉讼审查范围仍然面临上述困难。④如前几年轰动宪法与行政法学界的河南种子案即李慧娟事件,就是最好的注脚;⑤在行政审判中对红头文件审查面临的实际问题亦无不同。三是房屋拆迁征收决定公益目的之实质审查问题。从二十余年拆迁许可案件的审查上,法院所持的见解是保守的,一方面不仅如前述德国行政法院迄魏玛时代为止之传统观念,对拆迁许可案件作形式之审查,对实质要件则赞同行政机关之看法;另一方面,在构成要件中存有重大瑕疵之情形,法院亦从此类案件之可能社会影响出发,更多地倾向于迁就行政机关作出的既有

---

① 参见赵红梅:《拆迁变法的个体利益、集体利益与公共利益解读》,载《法学》2011年第8期。

② 参见童之伟主编:《宪法学》,清华大学出版社2008年版,第425—435页。

③ 参见童之伟教授与郝铁川教授1996—1997年关于"良性违宪"争论的系列文章,按时间顺序如下:①郝铁川:《论良性违宪》,载《法学研究》1996年第4期;②童之伟:《"良性违宪"不宜肯定——对郝铁川同志有关主张的不同看法》,载《法学研究》1996年第6期;③郝铁川:《社会变革与成文法的局限性——再谈良性违宪兼答童之伟同志》,载《法学研究》1996年第6期;④童之伟:《宪法实施灵活性的底线——再与郝铁川先生商榷》,载《法学》1997年第5期;⑤郝铁川:《温柔的抵抗——关于"良性违宪"的几点说明》,载《法学》1997年第5期。

④ 参见莫纪宏主编:《违宪审查的理论与实践》,法律出版社2006年版,第415—416页。

⑤ 参见韩大元主编:《中国宪法事例研究》(一),法律出版社2005年版,第284—308页。

拆迁许可,但在案件审理中会通过案外协调的方式,要求政府部门及拆迁单位在拆迁补偿上对被拆迁居民予以让步。在 2011 年《征收条例》实施后,法院对征收决定的审查亦难以突破上述观念。

究其原因:首先,从目前我国法院与政府的关系,以及在我国现行的权力配置格局下,某些情况下地方法院无力对抗地方政府是存在的事实。因此,2011 年《征收条例》虽然规定对征收决定不服可以向法院提起行政诉讼寻求救济,但即使实行行政案件异地审判和上诉制度,也对抗不了某些地方政府的决定。有学者甚至提出,将土地房屋征收必要性的评断权赋予人民代表大会及其常务委员会,①这反映了司法审查当前所面临的窘境。其次,从法院的自身审查能力看,由于"公共利益"系典型的不确定法律概念,涉及政策性、专业技术性判断,因此,也存在能力是否胜任的问题。正如学者指出:除宪法法院可以审查立法者的决定"征收公益"有无违宪外,其他的法院(行政法院)有其"审查能力的极限",常无法矫正由"专业机构"(行政机构)所拟决定之征收计划,导致在个案审判时,法院无法履行宪法所赋予其审查该征收计划有无合乎"比例原则"——尽可能缩小对人民财产权侵犯之范围,因此,惟尽可能在程序要件上寻求补救。②

三、房屋征收新政立法、行政与司法的使命

关于房屋拆迁征收公益界定在中国面临的上述难题与困境,学者指出,公共利益的界定可以看作是一个宪法的分权与制衡问题,应由立法、行政、司法机关一起分享。③具体而言,由立法机关确定公共利益条款的法定内容,行政机关在实践中具体执行认定权力,司法机关对公共利益的认定争议进行个案判断。④本书从基层执法者与司法者的视角,提出下述思考:

---

① 参见方乐坤:《我国土地征收中的公共利益评断模式分析——兼及代议均衡型公益评断模式的成立》,载《河南社会科学》2009 年第 5 期。

② 参见陈新民:《德国公法学基础理论》(下册),山东人民出版社 2001 年版,第 481 页。

③ 周影:《论公共利益之界定》,载《前沿》2012 年第 22 期。

④ 高飞:《集体土地征收中公共利益条款的法理反思与制度回应》,载《甘肃政法学院学报》2018 年第 1 期。

（一）立法者的使命：公益概念"确定化"的不断精进

征收公益概念的立法界定，主张实体解释路径者认为，公共利益是客观存在的，通过合理的方法——如从主体、内容、范围等具体要素——能够对公共利益的概念加以界定，但反对者指出，由于"公共利益"诸要素具有高度不确定性，意欲从实体上加以严格的界定几乎是不可能做到的，更为务实和可取的做法是从程序角度来对公共利益加以界定。①从中央立法层面，需考虑到中国社会文化背景、政治经济发展的特定阶段、政府与法院的现实地位，宜从中央立法层面对该征收公益概念的实体内容与程序规定予以全国性统制，②近期努力方向应就国有土地与集体土地房屋公益征收统一立法，或者将房屋征收纳入土地征收，制定统一的土地房屋不动产征收法。此外，征收公益概念本身随不同时代、不同国家与地区具有不同的内容，立法者更应从程序性规制作为控制政府征收权、保障私人财产权的重要途径，但前提应是对现实中国执法、司法面临的问题与困境要有一个全面深刻的认知。从地方立法层面，虽然"公益"概念具有不确定性的特性，但要真正担负起人民所赋予的立法权，对中央立法公益要件确定的实体内容与程序规定予以细化，努力减少"公益"概念的模糊性与不确定性，以增强立法的可操作性，便于行政与司法的适用为宗旨，通过对公益范围的进一步细化列举、对公益征收程序的合理规制，实现对政府征收大权的有效约束，保障私人土地房屋不动产权利。

诚如陈新民教授的肺腑之言："立法必须负担起最大的责任来保障人民的财产权利，自由与财产系人类存在的两大基本权利。财产基本权必须获得宪法体系的保障，就必须妥慎运用公益征收的制度，正确界定征收之概念，并且，绝无犹豫及例外地，应予被征收者公正之补偿，方是生民之国，

147

---

① 张恩典：《公共利益的界定难题与法律重塑》，载《天府新论》2016 年第 1 期。

② 关于征收目的与程序的立法技术，陈新民教授指出：立法者应尽可能在认为有需要时，在规范不同事项的法律中，个别规定征收之目的要求。但是，对于征收一般程序事项，例如补偿之程序、征收计划之决定等事项，不妨以订立征收专门法律之方式，作统一之规定。在这种征收专法中，似可不必如日本法例，列征收之目的，亦不必如德国目前大多数邦之征收法，只重复规定概括公益条款，作为征收之目的。而是，纯为程序及技术性法规，不作征收公益类型之决定［参见陈新民：《德国公法学基础理论》（下册），山东人民出版社 2001 年版，第 479 页］。

护民之邦的理想境界之达成。"①

（二）执法者的使命："公益"判断余地的自我克制

房屋征收中的"公益"界定，作为一个典型的不确定法律概念，在 2011 年《征收条例》首次从中央立法层面对房屋拆迁征收公益要件予以明确前，回溯至中国改革开放四十年，再回溯至新中国成立七十年，立法机关仅给出一个抽象的概念，在宪法层面予以宣示，在中央立法与地方立法层面未曾予以明确的界定，从而导致地方政府事实上成为房屋拆迁征收公益要件的最后发言者，法院在原有的司法审查中基本无所作为。

2011 年《征收条例》虽然对征收公益要件作了明确的界定，但如上述，无论从实体规制还是程序规制上，仍均给政府执法留下充裕的判断余地与裁量空间。笔者认为，在近阶段，地方各级政府首先应痛下决心改变原有的传统观念，突破狭隘的政绩观、政府尤其是主要官员要改变大政府的观念，自觉接受司法的监督，并真正树立民本意识，致力于建立房屋征收大权的内部约束机制，对公益界定存在扩张解释的本能冲动形成有效的制约。政府征收私人土地房屋，必须要达到使用目的上的公共利益极高程度之"必要性"，甚至应该是在穷尽其他办法而不能的"最后手段"。②公共利益的需要是启动房屋强制征收的唯一合法理由。为增强房屋征收决定的合法性和正当性，应通过事前调查、广泛听取利害关系人意见、向相关部门及专家咨询等方式对公共利益的认定进行程序规制。③

（三）司法者的使命："公益"审查从无所作为到有所作为

基于现实的考量，在我国传统的司法审查中，关于房屋拆迁征收公益目的的审查上，法院究竟应对政府机关给予多大程度的尊重？ 如前述美国司法中视立法机关为"公益机器"，在我国传统的司法审查中，则倾向于视政府机关为"公益机器"。法院的多数意见认为，在现实条件下，政府比法

---

① 陈新民：《德国公法学基础理论》（下册），山东人民出版社 2001 年版，第 454 页。

② 王克稳、欧阳君君：《台湾地区土地征收中公共利益的范围界定及其争论》，载《福建论坛·人文社会科学版》2013 年第 12 期。

③ 于鹏、孔腾：《公共利益认定程序之比较研究——以国有土地上房屋征收为例》，载《国家行政学院学报》2014 年第 2 期。

院更有资格决定什么是公共利益,法院应该尊重政府机关的决定。

　　诚然,法院对自身现实地位与审查能力的上述认知,虽然从基层司法者的视角,有其无奈的一面,平心而论,让法院对辖区政府所作的影响面广的公益征收决定依法行使审查权,虽不能说完全脱离实际,但确勉为其难。然而,这不应成为基层司法就此消极被动、无所作为的借口。对面临的上述困难更需每一位基层司法者有所作为,担当起宪法法律赋予的神圣使命,以公平正义的司法价值观对政府确认的"公益目的"予以审查评判,并不断提高审查的广度与深度,渐进从有限审查走向全面审查。当政府机关所作征收决定明显不符合立法确立的公益征收目的,仅为当任政绩所需、纯粹财政考量、特定集团之私而滥用征收大权,法院应义不容辞地行使审查之责,切实保障私人财产权,实现公权与私权、公益与私益的有效平衡。最后,引陈新民教授的一段话,作为房屋征收公益界定之注脚:"征收乃重大公益的急需,为了'大我',理应牺牲'小我',理智的人民当会忍受这种合理的牺牲。但是,征收的目的,必须严格限定,否则,人民辛苦而累积的财产,即可被滥权侵犯。这一点,关于人民对自己财产权的丧失,让·布丹(Jean Bodin,1530—1596)的一句话,虽不能不谓夸张,但足令人省思,这句话是:'人民对自己的杀父之仇,容或可忘;但是,对剥夺财产之怨愤,终生不忘!'可资一志。"①

149

---

① 　陈新民:《德国公法学基础理论》(增订新版上卷),法律出版社 2010 年版,第 520 页。

第 四 章

房屋征收新政补偿原则、范围与程序之争

本章将继续以前述制度梳理为基础,采用历史分析与制度分析方法,结合上海房屋拆迁征收实务,就房屋公益征收补偿原则、范围及程序中存在的主要争议问题展开讨论,并提出本书的观点。

■ 第一节　征收补偿概念及理论基础

一、征收补偿概念

（一）国家责任:行政补偿与行政赔偿

"行政权的行使,有时会造成人民财产上之损失,依宪法保障人民财产基本权利之旨意,必须由国家负起填补损失的责任,是为'国家责任'(sta-atshaftung)。"①国家责任的显著特征系以国库为后盾承担给予人民一定财产的责任,通常分为两种情形:第一种情形,当行政机关违法侵犯人民财产权时,乃涉及国家赔偿问题,属于行政赔偿;第二种情形,当行政机关行使行政权时并未违法,但人民仍遭到损失,属于行政补偿。有学者指出:"损失补偿,系指对因国家或公共团体合法的公权力的行使所致损失进行填补的制度……国家赔偿,则系指国家或者公共团体对行政上的违法行为所造成损害进行的赔偿。两者的区别在于,前者是对基于合法行为的损失

---

① 陈新民:《中国行政法学原理》,中国政法大学出版社 2002 年版,第 243 页。

予以填补，而后者则是对基于违法行为的损害予以填补。"①"对私人方面因国家活动产生损失的情况下，通过补救该损失谋求救济的制度，在各国都是适应该国的历史性情况而逐步发展起来的。大体上说，对于国家违法活动所产生的损害给予赔偿，属于国家赔偿的制度；而对于以土地收用为核心的国家合法剥夺私人财产权所造成的损失给予补偿，则属于损失补偿的制度。"②

可见，行政赔偿（损害赔偿）与行政补偿（损失补偿）系同属于国家责任的两个相对的行政法上的制度或概念，行政赔偿是对国家违法的行为所致损害的赔偿；而行政补偿则因系对国家合法行使公权力行为所致损失的补偿，此种对行政机关合法行政行为所造成的损害给予金钱的补偿制度，主要以土地房屋公益征收补偿制度为核心。从大陆法系国家的立法制度上，有的国家把行政补偿作为一种特殊的行政赔偿；但多数国家则分别立法予以规范。我国属于后者，对行政补偿通过土地征用征收、房屋拆迁征收等立法予以规范，对行政赔偿通过国家赔偿法予以规范。

行政补偿与行政赔偿主要有下述区别：一是产生的前提不同。前者系基于合法行政行为，不以主观过错为要件；后者系基于违法行政行为，多数情形下以主观过错为构成要件。二是适用原则不同。前者不适用等价原则，补偿额以法律明文规定为据；后者适用等价原则，赔偿数额通常等于实际损失。三是程序不同，前者以先行补偿为原则，由行政机关或法院裁决；后者为事后赔偿，通过行政或司法救济。③四是责任性质不同，前者系行政机关的合法行为，国家承担补偿责任后不产生向行为人追责的问题；后者系基于行政机关的违法行为，在行为人主观上有故意或重大过失的情形下，赔偿义务机关承担赔偿责任后可依法向行为人追责。④

（二）行政征收与行政补偿

陈新民教授指出"行政补偿的概念起源于公益征收。所谓'公益征收'

---

① ［日］南博方：《行政法》（第六版），杨建顺译，中国人民大学出版社 2009 年版，第 132 页。

② ［日］盐野宏：《行政法》，杨建顺译，法律出版社 1999 年版，第 443 页。

③ 参见胡建淼：《行政法学》，法律出版社 2003 年版，第 502—503 页。

④ 王太高：《行政补偿制度研究》，北京大学出版社 2004 年版，第 51—53 页。

是公用征收的另一个较周详的用语,也起源于人民土地及其他所有权的强制征收发展起来的制度"。①关于行政征收与行政补偿两者的关系,学者作如下概括:"行政征收表现在行政机关侵犯当事人财产权的行为方式之上,也就是采取'征收'(Enteignung、Eniment domain 或 Expropriation)财产权的方式,来作观察;而征收又必须给予一定的补偿,又可称为行政补偿,所以行政征收与行政补偿乃一体两面,一为因,一为果,只是观察的角度不同罢了。"②

我国行政法学者沈开举教授亦指出:征收或征用补偿是以征收或征用为前提的,有征收或征用就有补偿,二者密不可分。③

二、征收补偿的理论基础

关于行政补偿的理论基础问题,即国家为公共利益需要而强制征收私人财产,对该合法征收行为导致私人财产损失为什么需予以补偿? 从法理学基础上,各国学者作了大量的探索,并在不同时期形成了许多有代表性的观点与学说,如特别牺牲说、公共负担平等说、结果责任说、危险责任说、不当得利说、人权保障论、保障既得权利说、社会协作论、社会保险理论、平均损失说、社会职务说、恩惠说、国家责任说、国库理论等。④此外,还有西方学者从法经济学视角作了探讨。下面,就择几个具有代表性的学说予以介绍:

(一)征收补偿的法理学基础

1. 特别牺牲说

该学说起源于德国,18 世纪德国已确定国家补偿责任制度,国家因公共利益使某一个人承担特殊的义务,则需承担补偿责任;公民对因国家公益需要而作出的特别牺牲,有权获得国家补偿。19 世纪末期,德国行政法

---

① 陈新民:《中国行政法学原理》,中国政法大学出版社 2002 年版,第 267 页。

② 陈新民:《中国行政法学原理》,中国政法大学出版社 2002 年版,第 268 页。

③ 沈开举:《征收、征用与补偿》,法律出版社 2006 年版,第 6 页。

④ 关于行政补偿理论基础的梳理与评说,可参见姜明安主编:《行政法与行政诉讼法》,法律出版社 2006 年版,第 576—579 页;沈开举:《征收、征用与补偿》,法律出版社 2006 年版,第 67—77 页;王太高:《行政补偿制度研究》,北京大学出版社 2004 年版,第 65—73 页。

之父奥特·玛雅提出特别牺牲理论。他主张，公民财产权的行使需受到一定内在的、社会的限制，当国家对公民财产的征用（征收）或限制超出这一内在限制时，才产生补偿问题。[1]国家对所有权（财产权）的内在社会限制是全体公民均需平等承受的一定负担时，不需补偿。否则，当该负担只落到某一个公民头上，它就成了一种特别的牺牲，需进行补偿。就因公共事业而需要土地而言，原本应由享受利益的社会全体来负担其实施，但由全体公民来提供土地是不可能的，在土地所有者拒绝向政府出售土地或漫天要价时，公共事业不能就此停止，于是只能动用强制征收权，强制公共事业预定用地的土地所有人作出特别牺牲。该牺牲与国家给予人民一般的负担不同，土地所有者的损失超出了行使所有权的内在社会限制，系使无义务的特定人所作的特别牺牲，应当由全体人民共同分担给其以补偿，才符合法的公平正义的精神。[2]

　　该理论为德国联邦法院所接受并加以发展后提出所谓"特别牺牲理论"：国家对人民财产权之干预，不论其形态是否为财产之剥夺，抑或财产权利用之限制，财产权人之牺牲程度如与他人所受限制相比较，显失公平且无期待可能性者，即构成公用（公益）征收，国家应予以补偿；如未达特别牺牲之程度，则属于单纯的财产权之社会义务，国家无补偿之义务。[3]

　　2. 公共负担平等说（公平负担说）

　　该说是法国的主流学说，源于法国大革命前的公法理论。早在18世纪，学者普罗文斯（Provence）即提出，如居民为整个社团而蒙受了损失或为之提供物资，除非其承担的系施加于每个居民的普通负担外，他理应受到相应的补偿。[4]该学说认为，国家在任何情形下，均应该以平等为基础为公民设定义务，政府的活动只要为了社会的公共利益，则成本理应由社会的全体成员平均负担。[5]德国学者 Waline 则认为，公法领域中，因公共利益

---

① 韩小平：《行政补偿制度的几个问题》，载《东吴法学》2001 年号第 271 页。

② 参见［日］南博方：《行政法》（第六版）、杨建顺译，中国人民大学出版社 2009 年版，第 132—133 页。

③ 李建良：《损失补偿》，载翁岳生编《行政法》（下），中国法制出版社 2002 年版，第 1675—1676 页。又可参见［德］哈特穆特·毛雷尔：《行政法学总论》，高家伟译，法律出版社 2000 年版，第 667 页。

④ 丁晓丽：《城市房屋拆迁补偿制度文献综述》，载《宁夏党校学报》2011 年第 2 期。

⑤ 姜明安主编：《行政法与行政诉讼法》，法律出版社 2006 年版，第 579 页。

153

而引起的损害多半出于无过失,因公益目的而使特定的个人负担损害,从本质上说,与租税的性质相同,但租税征收原则是由人民按公平正义原则缴纳。因此,偶尔使人民遭受牺牲,应视为系对公共负担平等原则的破坏,对其损害的弥补,系对平等原则的重建。Laubadere 进而指出,国家公务系为全体社会成员的利益,故亦应由全体社会成员共同承担该公务活动所致的特殊损害,才符合公共负担面前人人平等的理念。[1]

有学者认为,特别牺牲说与公共负担平等说是相通的,前者是因,后者是果。正因为个别人为社会公益作出了特别牺牲,所以受益的社会全体成员应公平负担这种损失,通过国库给予特别受害人补偿,使社会公众之间负担平等的机制得以恢复。[2]也有学者指出,两者着眼点有区别,前者着眼于被补偿主体,后者着眼于补偿义务主体。[3]

3. 保障既得权利说

该说认为,人民的既得权既然是合法取得,就应当得到绝对的保障。对公民生存权、财产权的保障,是现代宪法的基本原则,亦系民主国家的重要任务。因公益或公务需要而使人民蒙受损害,理应予以补偿。[4]否则,将难以体现公正,以及维护、保障人民的既得权利。[5]

4. 恩惠说

此说强调国家统治权与团体利益的优越性,主张绝对的国家权利,以及法律万能和公益至上。[6]认为个人没有与国家对抗的理由,否认国家对私人有提供损害补偿的必要,国家侵害个人权利给予补偿,完全是出于国家的恩惠。

5. 结果责任说

该说在日本较为流行。日本国家赔偿主要以过错违法为构成要件。过错违法损害适用赔偿,合法损害适用补偿,无过错的违法损害既不能

---

① 曹竞辉:《国家赔偿立法与案例研究》,台湾三民书局 1988 年版,第 19 页。
② 马怀德:《国家赔偿法的理论与实践》,中国法制出版社 1994 年版,第 42 页。
③ 沈开举主编:《征收补偿法研究》,法律出版社 2004 年版,第 76 页。
④ 张家洋:《行政法》,三民书局 1995 年版,第 819 页。
⑤⑥ 涂怀莹:《行政法原理》,五南图书出版公司 1987 年版,第 761 页。

根据损失补偿制度得到救济，又不能根据损害赔偿制度得到救济。为弥补上述不足，日本学者引进结果责任说，[①]即无论行为人有无故意过失，只要行政行为导致人民的损害为一般社会所不允许，国家就需承担补偿之责任。[②]

上述诸说中，特别牺牲说目前为德、日的通说。本书采通说，主张我国亦应将"特别牺牲说"作为行政补偿的理论基础。

（二）征收补偿的法经济学基础

为什么要补偿？从对政府征地权力的控制上，公正补偿是另一个根本制约。波斯纳（Posner）法官从法经济学的视角对补偿的必要性作了深入的分析："如果没有补偿，政府就有动力用土地来替代其他对社会而言更便宜、但对政府而言更贵的要素。"[③]换言之，由于不需要向土地所有者支付补偿（或者相对市场价而言仅需支付廉价的补偿），土地对政府而言就不需要花费太大的成本，显得非常便宜，政府就有动力行使征收权过量剥夺土地，从而导致资源配置严重失衡。另外的顾虑是，投资者因恐惧政府会随时剥夺他们的生产成果，从而影响他们投资置业的积极性。所以，从法经济学角度，"公正补偿"条款对资源配置是有效率的，他同时起到两个作用：一是保护私人财产权，二是限制政府权力，防止政府过度扩张。[④]波斯纳法官还指出，为物质商品的个人所有权提供正当性往往是通过公地悲剧或者效率问题来说明……通过公正补偿对财产权的法律保护创造了有效地使用资源的激励。[⑤]

上述经济学的视角，对我国现阶段房屋拆迁征收补偿政策的审视，具有重要的借鉴价值：合理确定房屋拆迁征收补偿标准问题，是有效避免地方政府征收权力滥用，保护单位、个人土地房屋财产权的关键。

---

① 结果责任说系 20 世纪 30 年代以后，日本东京大学田中二郎，将创始自西方的这一学说引进日本，以此奠定日本国家补（赔）偿法的基础（沈开举主编：《征收补偿法研究》，法律出版社 2004 年版，第 71 页）。

② 姜明安主编：《行政法与行政诉讼法》，法律出版社 2006 年版，第 578 页。

③ Posner, Richard A. Economic Analysis of Law. New York：Aspen Law and Business, 5th ed. 1998：64.

④ 刘向民：《美国的征地行为》，载吴敬琏、江平主编：《洪范评论》（第 7 辑），中国法制出版社 2007 年版，第 116 页。

⑤ 闫桂芳、杨晚香：《财产征收研究》，中国法制出版社 2006 年版，第 52 页。

三、征收补偿原则、范围与程序

（一）征收补偿原则

征收补偿原则，是西方国家行政征收补偿制度的重要内容，在宪法与法律层面予以规定。主要包括两方面的内容：一是关于征收补偿额度确立的原则，二是征收补偿时限确立的原则。[①]

1. 补偿额度的原则：完全补偿、适当补偿、公平补偿

从纵向比较看，征收补偿额度原则在不同历史时期存在显著差异，甚至在相同国家的不同政治、经济发展阶段亦存在差异，随着社会、经济发展亦有一个演进的过程。以大陆法系国家德国公益征收补偿制度的演进为例，其经历了一个由"全额（完全）补偿"、"适当补偿"到"公平补偿"的历程。[②]

第一阶段为19世纪"全额（完全）补偿"理念。受"自由法治国家"理论的影响，在财产征收上以"全额补偿"为原则。1794年《普鲁士一般邦法》第9条第2款第11项规定：征收之补偿，不只对被征收物之通常价值，亦应及于该物之特别价值。其后巴法利亚邦1837年《公益征收法》呼应在后，规定征收之补偿除被征收物之通常价值外，亦包括"其他利益"的补偿，从而对补偿范围引发争议。直到1874年《普鲁士土地征收法》将上述"全额补偿"原则予以客观化后，终于尘埃落定，规定被征收物的客观价值损失方可请求补偿。对属于个人主观因素的价值，例如情感价值及个人嗜好等，不可请求补偿。因此，从严格意义上"完全补偿"是不存在的。

第二阶段为魏玛宪法的"适当补偿"之理论。1919年《魏玛宪法》第153条第2项规定"征收必须给予适当之补偿"，而且联邦法律甚至可以免除征收之补偿。在第一次世界大战后百业凋敝、社会动荡的时代背景下，战前代表和平、繁荣的"自由法治国家"理论，已趋向于照顾社会中下阶层人民生活的"社会法治国家"理论。政府为解决战后严重房荒，正式使用适

---

① 参见王太高：《行政补偿制度研究》，北京大学出版社2004年版，第133页。

② 参见陈新民：《德国公法学基础理论》（增订新版下卷），法律出版社2010年版，第1—43页。

当补偿之用语。但从法院态度上看,魏玛时代仍因循以往完全补偿见解,对人民财产的一切损失仍予从宽补偿。

第三阶段为基本法"公平补偿"原则。第二次世界大战后,1949年德国公布的《基本法》第14条第3款规定:……征收之补偿,以公平地衡量公共及参与人利益后,决定之。因此,与魏玛宪法的适当补偿概念及法院实务不同的是,基本法将公共利益及参与人之利益并为斟酌,并应以公平的衡量之,这种既不偏颇当事人之利益,亦不私好"公众"而以私人利益为牺牲的"公平补偿",即为基本法的征收补偿原则。有学者指出,基本法确立的征收补偿原则,实际上以"交易价值"作为补偿标准。立法与实务的重点在于确定交易价值时查明是否存在需要加以扣除的被征收人的财产增值,以及因被征收人过错所可能导致的价值减损。征收补偿的范围包括征收导致的权利损失及其他后果损失。确定具体补偿额度首先需要确定相应的质量时点和价值评估时点,在这个基础上确定具体的评估方式和补偿方式。总体上说,德国的征收补偿标准确保了被征收人获得不多也不少的补偿,从而良好地在公共利益与个人利益之间作了平衡。[1]

从横向比较看,当今世界主要国家对征收补偿额度所采的原则仍存在较大的差异。据学者对23个国家(地区)土地征用征收补偿原则的调查显示,除俄罗斯和印度尼西亚的补偿原则不清楚外,其余21个国家(地区)的补偿原则,按补偿标准从高到低,概有完全补偿、充分补偿、公平补偿、合理补偿、正当补偿、相当补偿、适当补偿、不补偿等用语。学者指出各国采用不同的措辞,一方面表明各国对被征用财产补偿程度存在不同,另一方面也有修辞与翻译上的偏差。从总体上,完全补偿要求最高,包括当前损失,也包括未来损失;充分补偿次之;公平补偿、合理补偿、正当补偿居中;相当补偿、适当补偿为较低的标准;仅有津巴布韦规定不予补偿。详见表4-1:[2]

---

[1] 袁治杰:《德国土地征收补偿法律机制研究》,载《环球法律评论》2016年第3期。

[2] 对世界主要国家地区土地征用(征收)补偿原则的调查与梳理,参见刘丽、王正立:《世界主要国家的土地征用补偿原则》,载《国土资源情报》2004年第1期。

157

表 4-1　世界主要国家和地区的土地征用(征收)补偿原则

补偿原则	数量	国家/地区
不补偿	1	津巴布韦
公平补偿	8	法国、瑞典、波兰、新加坡、印度、菲律宾、巴西
合理补偿	7	美国、加拿大阿尔伯达省、英国、意大利、澳大利亚、马来西亚
正当补偿	2	日本、韩国
适当补偿	1	中国
充分补偿	1	荷兰
相当补偿	1	联邦德国①
总　计	21	/

从前述制度梳理章中显示,我国土地房屋拆迁征收补偿额度原则,从新中国成立初期 1950 年《土地改革法》对土地征收实际上采不补偿原则,到 2011 年《征收条例》的按市场价值补偿,随着我国政治经济的发展同样经历了一个演进变化的过程。

2. 补偿时限的原则:事先补偿及例外

关于征收补偿时限,各国宪法与法律大多确立了事先补偿原则,事后补偿仅系少数国家特定历史阶段的例外规定。顾名思义,事先补偿是要求国家对人民财产权征收前,需对征收招致的损害予以弥补或至少就补偿范围、标准、方式与支付时限等达成协议。例如,法国 1789 年《人权宣言》宣布:财产是神圣不可侵犯的权利,除非当合法认定的公共需要⋯⋯且在公平而且预先补偿的条件下,任何人的财产不得受剥夺。该条宣言后来写入法国宪法序言,并成为 1804 年《法国民法典》的一项原则。此外,如前制度梳理章所述,美国宪法第五修正案、②日本 1946 年宪法③亦作了同样的规

① 如前述,第二次世界大战后联邦德国 1949 年《基本法》第 14 条第 3 款确定的补偿原则应为"公平补偿原则",因此,该表中将联邦德国征收补偿原则定义为"相当补偿",可能在理解上有错误。但原表格如此,故作一特别说明。

② 美国联邦《宪法第五修正案》规定:"不予公正补偿,私人财产不得被征为公用(nor shall private property be taken for public use without just compensation)。"

③ 日本 1946 年《宪法》第 29 条第 4 款:因公用征收或者公用限制对私人造成财产上的特别损失时,必须予以正当补偿,不允许国家或公共团体不予补偿而收用私人财产或对私人财产实行限制。

定。但各国具体法律制度上仍存在一些差异,有的国家规定行政主体没有进行补偿前,不能取得不动产的所有权或使用权,如法国《土地收用法典》的规定,在公用征收法官作出所有权转移的裁判后,原所有人不能对该不动产进行处分或设定负担,但在取得补偿金前仍享有使用权和收益权,原所有人地位等于暂时的占有人。待补偿金额经当事人或法院判决确定后,征收单位按确定金额清偿结束1个月后,征收单位才取得被征收不动产的实际占有权。①而新加坡规定,当土地所有人不接受地税征收官关于补偿金额的决定,为不影响征地机构的工作,法院可裁定行政主体将补偿金存入法院,先行取得土地的权利,待法院判决后再由行政主体补齐金额。②

我国房屋拆迁征收补偿时限原则,国务院1991年、2001年两部《拆迁条例》均确立了"先补偿安置,后拆迁"的原则,一些地方在市政建设项目中则规定"先腾地交房,后处理纠纷"的原则;2011年《征收条例》则再次重申"先补偿、后搬迁"的原则。这部分内容将在下一章"先行执行"与"事后执行"相关制度梳理中再予以展开。

(二) 征收补偿项目范围与计价标准

1. 征收补偿项目范围

世界主要国家将房屋征收作为土地征收的组成部分,据学者的调查显示,各国或地区土地征收补偿范围或项目存在一定的差异,通常包括土地所有者补偿(地价补偿,房屋、水渠、农作物等土地改良物补偿)与土地承租人(对土地的投入、剩余租赁期收入、续期预期收益等)补偿。兹列举日本的补偿范围与项目以为说明:

日本的土地征用补偿范围:(1)土地所有权损失;(2)其他权利损失。如地上权、租赁权、矿业权、渔业权等;(3)对征用土地造成的通损进行赔偿。包括搬迁费赔偿、经营赔偿、残留地赔偿等;(4)对非征用土地上蒙受损失的人进行赔偿;(5)对被征用土地上少数残留房进行损失赔偿。带有

---

① 参见王名扬:《法国行政法》,中国政法大学出版社1988年版,第386—392页。
② 窦衍瑞:《行政补偿制度的理念与机制》,山东大学出版社2007年版,第151页。

较强的生活权的赔偿性质,残留户由于原来的生活共同体被破坏蒙受很大的损失。为了使其重建生活,项目人要支付残留人员适当的赔偿;(6)对被征用土地上失业人员进行赔偿。在寻找工作所需要的时间内,项目人要通过对失业人员支付不超过原工资的适当赔偿金来进行补偿;(7)对项目造成的其他损害进行赔偿。一般公益事业造成噪音、废气、水质污染的,对该损害进行赔偿。对可事先预见损害时,则需进行事前赔偿。①

我国的房屋拆迁征收补偿项目范围,包括房屋与附属物价值补偿、设备搬迁费、临时安置费、停产停业损失、各类补助与奖励费用等。已如前述制度梳理章所述,不再展开。

2. 征收补偿项目计价标准

各国(地区)对征收补偿项目的计价标准,大致分为下述几类:

(1)按公平市场价格补偿。公正之补偿,就是以"市价"(marker value)作为补偿之标准。所谓"市价"是指在征收当时,被征物在当地房地产市场上,可以购得之价钱。也就是,一个"不一定非卖不可的卖主,卖给一个不一定非买不可之买主",所可以协议的价钱。故其价钱不必是该被征物以往会有过的最高的市价。②大多数市场经济国家与地区采用该方式。但在市场价的计算时点仍有差异。一是征地公告发布日,如印度;二是最终裁决日;三是正式征用日,如德国、美国、日本;四是若干年前的被征地价格,如瑞典、法国。以美国财产征收为例,被征收财产的公平市场价值是一种虚拟状态下的市场交易价格,需要通过各种评估技术手段予以确定,并以财产的最高最优使用为基础。市价补偿虽未能反映不动产的特殊价值,但有利于避免过高的谈判成本,其不足可以通过给予额外补偿、建立特殊价值的举证责任规则加以弥补。③依据该标准确定的补偿是不完全赔偿也是非个性化赔偿,但经过美国一个多世纪的司法实践却被证明是最为经济有效的补偿标准。④(2)按裁定价格补偿。即由法定征用裁判所或估价机构

① 参见刘丽、王正立:《世界主要国家的土地征用补偿原则》,载《国土资源情报》2004 年第 1 期。
② 陈新民:《德国公法学基础理论》(增订新版上卷),法律出版社 2010 年版,第 503 页。
③ 陈晓芳:《美国不动产征收补偿司法实践之解析》,载《广东财经大学学报》2014 年第 3 期。
④ 宋志红:《美国征收补偿的公平市场价值标准及对我国的启示》,载《法学家》2014 年第 6 期。

裁定,如法国。(3)按法定价格补偿。指按法律规定的基准地价,如韩国;(4)按纳税申报价格补偿,如新加坡。[1]

我国的房屋拆迁征收补偿项目,如前制度梳理所示,1991 年《拆迁条例》区分不同的拆迁补偿安置方式,有按建安重置结合成新价、有按成本价、有按市场价;2001 年《拆迁条例》开始采拆迁许可证之日的市场价;2011 年《征收条例》亦采征收决定公告之日的市场价。集体土地房屋拆迁补偿计价各地存在差异,有的参照城市房屋,而有的则按房地分离原则,如上海,房屋价值补偿按拆迁许可证核发之日的建安重置价结合成新,另加土地使用权基价补偿。

（三）征收补偿程序及救济

1. 征收补偿程序

各国征收程序大致包括如下内容:征收申请的提出或者通知;公共利益目的认定;征用范围的裁决;补偿金的裁决;补偿的给付和征用的完成。但不同国家仍存在差异,下面以美国、法国为例进行介绍。

美国"正当法律程序"(Due process of law)下的征收程序主要内容:(1)预先通告;(2)政府方对征收财产进行评估,确定市场价值的方式因个案而异,有市场数据或可比较销售方法、经济或价值方法、收入方法、物品替换方法、开发成本方法;(3)向被征收方送交评估报告并提出补偿价金的初次要约,被征收方可以提出反要约;(4)召开公开听证会,在听证会上对征收行为的合法性进行说明。如被征收方对征收的必要性和合理性提出质疑,可提起诉讼,迫使政府放弃征收行为;(5)双方就补偿金额达不成协议的,政府方可将案件移送法院;政府方预先向法庭支付适当数额的补偿金,请求法院先行裁决取得被征收财产;财产所有人认为补偿金的数额过低的应向法庭举证。(6)法庭要求政府方与被征收方分别聘请评估师提出评估报告,并当庭进行交换。(7)双方就补偿金额作最后一次的协商,争取和解的最后努力。(8)对仍达不成一致的,由公民组成的陪审团决定补偿的数额。(9)判决生效后,政府在 30 天内支付确定的补偿金,并取得被征

---

[1]　参见刘丽、王正立:《世界主要国家的土地征用补偿原则》,载《国土资源情报》2004 年第 1 期。

收人的财产。①

法国的行政征用程序分为两个阶段:一是行政阶段:(1)事前调查;
(2)批准公用目的;(3)具体位置的调查;(4)可以转让的决定。二是司法
阶段:(1)移转所有权裁判;(2)补偿金的确定,包括确定补偿权利人、协商
补偿金额、法庭审理和判决、执行。另外还可能有一个特别程序:(1)紧急
程序;(2)特别紧急程序。②

2.征收补偿纠纷的救济

多数国家或地区征收补偿额由政府主管部门确定,或由当事人协商
解决。据学者对 18 个国家和地区的调查,对协商不成的或对确定的补
偿额存在争议的解决方法,多数规定可向法院起诉,由法院最终裁决,占
44％;或由专门土地执法机构进行裁决,占 28％;但也有由土地征用补偿
机构解决,占 17％;只有 2 个国家明确由地方政府解决,占 11％。具体详
见表 4-2:③

表 4-2　18 个国家和地区征用(征收)补偿纠纷解决比较

国家/地区	补偿纠纷的解决
美　国	法院
加拿大阿尔伯达省	通常由补偿委员会裁定,不服可通过法院判决
巴　西	司法机关
瑞　典	土地法院裁决
英　国	专门土地法庭确定补偿费
法　国	土地征用裁判所裁定价格
德　国	民事法庭裁决
意大利	民事法庭裁定
俄罗斯	未具体规定
澳大利亚	向行政诉讼法庭申请复审,还可上诉到联邦法院作出最终裁决

① 参见沈开举主编:《城市房屋拆迁法律规制研究》,中国检察出版社 2009 年版,第 107—108 页。
② 参见王名扬:《法国行政法》,中国政法大学出版社 1988 年版,第 374—403 页。
③ 参见刘丽、王正立:《国外土地征用补偿程序及纠纷解决》,载《国土资源情报》2004 年第 1 期。

国家/地区	补偿纠纷的解决
日　　本	由都道府县地方政府调解委员会调解,不服可申请,也可通过诉讼解决
韩　　国	土地征用委员会裁决
新加坡	由上诉委员会终局裁定。但金额超过 5 000 新元的,可就法律问题向法院上诉
马来西亚	向高等法院起诉进行裁决
印　　度	由法院裁决
印度尼西亚	省长
中国香港地区	土地审裁处裁决
中国台湾地区	标准地价评审委员会

　　我国房屋拆迁征收补偿程序及其争议救济,在第二章制度梳理部分已作了介绍,故不再展开。

■ 第二节　房屋征收新政补偿原则价值取向及实务争议

　　从前述我国房屋拆迁征收中央与地方立法的制度梳理,尤其是改革开放四十年来,房屋拆迁征收补偿原则立法价值取向呈现了一个发展变化的历程。从中央立法层面,以两部《拆迁条例》、一部《征收条例》为标志,房屋拆迁征收补偿原则在立法价值取向上,大致分为三个阶段:从"重安置"到"重补偿"再到"兼顾补偿与居住保障"的变化过程;从地方立法层面,以上海市房屋拆迁征收政策沿革为分析参照对象,在补偿原则立法政策价值取向上,同样经历了上述三个阶段的演变历程,在上海拆迁实务中俗称为:从"数人头"到"数砖头"再到"数砖头＋数人头"的转变。在对各阶段展开阐述前,还需事先说明的是,这仅是对各个阶段核心价值取向的概括,实际上各阶段亦包含了其他方面的价值,如"数人头"阶段中亦存在"数砖头",反之亦然。在本章中,将对各阶段补偿原则核心价值取向立法变迁的政策背景、内容及问题予以探讨,并重点对国务院房屋征收新政下上海房屋征收补偿实务争议予以阐述。

一、"数人头"补偿政策及面临的问题

（一）政策背景：社会福利国家价值观念下的现实主义立法

从中央立法层面,该阶段以 1991 年《拆迁条例》出台为标志,当时我国经济体制改革尚处于起步阶段,受到计划经济体制下社会福利传统价值观念的影响,轻房屋原有价值补偿,重按人口安置,政策倾向于被拆迁房屋所有人与使用人的居住保障,从补偿中忽视原房屋所有人财产权的合理补偿。该阶段上海市地方立法层面,上海市政府出台了配套细则（1991 年《实施细则》）,补偿原则以"数人头"为主,无论从城市房屋还是农村集体土地房屋拆迁补偿政策取向,人口核定始终是动迁补偿安置中最为重要的环节。在计划体制住房福利保障体制的传统下,以及该时期城市居民住房状况普遍紧缺的社会背景下,通过"数人头"拆迁解困的立法政策取向具有现实意义。因此,笔者将该阶段称作社会福利国家传统价值观念下的现实主义立法。

（二）政策内容

关于该阶段的拆迁补偿安置方式与计算标准,在本书第二章第一节中已作梳理,故此处不再展开。以拆迁"私有居住房屋（自住）"的三种补偿安置方式的计算标准为例：

1. 保留产权、产权调换（通称"拆私还私"）。（1）按原面积互换产权（拆一还一）,并结算差价。原房屋按建安价结合成新给予补偿,新房按下列计价标准计算：互换新房人均 24 平方米以内、不超过原面积部分,按新房成本价的 1/3 计算;人均 24 平方米以上、不超过原面积部分按新房的成本价计算（1993 年改为按市场价计算）。（2）按原面积互换产权后,仍居住困难的,可按下列标准超面积购房（保底面积）,超过原面积部分按新房成本价计算：原人均 8 平方米以下,可照顾到人均 10—12 平方米;原人均 8—12平方米,可照顾到人均 12—16 平方米。

2. 放弃产权、公房安置（通称"拆私还公"）。原房屋按建安价结合成新给予补偿（1993 年改为按估价标准的 60% 给予补偿）;公房安置面积标准参见第二章第一节"表 2-2；1991 年《实施细则》对房屋使用人拆迁安置方

式与计算标准"。

3. 放弃产权、作价补偿(通称"货币补偿")。(1)全部放弃产权:原房屋按建安价结合成新给予补偿,另给 50% 奖励。(2)部分放弃产权:对人均 24 平方米保留产权,超过 24 平方米部分不保留产权的,原房屋按估价标准给予补偿(1993 年新增规定)。

从上述三种补偿安置方式中,方式一"拆私还私",对原址建造非居住房屋的,应迁移至市区的边缘地区安置;对原址建造商品居住房屋的,一般亦应迁移至市区的边缘地区安置。而从计算方法上以"拆一还一"为原则,未考虑到原房屋的区位与土地使用权价值。此外,该安置方式还以安置人口为标准规定了"保底面积";方式二"拆私还公"安置面积计算完全以安置人口为标准;方式三"货币补偿"仅考虑到原房屋建安价结合成新补偿,虽然另给 50% 奖励,但由于未考虑到原房屋的区位与土地使用权价值,故未能反映原房屋的市场价值。显见,从政策内容上,补偿原则系以"数人头"为主。

(三)存在问题

"数人头"政策在计划经济特定历史条件下,具有其现实性与必然性,对 20 世纪 90 年代城市旧区改造,改变城市面貌与城市基础设施建设,改善城市居民的居住环境与条件,起到了极大的作用。但随着市场经济的发展,该政策显出其历史局限性:

1. "数人头"背离房屋价值

由于"数人头"补偿不等于房屋价值补偿,对"房小人口多"的家庭得到实惠,受到拥护;但对"房大人口少"的动迁居民不仅未得到改善,反而比原先居住条件差,出现"拆迁大房子、补偿的是小房子"的不合理现象,导致这部分动迁居民的抱怨与不满。与此相对应,拆迁人对"房大人口少"的自然没有意见,但对"房小人口多"的,则又抱怨"拆迁小房子、要补偿安置几倍的大房子",也觉得不合理,是在承担政府的职责。[①]

---

① 参见郑方优、杨卓敏:《更替与衔接:从"数人头"到"数砖头"》,载上海市督促化解动拆迁矛盾专项工作组编:《解读动迁——关于动拆迁 31 个热门话题的讨论》。

2."数人头"不仅难数且易引发道德、法律风险

由于人口随着自然增长、工作变迁、子女就读等始终处于变动状态,在正常的情况下把"人头"数清就非常困难。同时在城市人口流动的大背景下,人户分离的情况十分普遍,又加上进户、分户等政策复杂因素,导致实际操作困难。另外,由于对动迁利益最大化的本能驱动,一方面出现赶在动迁地块户口冻结前进行户口大挪移、突击结婚、领娃娃证等利用政策漏洞追求动迁利益最大化的现象;再则就是分户、析产,①到底属于合理规避还是恶意分户析产存在争议。最后经市区房管部门共同研讨后,区分拆迁时点,对拆迁许可前的析产予以认可,但这样处理的结果还是容易导致整个基地的失衡。而且很快就面临新的问题,有的居民赶在动迁之前很多年就做好了分户析产准备,为避免基地失衡,也有区县仍按原析产前的方案裁决。②另一方面还出现假离婚、③空挂户口、虚报户口,甚至与拆迁工作人员串通造假等道德风险。

二、"数砖头"补偿政策及面临问题

(一) 政策背景:市场价值观念下的浪漫主义立法

在中央立法层面,该阶段以 2001 年《拆迁条例》出台为标志,该时期开始进入以市场经济为主导的时期,立法价值观念上出现重补偿轻安置的倾向,强调按市场价值进行补偿,淡化拆迁补偿中的人口因素;在上海地方立法层面,上海市政府出台了配套细则(2001 年《实施细则》),城市房屋拆迁(包括部分区县的农村集体土地房屋拆迁)补偿政策取向,补偿原则以"数砖头"为主。由于该补偿未兼顾传统观念与现实,政策认可度与生命力不强。因此,笔者将该阶段称作为市场价值观念下的浪漫主义立法。

---

① 在动迁实务中,分户析产的现象较为普遍,如听到房屋所在地块动迁的消息后,赶在核发许可证前将房屋进行分户析产继承,一间 100 平方米的住房最多可析出 7—8 本产证。

② 例如在上海市长宁区新泾镇某集体土地动迁基地,在拆迁前后"恶意"析产(系动迁单位的用语,故用了双引号)的现象十分普遍,较常见的现象是,房屋析产后,将户口放到小面积产权的户口本上,得大面积的却只有一个或少量户口,如审判实务中遇到一本产权证建面 120 平方米,两个户口本合计 10 口人,动迁前析成两本产权证,一本证 15 平方米挂 8 个户口,另一本证 105 平方米挂 2 个户口的实例。

③ 在动迁实务,假离婚的现象较为普遍,如为多得动迁利益,离婚不分家,还是同一屋檐下生活,同一个锅吃饭;有动迁基地还出现过八十多岁的老头老太还办了离婚手续,要求按政策分户安置。

（二）政策内容

关于该阶段的拆迁补偿安置方式与计算标准，在本书第二章第一节中已作梳理，故此处亦不再展开。以拆迁"私有居住房屋（自住）"的三种补偿安置方式的计算标准为例：

1. 货币补偿。货币补偿金额计算公式＝被拆除房屋的房地产市场评估单价×被拆除房屋建筑面积。对2001年《实施细则》第35条、第36条、第37条第1款与第3款，适用被拆除房屋的房地产市场单价和价格补贴。

2. 价值标准房屋调换。按被拆除房屋的货币补偿金额与安置房屋的房地产市场价结算差价。

3. 面积标准房屋调换。以被拆除房屋建筑面积为基础，在应安置面积内不结算差价的异地产权房屋调换。

从上述三种补偿安置方式中，方式一"货币补偿"与方式二"价值标准房屋调换"，除增加价格补贴因素外，基本上以市场价值交换为原则；方式三"面积标准房屋调换"，为解决特定类型房屋的居住困难，在不结算差价的异地产权房屋调换应安置面积的计算上，系以原房屋建筑面积为基础，并不考虑"安置人口"的因素。可见，从政策内容上，补偿原则系以"数砖头"为主。

（三）存在问题

"数砖头"政策因主要以房屋市场价为补偿原则，操作简易，因此最初受到拆迁人的热烈欢迎。此外，由于大幅提高了补偿标准，对"房大人口少"、房屋成新率较高的家庭，该补偿政策较为合理。但对房小人口多的住房困难家庭，却带来了立法者始未预料的问题。

1. "友情操作"暗补弊端

在延续十余年"数人头"补偿政策下，面对城市与农村房屋面积小、人口多、结构次、成新度差的住房困难户，以"数砖头"的补偿标准换房或买房均难以保障其基本的居住条件，因此，该政策出台之初即面临动迁居民的强大阻力。在实务操作中，为推进动迁进度，最初采取"友情操作"的办法解决，对困难户暗中以发放补贴的形式解决实际困难。但"暗补"存在的弊端十分明显：一是混淆了民政救济、住房保障行政给付法律关系与拆迁补偿法律关系;二是标准不明确,随意性、无序化严重,造成被拆迁人互相攀比,引发矛盾;[①]三是"暗补"易引发规则底线失守、渎职与腐败的道德、法律风险。

2."奖励费"的异化:胁迫或压制早签约的手段

其后,上海市动迁实务中为解决上述"暗补"存在的问题,改为公开增设奖励名目,如设不同的奖励期、速迁费、特别搬迁奖、一次性购房补贴、面积补贴奖等奖励名目,有时全部奖励费总和接近甚至超过了房屋估价款的不正常现象。过了奖励期后,进行裁决、诉讼则不能再裁判拆迁人支付,结果"不签就申请裁决"成为拆迁人动摇动迁居民的最后心理防线、促使其早签约的惯用手段。在拆迁裁决、法院判决生效后再"给甜头",回到奖励期适当补一块放行。由于奖励、补贴接近甚至高于补偿费用,奖励异化为变相的胁迫与压制手段,实有违公平补偿的立法原意。以一个具有代表性的动迁基地补偿方案为例,奖励期内的各类奖励费近 30 万元(详见表 4-3)。[②]

表 4-3　长宁区徐家宅基地拆迁补偿项目及计算标准

补偿项目一	补偿项目二	计算公式和标准
A 货币补偿款	私房	1. 计算公式:(被拆除房屋的房地产市场单价＋价格补贴)×被拆除房屋的建筑面积。 2. 价格补贴标准:价格补贴系数为 20%;如被拆除房屋的房地产市场单价低于最低补偿单价的,价格补贴等于最低补偿单价乘以 20%;评估单价高于最低补偿单价的,价格补贴＝(最低补偿单价×2－评估单价)×20%;如价格补贴低于每平方米建筑面积 200 元的按每平方米建筑面积 200 元计算。
	公房	1. 计算公式:(被拆除房屋的房地产市场单价×80%＋价格补贴)×被拆除房屋的建筑面积。 2. 价格补贴标准(同上)。

---

① 参见郑方优、杨卓敏:《更替与衔接:从"数人头"到"数砖头"》,载上海市督促化解动拆迁矛盾专项工作组编:《解读动迁——关于动拆迁 31 个热门话题的讨论》。

② 笔者注:摘自 2010 年 1 月 11 日《长宁区昭化路 39 号旧区改造地块基地告居民书》,拆迁性质为"长宁区商品住宅旧区改造建设项目",拆迁人为"上海虹康房产建设有限公司",拆迁实施单位为"上海中山动拆迁有限公司"。

补偿项目一	补偿项目二	计算公式和标准		
B奖励费、补贴费	自行购房补贴	每户给予货币安置自行购房补贴10万元。		
	特殊对象补贴	对符合特殊对象条件的,持相关书证向所在街道申请审核认定后,发放特殊对象补贴(如大重病患、低保、80岁以上老人等,每证补1—3万元)。		
	特快搬迁奖	凡在奖期内签约并且搬迁的,在给予下述提前搬迁奖的同时,再给特快搬迁奖每户12万元。		
	奖励费、补贴费	奖励期25天;2010年1月11日至2月4日奖励、补贴标准如下表:		
		名 称	奖期内	奖期外
		面积奖	按有证面积500元/平方米(最低补偿1.5万元/证)	按有证面积400元/平方米(最低补偿1.2万元)
		速迁奖	3万元/户	/
		提前搬迁奖	2010年1月11日—2010年1月25日签约后提早搬迁的,给予提前搬迁奖5000元/天 2010年1月26日—2010年2月4日签约后提早搬迁3000元/天	5万元/证
		配合奖	5万元/户	/
		安置奖	5万元/户	/
		价格补贴	被拆除房屋的建筑面积×1500元/平方米	
		借房补贴	1万元/户	
C其他费用	搬家补助费	被拆除房屋12元/平方米,每户低于500元的按500元计算。		
	家用设施移装费	电话140元;有线、宽带220元;煤气、液化气500元;热水器300元;空调400元;有线电视330元;10安培以上电表100元。		

三、"数砖头＋数人头"补偿新政及政策评析

(一)政策背景:多元价值取向下的折衷主义立法

在中央立法层面,该阶段以2011年《征收条例》出台为标志,针对原拆

迁条例实施期间积累的大量动拆迁纠纷,社会财富出现两极分化引发的政府信任危机,在补偿原则上,开始出现了回归,兼顾补偿与居住保障。在上海地方立法层面,早在 2005 年市房地局制定的规范性文件、①2006 年上海市政府出台的政府规章②中已开始显现政策调整动向;其后各区县旧改动迁基地中已经开始出台"托底保障"的补偿政策,③该政策在施行过程中虽也出现部分房大人口少动迁居民的失衡,④但总体上有利于解决多数动迁居民的实际困难;后在 2009 年之前部分旧改基地"数砖头＋套型保底(含套型面积补贴与居住困难保障补贴)"试点成功后,上海市政府及相关职能机构于 2009 年正式发文在全市旧区改造中扩大试点范围并逐渐向全市推广。⑤2011 年《征收条例》出台后,上海市政府出台了配套细则(2011 年《实施细则》),将上述试点期间取得的成功经验正式写入细则。

---

① 参见上海市房屋土地资源管理局"沪房地资拆〔2005〕260 号"文件《关于实施房屋拆迁面积标准调换的指导意见》。

② 参见上海市政府 2006 年第 61 号公布《上海市城市房屋拆迁面积标准房屋调换应安置人口认定办法》。2006 年上海市公安局、市房地局联合发文"关于执行《上海市城市房屋拆迁面积标准房屋调换应安置人口认定办法》相关工作要求的通知",对两部门执行《认定办法》的程序与流程予以明确。

③ 以上海市长宁区为例,2006 年以来,为了保证被动迁居民解决基本居住困难,开始实行"托底保障"补偿政策,基本原则是每户拆迁房货币补偿款不足 68 万元的,则予以托底补足至 68 万元。经动迁单位介绍该托底数额出台的依据是,该货币补偿款能够在外环附近区域购买一套二房一厅约 90 平方米左右的商品房(2006 年的市场单价每平方米约 7 000 余元)。

④ 实行"托底保障"补偿政策面临的主要问题是,一些房子面积大未进行析产分户的家庭,由于享受不到"托底保障"优惠政策,因此,导致这部分居民心态失衡而引发讼争。列举长宁区某旧区地块的例子,刘某某与陆某某两户家庭原均承租同一小区的两室户公房,建筑面积 45 平方米左右,陆某某在动迁前数年与其子陆某明分列租赁户名,建筑面积分别为 21 平方米与 24 平方米;刘某某家庭则未分户。2010 年两户家庭所在小区旧改动迁,老房评估单价均为 1.8 万余元。刘某某家房屋面积大,货币补偿款已超过 68 万元,加上其他奖励与补贴,货币补偿款总额约为 165 万元。而陆姓家庭分成了两户,除能享受 68 万元的托底保障,另加上各类补偿款及补贴,每户能拿到 108 万元左右,陆氏父子合计得货币补偿款接近 220 万元。刘姓家庭实际上与陆氏父子两家整整少拿 55 万元的货币款。再加上每户家庭按政府指定优惠价购买一套配套商品房(1—2 人户一室一厅、3—4 人户二室一厅、5 人以上户三室一厅)。刘姓家庭未分户 5 个人口只能购买一套三房一厅,陆姓家庭因分成两户可分别购买一房一厅、两房一厅各一套。折算市值,刘姓家庭又损失了 15 万元。一进一出刘姓家庭因未分户与陆姓家庭相比,实际上少了整整 70 万元。最后刘姓家庭因不满上述补偿方案,经裁决生效后申请法院强迁期间,达成调解后签约。

⑤ 参见 2009 年 2 月 4 日上海市人民政府发布《关于进一步推进本市旧区改造工作若干意见》("沪府发〔2009〕4 号");2009 年 3 月 19 日上海市城乡建设和交通委员会、上海市住房保障和房屋管理局联合发布《关于开展旧区改造事前征询制度试点工作的意见》("沪建交联〔2009〕319 号");2009 年 3 月 27 日上海市住房保障和房屋管理局发布《关于调整完善本市房屋拆迁补偿安置政策试点工作的意见(征求意见稿)》("沪房管拆〔2009〕88 号文")。

（二）政策内容

关于该阶段的拆迁补偿安置方式与计算标准，在本书第二章第一节、第三节中已作梳理，故此处亦不再展开。以"居住房屋"征收补偿的方式与计算标准为例，无论是"货币补偿"还是"房屋产权调换"，均以被征收房屋补偿金额为基础。被征收居住房屋的补偿金额包括评估价格（计算公式：评估价格＝被征收房屋的房地产市场评估单价×被征收房屋的建筑面积。评估单价低于评估均价的，按评估均价计算）、价格补贴〔计算公式：价格补贴＝评估均价×补贴系数×被征收房屋的建筑面积。补贴系数不超过0.3，具体标准由区（县）人民政府制定〕。与套型面积补贴〔仅适用于旧式里弄房屋、简屋以及其他非成套独用居住房屋等特定类型房屋，计算公式：套型面积补贴＝评估均价×补贴面积。每证补贴面积标准不超过15平方米，具体标准由区（县）人民政府制定〕，对于居住困难户还可增加保障补贴（计算公式：保障补贴＝折算单价×居住困难户人数×22平方米－被征收居住房屋的补偿金额）。上述居住房屋的补偿金额与增加的保障补贴可用于购买产权调换房屋。可见，从上述补偿安置计算标准看，系"数砖头"为原则，同时考虑"安置人口"因素进行居住保障。实务中称"三块砖头＋一块人头"，其中被征收居住房屋的评估价格、价格补贴与套型面积补贴，这三项补偿因与被征收房屋相关，故称为"三块砖头"；居住困难保障补贴因与人口相关，因此该项补偿称为"一块人头"。

以长宁区39街坊动迁基地居住房屋拆迁补偿范围与标准为例，该基地系"征收新政"出台前核发拆迁许可的动迁地块，虽未列入"两轮征询"试点基地，但在协商期间提供了"数砖头＋套型保底（含套型面积补贴与居住困难保障补贴）"的拆迁补偿安置方式供动迁居民选择。从该表补偿、奖励、补贴标准看，与前述徐家宅基地相比，明显提高了房屋补偿标准，降低了奖励的比重。补偿方式包括货币补偿与房屋产权调换，具体的补偿范围与标准详见表4-4。①

---

① 摘自2011年6月18日《长宁区39街坊旧改项目基地告居民书》，拆迁性质为"长宁区39街坊旧区改造建设项目"，拆迁人为"上海伟信置业发展有限公司"，拆迁实施单位为"上海中山动拆迁有限公司"。

2011 年 1 月 21 日国务院《征收条例》公布施行,上海市政府于同年10 月 19 日出台了配套《实施细则》。2011 年《征收条例》出台后,经过一年多的酝酿,上海市长宁区人民政府于 2012 年 7 月 3 日作出长府房征〔2012〕1 号房屋征收决定,标志着该区首个征收地块——即长宁区江苏北路西块〈3 街坊〉旧改基地——正式落地,该地块也是上海市最早落地的首批征收地块。从征收补偿方案看,系对新政前开始试点的"数砖头＋套型保底"拆迁补偿政策,在 2011 年《征收条例》出台后,通过制定政府规章在全市范围正式落地。补偿方式包括货币补偿与房屋产权调换,具体的补偿范围与标准详见表 4-5。

表 4-4　长宁区 39 街坊"数砖头＋套型保底"拆迁补偿范围及标准

补偿项目一	补偿项目二	计算公式和标准
A 货币补偿款	① 居住房屋价值补偿款	1. 私有居住房屋:被拆除房屋房地产市场评估单价×建筑面积＋套型面积补贴＋价格补贴; 2. 公有居住房屋:被拆除房屋房地产市场评估单价×建筑面积×80％＋套型面积补贴＋价格补贴。 (1) 套型面积补贴＝评估均价(23 315 元/平方米)×补贴面积(15 平方米); (2) 价格补贴＝评估均价(23 315 元/平方米)×补贴系数(30％)×被拆除房屋建筑面积。
	② 居住困难户货币补贴	1. 计算公式:异地配套商品房单价(7 200 元/平方米)×{应安置对象×22 平方米/人－被拆除居住房屋价值补偿款÷异地配套商品房单价(7 200 元/平方米)}; 2. ①和②两项货币补偿款,可用于购买拆迁人提供的安置房源(按政府定价结算)。
B 奖励费、补贴费	③ 自行购房补贴(含部分自行购房补贴)	1. 选择货币安置的,每证增加自行购房补贴:15 000 元/平方米×被拆除房屋建筑面积; 2. 实际购买配套商品房小于经核定应购买面积的,给予部分自行购房补贴:(应购买配套商品房面积－实际购买面积)÷应购买面积×(15 000 元/平方米×被拆除房屋建筑面积)。
	④ 配套商品房期房补贴	配套商品房金耀南路 300 弄现房,相对金耀南路 555 弄期房(预计交房期限 2012 年 12 月)价格不同,凡选择期房的补贴 2 000 元/平方米。

补偿项目一	补偿项目二	计算公式和标准
B 奖励费、补贴费	⑤ 特殊对象补贴	对符合特殊对象条件的,持相关书证向所在街道申请审核认定后,发放特殊对象补贴(如大重病患、低保、80 岁以上老人等,每证补 1—3 万元)。
	⑥ 未见证建筑补贴	1. 经有关部门证明的未见证建筑给予残值补贴,每平方米不超过 600 元; 2. 为鼓励被拆迁户不(违章)搭建,凡无搭建的每证给补贴 10 万元。
	⑦ 奖励费、补贴费	奖励期 90 天:2011 年 6 月 30 日至 9 月 27 日奖励、补贴标准如下表: <table><tr><td>名　称</td><td>奖期内</td><td>奖期外</td></tr><tr><td>按期签约奖</td><td>按有证面积 4 000 元/平方米(最低补偿 12 万元/证)</td><td>按 80% 发放</td></tr><tr><td>搬迁奖</td><td>5 万元/证;奖期内完成搬迁并且腾空交出原房屋的,每提前一天搬迁,每天增加提前搬迁奖 1 500 元。</td><td>5 万/证</td></tr><tr><td>集体签约奖</td><td>本基地范围内签约率分别达到 70%、80%、100%,已签约居民每证分别奖励 3 万元、5 万元、10 万元。</td><td>/</td></tr><tr><td>安居补贴</td><td>10 万元/证</td><td>10 万/证</td></tr><tr><td>借房补贴</td><td>1 万元/证</td><td>1 万/证</td></tr></table>
C 其他费用	⑧ 搬家补助费	被拆除房屋 12 元/平方米,每户低于 500 元的按 500 元计算;选择期房安置的增加一倍。
	⑨ 家用设施移装费	电话 140 元;有线、宽带 220 元;煤气、液化气 500 元;热水器 300 元;空调 400 元;有线电视 330 元;10 安培以上电表 100 元。
	⑩ 临时过渡费	选择期房安置的,按期房安置房型给予补贴:安置一室一厅 1 500 元/月、安置二室一厅 2 000 元/月、安置三室一厅 2 500 元/月。

173

表 4-5　长宁区江苏北路西块"数砖头＋套型保底"征收补偿范围及标准

补偿项目一	补偿项目二	计算公式和标准
A 货币补偿款	① 被征收居住房屋价值补偿金额("三块砖头")	1. 私有居住房屋：评估价格＋价格补贴＋套型面积补贴 （1）评估价格＝被征收房屋的房地产市场评估单价×被征收房屋的建筑面积。评估单价低于评估均价的，按评估均价计算。 评估均价＝被征收范围内居住房屋评估总价÷居住房屋总建筑面积。 （2）价格补贴＝评估均价×补贴系数（30％）×被征收房屋的建筑面积。 （3）套型面积补贴＝评估均价×套型补贴面积（旧里、简屋及非独立成套独用房屋每证补贴 15 平方米，独立成套新工房每证补贴 12 平方米）。 2. 公有居住房屋：评估价格×80％＋价格补贴＋套型面积补贴。 3. 执行政府规定租金标准的公有出租居住房屋：评估价格×20％。
	② 居住困难户保障补贴("一块人头")	计算公式：保障补贴＝折算单价×居住困难户人数×22 平方米－被征收居住房屋的补偿金额。 （1）人均不足 22 平方米折算公式：被征收居住房屋的补偿金额÷折算单价÷居住困难户人数； （2）本基地折算单价：11 000 元/平方米。
B 奖励、补贴	① 签约奖	90 天签约期内签约率达到 80％，协议生效，签约的每证奖励 15 万元。
	② 按时搬迁奖	协议生效后 30 天内搬出原址并交出空房的，每证奖励 5 万元。
	③ 签约鼓励奖	在签约期内达到 80％生效签约比率并交房的，每证奖励 5 万元；达到 85％的，每证奖励 7 万元；签约比例超过 85％，每提升 1％每证增加 1.5 万元奖励。
	④ 面积奖	按有证面积 5 000 元/平方米，每证最低补偿 10 万元。
	⑤ 无搭建面积奖	未见证建筑面积按 500 元/平方米建筑材料补贴；无未见证面积或有未见证面积放弃建筑材料补贴，每证奖励 1 万元。
	⑥ 协议生效计息奖	凡 90 天签约期内签约的，从签约之日起至签约期结束之日止，按征收协议的补偿总金额以半年期贷款年利率 6.10％标准计息。
	⑦ 装潢补贴	按有证面积，旧里 500 元/平方米、新工房 900 元/平方米，协商不成的，可委托装潢评估。
	⑧ 借房补贴	每证一次性补贴 1 万元。

174

补偿项目一	补偿项目二	计算公式和标准
B奖励、补贴	⑨ 自行购房补贴	1. 选择货币安置的，每证按被征收房屋补偿金额的30％给予补贴，不足30万元的，按30万元进行补贴。 2. 选择购买配套商品房和就近产权调换房的，按购房后补偿金额余款的30％给予补贴。
C其他费用	① 搬家补助费	按每户被征收房屋建筑面积15元/平方米，每证低于600元的按600元计算；选择期房安置的增加一倍。
	② 家用设施移装费	电话150元；煤气、液化气500元；热水器300元；有线电视330元；空调400元/台；有线宽带220元；10安培以上电表100元。
	③ 期房过渡费	选购期房调换的：选购一房一厅1 500元/月、二房一厅2 000元/月、三房一厅2 500元/月。每6个月发放一次，不满6个月按6个月计算。过渡期限自搬迁之日起至交房入户。

（三）政策评析

1. 存在问题

该阶段中央立法补偿原则，兼顾补偿与居住保障。而上海地方政策结合此前的成功经验，将上述补偿原则进一步细化为"数砖头＋套型保底（含套型面积补贴与居住困难保障补贴）"并正式写入新细则。一方面顺应了中国现阶段面临的实际问题，在公益征收背景下，由于排除了商业拆迁，不存在让私民事主体如开发商承担本应由政府承受的生活救济、住房保障等行政给付义务，因此，在征收中兼顾百姓居住保障并未额外增加负担；另一方面上海地方的政策实现了从"暗补"走向"明补"，又改变了"奖励费"名不符实的非正常现象，较好克服了前阶段市场价值观念下的浪漫主义立法"重补偿"所面临的问题。然而，从上海前几年的房屋拆迁实践看，在操作中同样存在着很大的困难：

一是套型保底与居住保障的计算标准尚需细化，如适用的范围、条件；二是由于砖头、人头因素的贡献率难以清晰进行区分，从而存在第一阶段拆迁实务中常见的问题，尤其是祖产房、多个家庭共有房产，不同家庭成员意见相左或存在利益冲突时易导致久拖不决；三是即便对拆迁征收补偿达成协议或通过裁决得以确认，但一旦家庭内部引发后续补偿款、安置房的分割争议,法院处理中同样面临着上述困难。

2. 现实意义:"公平补偿"兼顾"福利保障"

如上述,在改革开放以来短短的四十年间,为回应不同社会发展阶段、不同层面的核心利益诉求,我国房屋拆迁征收补偿原则立法价值取向出现了三次重大的调整。并引发立法、行政与司法对房屋拆迁征收补偿承载功能的持续争论:拆迁征收补偿承载功能是否应限于"公平补偿",重在保障私人财产权的功能? 还是应兼顾社会救济、居住保障等"脱贫解困"的社会福利保障功能?

对此,学者在对德国土地公益征收承载功能的分析中指出:征收必须明确服务于某个具体的被明确说明的公共利益这一基本要求,因此排除了无目的限制的征收、纯粹国库利益的征收,同时仅服务于财富再分配和一般经济促进的征收亦被禁止。征收并不承担税收的功能,就财富再分配这一点而言,虽然财富再分配可能服务于社会福利国家的基本原则,但基于征收的基本功能,它并未被赋予该项任务,相反是通过税收等其他手段来实现的。[①] 还有学者在考察美国财产征收补偿制度后指出,我国征收补偿制度的改革应当借鉴美国公平市场价值标准的经验,剥离附着于征收补偿的社会保障功能,建立以被征收财产公平市场价值标准为核心的补偿制度。[②]

然而,上述境外公益征收承载功能的分析是否可照搬适用于我国的房屋拆迁征收补偿政策? 对此,笔者认为仍应有探讨的必要。

首先,补偿政策根植于时代的现实土壤,才具有生命力并真正回应时代的核心利益需求。在宏观时代背景下分析,改革开放至今,伴随着政治经济体制改革的不断深化,我国经历了一个从计划经济体制时期、到计划走向市场的经济体制转轨时期、再到市场经济体制时期。在这一特定的社会历史背景与发展阶段,国家、社会、政府、家庭、个人等多层面的利益需求,在不同阶段呈现出不同的内容与特点,而房屋拆迁征收补偿几乎涉及

---

① 参见袁治杰:《德国土地征收中的公共利益》,载《行政法学研究》2010 年第 2 期。

② 宋志红:《美国征收补偿的公平市场价值标准及对我国的启示》,载《法学家》2014 年第 6 期。

上述不同层面的利益诉求。此外,在这一发展历程中,社会物质财富与人民生活水平从总体上不断得到改善,社会法治观念与政府执政理念亦不断进步;但伴随改革开放所取得的巨大成就,同时也积累了大量的社会问题,如社会财富分配不均导致两极分化明显、社会价值文化多元导致不同利益群体观念迥异。因此,房屋拆迁征收补偿政策价值取向应顺应时代的需求。从这一意义上,上述三个阶段的不同政策价值取向均系对特定时代社会现实需求的即时回应。

其次,在现行公益征收立法框架下,征收补偿兼顾"福利保障"功能,契合社会福利国家、增进公共福祉的价值取向。从房屋拆迁征收制度的立法变迁上,原房屋拆迁目的并未区分商业利益与公共利益,在商业利益动迁情形下,拆迁补偿因实际由私拆迁主体如开发商承担,如要求拆迁在公平补偿的同时,还需兼顾被拆迁人的生活救济、住房保障,对政府而言确有将社会救济、居住保障等行政给付义务推卸给私主体承担之嫌;然而,2011年《征收条例》明确征收目的限定于公共利益,征收补偿系由国库负担,因此,排除了让私拆迁主体过多承担政府之责的可能。而社会救济、居住保障等行政给付义务本系政府应承担的职责,同时亦系通过税收等财富再分配手段充盈国库后,再以生活救济、住房保障等形式实现社会福利国家,增进公共福祉。从这一意义上,在当前房屋公益征收补偿中,在"公平补偿"的同时,实现"生活救济、居住保障"等社会保障功能,契合社会福利国家、增进公共福祉的价值取向。因此,现行征收补偿政策价值取向的调整,从"偏重一头(数人头或数砖头)"走向"两头(数人头与数砖头)兼顾",并非无奈之举,而是理性的回归。

■ 第三节　房屋征收新政补偿项目范围及实务争议

我国房屋拆迁征收补偿项目范围,在前述房屋拆迁征收制度梳理章中已进行了简要的概述。本节将就该领域存在的几个主要争议问题,结合房屋征收新政补偿实务争议作进一步的研究。

一、"三类建筑"的补偿问题

关于"违法建筑"、①"临时建筑"的认定及补偿,新旧条例均设有明文,共涉及三个条文:1991 年《拆迁条例》第 19 条第 2 款规定:"拆除违章建筑、超过批准期限的临时建筑不予补偿;拆除未超过批准期限的临时建筑给予适当补偿。"2001 年《拆迁条例》第 22 条第 2 款规定:"拆除违章建筑和超过批准期限的临时建筑,不予补偿;拆除未超过批准期限的临时建筑,应当给予适当补偿。"2011 年《征收条例》第 24 条第 2 款规定:"市、县级人民政府作出房屋征收决定前,应当组织有关部门依法对征收范围内未经登记的建筑进行调查、认定和处理。对认定为合法建筑和未超过批准期限的临时建筑的,应当给予补偿;对认定为违法建筑和超过批准期限的临时建筑的,不予补偿。"分述如下:

178

（一）"违法建筑"的补偿问题

"违法建筑"指在城市规划区内,未取得建设工程规划许可,或违反建设工程规划许可的规定进行建设,严重影响城市规划的建筑。主要包括下述几类:一是未经申请或虽经申请但未获批准,无建设用地规划许可与建设工程规划许可的建筑;二是擅自变更建设工程规划许可而建成的建筑;三是擅自变更原批准使用性质的建筑;四是擅自将临时建筑建设成永久性的建筑。

对"违法建筑"的处理,根据原城市规划法及现行城乡规划法的规定,区分处理:对严重影响城市规划的,限期拆除或没收;对一般影响的尚可采取整改措施的,责令限期改正并处罚款。对后一种情况,如已依法补办了相关手续并缴纳罚款的,在征收时应视为合法建筑。

1. 历史无证建筑的补偿问题

房屋拆迁征收中,涉及两类房屋,一类是依法登记取得房产证或建筑执照的房屋,另一类是未依法登记而没有证照的房屋。对于"无证无照房

---

① 从三部条例使用的立法概念看,两部《拆迁条例》使用"违章建筑"用语,2011 年《征收条例》则改用"违法建筑"用语。为行文方便,本书中除非直接引用条文外,均一律使用"违法建筑"概念。

屋",首先要区分是否系因历史原因形成的遗留建筑,对于现实中大量存在的因历史原因而导致未依法办理房屋登记的房屋,政府各部门需积极协调处理。对此不少地方省市政府采取的一般原则是以某个特定的年份为分水岭,对于该时间段之前形成的历史建筑予以认可,实现公益与私益的平衡。①以上海为例以 1981 年为界,此前形成的用于居住的建筑按实测面积补偿。②

2. "违法建筑"的信赖保护问题

除前述形成于特定年份之前的历史无证建筑外,房屋拆迁征收中尚存在大量新违法建筑,依照城乡规划管理法律法规的规定,对未能补办相关手续转为合法建筑的,在拆迁征收时不予补偿。但在现实中,"违法建筑"的情况是复杂的,有的系因政府将所在地块纳入城乡规划,除危房修缮外对新建改扩建项目一律冻结,百姓为解决实际居住困难而自行搭建形成的,③有的是搭建期间或事后得到政府有关部门默许的,或者是政府部门明知违法搭建但消极不作为而形成的,许多并不完全是当事人单方面的原因。

对于上述由于政府规划控制、百姓解决实际居住困难或消极执法而形成的违法建筑,在房屋拆迁征收中是否给予补偿一直存在较大争议。"违法建筑"的情况十分复杂,不能一概而论:对早已存在的违法建筑,有关部门视而不见,或消极不作为,未责令其自行拆除,应当适用处罚时效制度,征收时不能以"违法建筑"为由而拒绝补偿。只有在征收决定作出后继续违法建设,或者在征收决定作出前已经责令其自行拆除却拒不拆除的情况下,才不予补偿。④

---

① 李祎恒:《论历史建筑认定中公益与私益的平衡》,载《华东师范大学学报(哲学社会科学版)》2015 年第 1 期。

② 以上海市为例,上海市房地局"沪房地资拆〔2001〕673 号"《关于贯彻执行〈上海市城市房屋拆迁管理实施细则〉若干意见的通知》第 12 条规定:"房屋建筑面积,以房地产权证记载的建筑面积为准……相关批准文件未记载建筑面积,或者虽无批准文件但在 1981 年以前已经建造用于居住的房屋,以有资质的房地产测绘机构实地丈量的建筑面积为准。"

③ 在上海市旧改基地,此类情况较为普遍,例如上海市长宁区徐家宅旧区改造地块,多数系城市私房,从 20 世纪 80 年代中后期开始,因纳入旧改范围,除危房修缮外对新建改扩建项目一律冻结,许多家庭为解决实际居住困难而自行搭建的情况较多,但由于未经规划审批无法取得产权证,该部分违法建筑只能给予造价补偿,导致该基地启动动迁 4 年仍有数十户居民未能签约。

④ 李立:《专家:"新拆迁条例"挽救不了自焚者命运》,载《法制日报》2010 年 2 月 2 日。

从现实角度看,不论城市还是农村,违法建筑类型多样、成因复杂,对其征收补偿关系到社会的稳定与和谐。从立法和司法角度看,海内外相关立法和司法实践倾向于对征收违法建筑进行适当补偿。①关于"违法建筑"的征收补偿问题,有学者从是否形成信赖保护提出不同意见,其理由谓:台湾地区违章建筑之存在,部分系出于政府长期未严格执行所致,人民对此违法状态多少产生一定之信赖,若于征收之时不予适当之补偿,从信赖保护之观点,似乎有失公允。故台北地方立法规定:1963年以前之旧有违章建筑,按合法建筑80%折算;1964年到1988年8月1日之违章建筑,按50%折算,可资借鉴。②

3. 旧改难题:规则之治、信赖保护抑或居住保障?

关于违章建筑的补偿,上海市多数区的做法是,将其纳入有证建筑的"附属物及其他补偿",仅对违法建筑的材料费予以补偿,也有比照建安重置价予以补偿。由于棚屋、简屋、旧式里弄等旧改地块,许多系为了自行解决居住困难,而政府考虑百姓的实际情况,也未严格进行执法,有的区动迁中也考虑增加部分补偿。例如上海市部分区设立"无违章奖励",对有违章的补偿造价,对没有违章的则给予数万元甚至十余万元的特别奖励,有时该笔奖励甚至超过违法建筑的补偿费,以此鼓励居民不要为了动迁补偿而乱搭乱建。③

(二)临时建筑的补偿问题

根据城乡规划法律法规的规定,在城市规划区内进行临时建设,一般为一至两年,需在批准使用期限届满前拆除。对超过批准期限的,应当由建设者在限期内自行拆除,拆迁征收时不予补偿。对于未超过批准期限的临时建筑,系合法建筑,因拆迁征收而给所有人带来的经济损失应予补偿。但补偿标准与其他合法建筑不同,一般应按已使用期限的剩余价值参考剩

---

① 陈晋、喻晶:《农村违法建筑征收补偿问题研究——以宅基地上的违法建筑为研究对象》,载《四川师范大学学报(社会科学版)》2013年第2期。

② 李建良:《损失补偿》,载翁岳生编:《行政法》(下),中国法制出版社2002年版,第1675—1676页。

③ 参见前文表4-4:长宁区39街坊"数砖头+套型保底"拆迁补偿项目及计算标准",设"未见证建筑补贴",明确规定:经有关部门证明的未见证建筑给予残值补贴,每平方米不超过600元;为鼓励被拆迁户不(违章)搭建,凡无搭建的每证给补贴10万元。

余使用期限予以适当补偿。①

（三）农村"小产权房"的补偿问题

在实务中常将公有使用房、房改房和集体土地房屋统称为"小产权房"。这里主要讨论最后一类：即在农村集体土地上建设的，未经规划部门或房屋管理部门许可，由乡镇或村委会建设但出售给非该集体经济组织成员的房屋。

1."小产权房"的成因分析

农村"小产权房"大量涌现的根源，系现行法律法规对集体建设用地使用权流转的限制。依照通行的理论，集体建设用地的使用权具有属人性特征，依附于农民在集体经济组织中的社员权，因此不能自行转让。从立法上，如《土地管理法》第 63 条规定，集体所有土地使用权不得出让、转让或者出租用于非农业建设。国务院办公厅"国办发〔1999〕39 号"文《关于加强土地转让管理严禁炒卖土地的通知》明确"农民住宅不得向城市居民出售，也不得批准城市居民占用农民集体土地建住宅"。在现行土地制度下，农村集体经济组织无法通过转让土地使用权获取土地升值的权利，而地方政府和开发商则可通过征收获取超额的土地升值收益。②"小产权房"流转问题凸显了经济学及制度上的各类矛盾，包括权利诉求增长与立法供给不足之间的矛盾、城乡利益平衡和制度成本偏高之间的矛盾、产权界定不明与契约选择自由之间的矛盾。③因此，在利益驱动下城乡接合部出现大量的"小产权房"，虽经三令五申而屡禁不止，并成积重难返之势。

2."小产权房"的补偿难题

由于房地产经营垄断在开发商手中，而随城市建设的迅速扩张，房价与国民收入不成比例地快速增长，城市居民在明知"小产权房"存在巨大法律风险的情况下，仍存在大量的交易。在上海市房屋拆迁征收中，称此类购买农村"小产权房"城市居民户为"买房户"。从近年房屋拆迁补偿政策

---

① 参见国务院法制办公室农林城建资源环保法制司、住房城乡建设部法规司、房地产市场监管司编：《国有土地上房屋征收与补偿条例释义》，中国法制出版社 2011 年版，第 74 页。

② 王才亮等：《房屋征收制度立法与实务》，法律出版社 2008 年版，第 60—65 页。

③ 冯张美：《"小产权房"流转问题之法经济学分析》，载《浙江社会科学》2014 年第 7 期。

看,由于"买房户"引发的问题十分突出。以上海市长宁区动迁实务为例,对征收集体土地房屋拆迁基地的补偿政策,一般区分"农民户"与"买房户",前者适用上海市的集体土地房屋补偿政策及当地的优惠政策,后者则参照城市房屋拆迁政策而不适用当地农民户的优惠政策。由于"小产权房"涉及问题成因十分复杂,目前已成为房屋拆迁征收中的一个棘手问题。[①]对此,有学者指出,可借鉴英美法普遍创设一种权利"相对性"的办法,发生冲突时具体比较谁更优而确定个案的保护范围,以有效缓解我国现有体制问题激发的农地利用、小产权房补偿等民生矛盾。[②]近年来,广东、江苏等多地对农村集体土地流转中"小产权房"补偿积极探索并取得成效。

二、土地使用权及房屋承租人的补偿问题

(一)土地使用权的补偿问题

1. 房屋拆迁征收的目的——取得建设用地使用权

我国 1982 年宪法确立了国家所有与集体所有的土地公有制度,单位和个人均不享有土地所有权,只享有土地使用权。但房屋需附着于土地,因此,对城市国有土地而言,所有权为国家,国家基于公共需要征收土地的,只需强制剥夺私人国有土地使用权与其上的房屋所有权;而对农村集体土地而言,由于所有者为集体经济组织,因此,国家基于公共利益需要征收土地的,则一方面需强制将集体土地征为国有,但对于集体土地上的使用权人,包括农村建设用地使用人与宅基地使用权人,则仍系强制剥夺其集体土地使用权与其上的房屋所有权。

我国建设用地使用权的取得方式有如下四种:一为征收集体所有土地(《土地管理法》第 43 条),而对集体土地上的房屋,地方立法中分为两种模式,如第二章所述,一种为房屋拆迁附属于集体土地征收,另一种为对集体土地上房屋拆迁征收单独立法;二为划拨取得国有土地使用权(《土地管理

[①] 以上海市长宁区赵巷、祝家巷两幅集体土地动迁基地为例,通过裁决诉讼仍未签约的几乎全为"买房户",其主要诉求是要求享受或比照"农民户"的待遇。

[②] 冉昊:《论权利的"相对性"及其在当代中国的应用——来自英美财产法的启示》,载《环球法律评论》2015 年第 2 期。

法》第54条);三为收回国有土地使用权(《土地管理法》第58条);四为国有土地上房屋拆迁征收(1991年、2001年《拆迁条例》与2011年《征收条例》)。在上述第一种、第四种方式中,国家对城市国有土地上房屋与农村集体土地上房屋的拆迁征收行为,实际上均系一种复合行为:一是剥夺私有房屋用地范围的基地使用权(包括国有土地使用权、宅基地使用权);二是剥夺房屋及其附属物所有权。①因此,从这一意义上看,房屋拆迁征收补偿亦应包括两部分:一是土地使用权价值的补偿,二是房屋所有权及其附属物价值的补偿。

但房屋拆迁征收的主要目的,除少数为了保护优秀历史建筑与文化遗产而实施征收的情形外,绝大多数情形不是为了取得房屋的所有权,而是旨在通过拆除原有房屋,消灭房屋占地范围内的原土地使用权,使土地使用权回复到完满状态,以便于重新开发和利用。②

2. 国有土地使用权补偿争议

(1)系土地使用权"提前收回"抑或"提前终止"?

2011年《征收条例》第13条第3款规定:"房屋被依法征收的,国有土地使用权同时收回。"该款规定系基于房地不可分割,《物权法》与《城市房地产管理法》对房与地处分确立了一体主义立法原则。③但2007年修正的《城市房地产管理法》第19条规定,基于公共利益需要,国家可以提前收回土地使用权,并根据土地实际使用年限和开发土地的实际情况给予相应的补偿。而2007年《物权法》第148条则规定,对因公共利益提前收回土地使用权的,应当对该土地上房屋给予补偿,并退还相应的出让金。因此,有学者提出2011年《征收条例》第13条第3款"同时收回"的用语究为何意,如与《城市房地产管理法》第19条、《物权法》第148条中的"提前收回"同意,则在房屋征收补偿中是否房地补偿分离,对房屋所有权单独补偿,对土地使用权要么"退还相应的出让金"、要么"给予相应的补偿"。对此,学者

---

① 参见沈开举:《征收、征用与补偿》,法律出版社2006年版,第112页。
② 朱广新:《房屋征收补偿范围与标准的思考》,载《法学》2011年第5期。
③ 参见《物权法》第147条、《城市房地产管理法》第32条,均规定房屋所有权与该房屋占地范围内的土地使用权需一并处分,体现房地一体主义。

经分析后指出 2011 年《征收条例》上述条款中"同时收回"的用语，只是对土地使用权提前终止的一种形象描述，从规范而言，应为"提前终止"。如此解释，方可避免与前述土地使用权收回制度相混淆，同时也与房屋征收立法所确立的房地一体补偿原则相符。探讨国有土地使用权收回与房屋征收补偿制度的衔接，对充分保障土地使用权人以及房屋所有权人的合法权益，意义重大。[①]

（2）"类似房地产市场价格"是否包括土地使用权补偿？

在《拆迁条例》实施期间，争议较大的问题是认为被拆迁房屋"房地产市场评估价格"未能反映土地使用权补偿，尤其在城市旧改中，被拆迁房往往地段好、虽建筑密度高（以棚屋、简屋或多层房屋居多），但建筑容积率低，而从房地产评估价看，却往往低于类似地段高容积率的商品房单价。长期以来，相关立法与执法部门对土地使用权补偿问题一直持回避态度。[②]因此，在 2011 年《征收条例》出台前两次向社会公开征求意见中，不少人就土地补偿问题提出意见。国务院法制办、住房城乡建设部在"第二次公开征求意见吸收采纳情况的说明"中特别指出：补偿是根据类似房地产的价格来评估，这里已经包括了土地使用权的补偿。2011 年正式出台《征收条例》第19 条规定：房屋价值补偿不得低于"类似房地产市场价格"。据国务院负责起草部门的权威解释，该条所指"类似房地产"，是指与被征收房屋的区位、用途、权利性质、新旧程度、建筑结构等相同或相似的房地产。"类似房地产市场价格"是指在评估时点与被征收房屋类似的房地产的市场价格，既包括了被征收房屋的价值，也包括该房屋占地范围内的土地使用权的价值。[③]

可见，针对房屋拆迁征收实务中动迁居民普遍反映的上述问题，即房

---

① 程琥：《国有土地使用权收回中的房屋征收补偿问题研究》，载《中共浙江省委党校学报》2017 年第4 期。

② 参见 1995 年颁布"建设部关于拆迁城市私有房屋土地使用权是否予以补偿问题的复函"；1995 年颁布"国务院法制局对关于拆迁城市私有房屋土地使用权是否予以补偿问题的函的复函"。该两份"复函"对土地使用权补偿问题语焉不详，显在有意回避涉及土地制度这一根本问题。

③ 参见国务院法制办公室农林城建资源环保法制司、住房城乡建设部法规司、房地产市场监管司编：《国有土地上房屋征收与补偿条例释义》，中国法制出版社 2011 年版，第 63—64 页、第 218—219 页。

地产评估价格未能真实反映土地使用权补偿问题,仍由于房地产评估层面出现了偏差所致。

（3）土地"溢价归公"还是"溢价归私"？

在城市房屋拆迁征收实务中,动迁居民拿到的货币补偿款经折算成单价后,有的已超过与被拆迁房屋"类似房地产市场价格"的数倍,但仍然认为补偿额过低而不愿搬迁。主要的理由在于,土地经规划变更提高利用集约度后产生巨大增值收益,该溢价部分不应完全归政府尤其不应给开发商。故核心争议在于土地"溢价归私"还是"溢价归公"。前者藏富于民的思想体现自由主义价值观,而后者藏富于国家及社会的思想体现了国家或集体主义价值观,两种价值观没有绝对的对与错。从前述对西方国家征收土地房屋价格评估时点的比较,各国价值取向不一,有为避免私主体土地投机损及国家公共利益,而确定数年前的土地价格为计价标准；有的以征收公告日为准；有的则以裁决时的地价为准。采不同的计价标准,地价补偿金额迥异。从我国现行立法制度看,土地"溢价归公"思想是我国现行土地财政制度（即土地出让制度）的理念基础之一,学界对该制度的利弊褒贬不一。[1]在国外,日本对补偿项目内容是否包括未来开发利益问题,就有不同的意见；[2]而在英国,对因土地开发推动周边地段市场价值上涨,商业繁荣,对因此而引发的衍生利益问题,英国有征税之规定。但笔者认为,关于土地"溢价归私"还是"溢价归公"的问题上,1994年以来中央地方分税制改革后,地方政府在经济发展、政绩考核的重压下,通过房屋拆迁征收取得土地出让收益确有客观的现实基础,事实也有益于当地的经济发展与整体福利的提高。但绝不能因此而偏执于一端,而应基于公平正义的理念,合理提高房屋拆迁征收补偿额,不遗余力地维护与保障人民的财产权,实现公益与私益的适度平衡。

3. 农村宅基地使用权补偿争议

（1）征地补偿与宅基地使用权补偿的关系

---

[1]　赵红梅:《拆迁变法的个体利益、集体利益与公共利益解读》,载《法学》2011年第5期。

[2]　关于开发利益返还的讨论,参见盐野宏:《行政法》,杨建顺译,法律出版社1999年版,第514—515页。

如第二章第二节所述，在中央立法层面，集体土地上房屋拆迁补偿附属于土地征收制度；而在地方立法层面，则存在三种不同的立法模式：国有土地与集体土地房屋拆迁统一立法、集体土地房屋拆迁单独立法以及集体土地房屋拆迁纳入土地征收立法。虽然立法模式不同，但征地补偿与农村房屋拆迁补偿实际上均采分离原则，换言之，对集体所有土地的征收补偿按征地款分配方案处理，对农村房屋拆迁补偿及占有范围内宅基地使用权补偿则归农户所有。

（2）"房地分离"补偿原则的地方经验

我国房屋所有权与占地范围内的土地使用权，在处分上需遵循房地一体主义。但在部分地方农村私房拆迁补偿立法中，则探索出"房地分离"补偿的成功经验。经对上海、北京、广州三地补偿安置方式与标准补偿进行比较，北京与广州基本一致，采"房地分离"的补偿原则，即区分房屋补偿与宅基地土地使用权的补偿（在土地使用权补偿上两地存在差异，北京按各区县统一核定的每个农户宅基地占地面积计算，而广州则是按核定的建筑面积计算）；上海在 2002 年《若干意见》出台时只考虑被拆迁房建筑面积对应的土地使用权基价补偿。2002 年、2006 年出台补充规定后重新考虑已批未建、可建未建、超面积建房等因素，对于征地公告前已批未建或尚未建造完毕的，按已批建筑面积给予土地使用权基价和价格补贴的补偿；在建工程按实际完成工程量重置价补偿；旧房应拆未拆部分按建安重置结合成新价补偿。对各农户在征地公告前，符合本市农村个人住房建设申请条件的村民家庭，因建设规划控制、经济困难等原因未新建、扩建住房的，对住房面积低于现行可建面积标准的部分，给予"土地使用权基价"和"价格补贴"。对经建房审批，但在批准建房时，超过建房标准审批的，或只审批房屋占地面积未明确层数、建筑面积的，对超过建房标准的面积部分，给予房屋建安重置结合成新价补偿，但不补偿"土地使用权基价"和"价格补贴"。

北京、广州、上海通过"房地分离"补偿原则，对房屋补偿款与土地使用权补偿分别计算，虽然在土地使用权面积核定标准上各地存在差异，但从总体补偿原则上一致，一方面实现了与农村建房制度的衔接，另一方面也使得宅基地房屋拆迁补偿趋于公平合理。

（二）房屋承租人的补偿问题

1. 原上海地方配套立法存在的问题

在原《拆迁条例》实施期间，房屋承租人的补偿问题在上海市房屋拆迁配套立法与实务中存在较多争议。以上海市 2001 年《实施细则》为例，对出租居住房屋的补偿区分下述三种情形：一是协商议定租金标准的（公有与私有）房屋租赁关系；二是执行政府规定租金标准的公有房屋租赁关系；三是执行政府规定租金标准的私有房屋租赁关系。对于后两类租赁关系，承租人的法律地位实际上系用益物权人，在房屋拆迁补偿法律关系中亦处于被拆迁人的地位，与房屋所有人相比，只是货币补偿款计算中略有差别，在被拆除房屋市场价基础上打八折，因此，在实务中并无太大争议。

实务中存在较大争议的集中于第一类，即"市场租赁关系"中承租人在拆迁征收中的地位与补偿范围问题。按上海市 2001 年《实施细则》第 36 条第 2 款的规定，对被拆迁人（包括公房所有人、公房承租人、私房所有人）与房屋承租人就解除双方建立的市场租赁关系达不成协议的，拆迁人应当对被拆迁人实行房屋调换。安置房由原承租人承租，被拆迁人与原承租人重新订立房屋租赁关系。

上述规定存在下述三方面的问题：一是承租人在房屋拆迁补偿中的主体地位不明。立法虽赋予其有限参与补偿协商的权利，但从立法规定上看又不属于被拆迁人，故在补偿协议中不具有主体资格，导致实务疑义丛生。在拆迁裁决、拆迁协议纠纷中，虽基于上述规定赋予承租人相应的救济途径，但该救济途径往往虚设；二是承租人主张补偿的依据与途径不明确。因承租人与被拆迁人之间存在着租赁合同关系，双方在合同中对遇动迁的法律后果可能有明确的约定，也可能未约定、约定不明或无效。因此，是否在后一情形下，才可主张通常损失补偿，包括装潢损失、停业损失与设备迁移费等。即便如此，立法对承租人向拆迁人或出租人主张亦未明确，从而导致实务争议；三是操作性不强，如协商不成的实行房屋调换重新订立租赁关系，一方面直接干预合同自由，另一方面在以期房安置、异地安置为主的补偿政策下，立法径直规定双方就安置房重新订立租赁关系，租赁房屋存在差异，出租人与承租人是否愿意继续建立租赁关系，均存在疑问。①从拆迁实务看,第 36 条第 2 款的规定亦并未执行,从而引发大量的租赁合同纠纷与房屋拆迁协议纠纷的关联诉讼,实践效果不好。

2. 上海现行配套立法"矫枉过正"

2011 年《征收条例》出台后,上海市房管局牵头起草新的配套细则,并就细则草案多次召开专题会议分别听取学者、房管部门、法院等部门的意见。笔者与多名实务人士,就今后房屋征收中市场租赁关系的处理提出建议,提出原《实施细则》第 36 条第 2 款关于市场租赁关系的相关内容,未能考虑到房屋拆迁关系与市场租赁合同关系的衔接,建议对市场承租人因租赁房屋拆迁而导致的损失,首先按合同原则处理,有约定的按合同约定内容处理;对合同中没有约定的,有关政府部门可就装潢损失、停业损失与设备迁移费等项目制定一个供参照的补偿标准。这样一方面便于厘清两个不同的法律关系,提高房屋征收的效率;另一方面也有一个明确的补偿规则,明确市场租赁合同当事人的权利义务内容,减少因房屋征收补偿项目标准不明而引发纷争。因此,建议 2011 年《实施细则》中应对原《实施细则》中的上述内容中予以修改。

然而,最终出台的 2011 年《实施细则》仅部分采纳了上述意见,删去了原《实施细则》第 36 条第 2 款之内容,对房屋征收中市场租赁关系不再予以规定,意旨为一律按合同原则进行处理。②然而,如租赁合同对征收补偿事项约定不明或约定无效之情形,则未明确市场租赁关系承租人是否可主张补偿,更未明确可主张补偿的项目范围与标准,从而出现了缺漏,似有矫枉过正之嫌。

三、房屋征收新政特殊补偿诉求及立法愿景

(一)问题提出:房屋征收新政中的特殊补偿诉求

在过去数十年城市旧改房屋拆迁补偿实务中,百姓反应强烈的除了前

---

① 崔建远主编:《房屋拆迁法律问题研究》,北京大学出版社 2009 年版,第 70 页。

② 在原拆迁条例实施期间,也有的地方立法明确市场承租人不属于拆迁补偿安置范围。例如 1998 年《杭州市征用集体所有土地房屋拆迁管理条例》第 23 条规定:拆除出租(借)的住宅用房,拆迁人对租(借)用人不予安置和补偿。

述基本财产权保障与福利保障外，还要求在补偿安置中考虑异地安置带来的诸多问题。以上海近年为例，城市旧改配套安置房源均远离市区，多数安置房基地在郊区，而远郊安置房基地大配套、小配套均无法与旧城区相比，从而导致就业学习、日常生活、老人就医、小孩上学等诸多问题。因此强烈要求增加就近安置房源，或增加额外的损失补偿。

对城市旧改中被迫迁离中心城区居民的上述诉求，笔者切身感受到问题的沉重与无奈。上海城市旧改中给予居民的补偿安置政策较前些年已十分优厚，但由于市区土地资源缺乏，故安置配套房只能建在远郊。而由于近年中心城区房价高企，新建商品房绝大多数为大户型。对于许多困难家庭而言，几代人蜗居一室的现象仍不在少数，凭政府给予的补偿款尚难满足分得开、住得下的良好愿望。为了改善居住条件，有的家庭被迫选择几代人共同迁离中心城区，入住远郊的配套房。有的家庭为了子女就业、孙辈上学，则用部分货币补偿在近郊买房给子女居住，老人则选择远郊配套房。许多在旧城区居住了一辈子的老人，迁到远郊后，因原有生活方式、居住环境、"开门七件事"的变化，而导致生活忙乱、精神上的痛苦。

（二）立法愿景：精神性损失补偿与生活再建补偿

旧改中被迫迁离中心城区居民的上述诉求，应属于未能涵盖于传统补偿范围的特殊利益补偿项目，大致可区分下述两方面的内容予以讨论：

1. 精神性损失补偿争议

如本章首节关于西方国家征收补偿原则的历史演进，以德国为例，从自由主义财产观念下的完全补偿原则到社会福利法治国家的适当补偿原则，再演进到基本法时期的公平补偿原则，补偿原则从最初强调保障私人财产权、到侧重保障社会公共福祉、再到兼顾公益私益平衡的反复的历程。又从本章第二节对我国改革开放四十年来房屋拆迁征收补偿立法政策的梳理，亦经历了一个侧重人民基本居住保障、到侧重人民财产权保障、再到兼顾财产权保障与福利保障的反复的历程。

但在上述补偿原则价值取向演进过程中，即便在完全补偿原则下，补偿所包含的通常价值与特别价值均必须为客观价值，而不包括个人偏好、情感等主观价值,亦不包括间接损失。①这在前述法国、德国、日本、美国等征收补偿原则讨论中,各国无论从立法还是判例均无例外地予以排除。其理由概为:此类精神性损失属于主观价值,难以进行客观的、财产性的评价,即便可能参照民事精神性损害加以衡量,因囿于政府财力也难以负担,即便勉为负担却最终损及公益。但日本学界,仍然该国国民对祖传土地的特别主观情感,因土地收用而导致的精神性损失的补偿问题进行了深入讨论。学者指出,鉴于本国国民对祖先传下来的土地环境存在着特别的主观感情……就独立的精神性损失设立补偿项目,被认为是可能的。②在征收补偿实体认定上,应对包括生活权和精神损失在内的间接损失进行补偿。③此外,针对主观性精神性痛苦,在客观的、金钱性的评价上存在的困难,学者认为,可比照民事损害赔偿诉讼,可考虑最终委托给法官来判断。④

笔者认为,我国数千年历史文化传统一直延续着"安土重迁"的乡土情怀。因此,对于因城市旧改而被迫迁离居住已久地区的居民,为国家公共利益而在情感上带来的痛苦,应视为对居民造成特别的侵害,如同财产性的损失补偿一样,当视国家财力给予合理的补偿以为人民精神损害的慰藉。

2. 生活再建补偿争议

在对日本土地征收补偿项目的讨论中,存在着对"生活再建补偿或者生计补偿"的讨论。这不是对个别财产的财产价值的补偿,而是着眼于作为整体的人的生活本身或者该人的生活设计的补偿。例如,在农村土地征用过程中,特别是建设水库,导致村落大部分被水淹没,失去的除了土地之外,还有被迫在那里居住的村民的生活本身。对于少数残存者来说,将失去至今为止所形成的村落中承受生活的诸多便利和利益。如果以个别的财产所获得的补偿金,则只能在平原上购买比原来狭小的新的土地。故被迫进行生活的变更、职业的变更。在日本《土地收用法》及"基准纲要"中仅

---

① 段平华:《德国和美国私有财产权征收补偿之比较研究》,载《文史博览》2007 年第 8 期。

② 作为存在特别情况时予以承认的见解,参照小泽:《逐条解说土地收用法》下卷,第 268 页。西埜:《损失补偿的必要性及其内容》,第 266 页(转引自[日]盐野宏:《行政法》,杨建顺译,法律出版社 1999 年版,第 509—510 页)。

③ 李伯侨:《论城中村改造间接损失的补偿》,载《暨南学报(哲学社会科学版)》2013 年第 11 期。

④ 参见[日]盐野宏:《行政法》、杨建顺译,法律出版社 1999 年版,第 508—510 页。

就少数残存者补偿、离职者补偿等作了规定,对上述生活再建补偿则没有规定。虽然从立法政策与实务中,人们已逐步认识到生活再建措施的重要性,但目前在法律上尚限于一种努力义务,并未赋予裁判上的请求权。同时,在日本判例中,迄今尚未得到承认。①但上述关于"生活再建补偿或者生计补偿"的讨论,对我国今后城市旧改补偿政策取向有积极的借鉴意义,应当将财产权补偿和相关补充性措施相结合,实现生活再建。②

行文至此,想起陈新民教授在《公益征收的补偿原则》一文中的真诚呼吁,引录如下以为本节结语:"土地是人民生存的依据,土地上的房舍屋宇,虽是一砖一瓦,莫不是人民一滴血、一粒汗的努力累积而成。国家即使必须为公益而剥夺之,必须以不忍人之心来面对,并易地而处地感受之。"③如斯考量,立法者,包括执法者与司法者理应共担重任,对于上述两项未能涵盖于传统补偿范围的特殊利益补偿项目,应以学者的上述呼吁作为今后征收补偿政策价值取向的良好愿景。以至诚之心,忠实践行宪法法律赋予的神圣使命,切实回应普通百姓这一发自内心的朴质的情感诉求。

■ 第四节 房屋征收新政补偿程序及实务争议

房屋拆迁(或征收)法律关系,可区分为公、私法两大类:第一类为公法关系。即拆迁征收双方当事人与政府之间建立的公法关系,主要可分为下述三种:一是房屋拆迁许可(征收决定)法律关系;二是房屋拆迁裁决(征收补偿决定)法律关系;三是房屋拆迁(征收)强制执行法律关系。第二类为私法关系。又可分为两种,一是拆迁征收双方当事人及其利害关系人就房屋拆迁补偿建立的民事法律关系。主要为房屋拆迁补偿安置协议(房屋征收补偿协议);④二是拆迁征收双方当事人因房屋拆迁征收补偿而与其他

---

① [日]盐野宏:《行政法》,杨建顺译,法律出版社 1999 年版,第 510—512 页。
② 杨建顺:《土地征收中的利益均衡论》,载《浙江社会科学》2013 年第 9 期。
③ 陈新民:《德国公法学基础理论》(增订新版下卷),法律出版社 2010 年版,第 43 页。
④ 2014 年 11 月 1 日修正《中华人民共和国行政诉讼法》将行政协议纳入行政诉讼受案范围,2015 年 5 月 1 日新行政诉讼法施行后,房屋拆迁补偿安置协议纠纷仍按民事诉讼途径作为民事案件处理,但房屋征收补偿协议则作为行政协议纠纷,按行政诉讼途径作为行政案件处理。

民事主体建立的民事法律关系。如拆迁人（或征收主体）与实施单位之间的委托合同关系，被拆迁人（或被征收人）及其家庭成员之间就补偿款或安置房产生的权属、析产、继承等民事法律关系等。

基于本书的研究重点，侧重讨论上述房屋拆迁征收中的三个主要环节中的四对主要法律关系：第一个环节为房屋拆迁征收目的，涉及房屋拆迁许可与征收决定法律关系（第三章中讨论）；第二环节为房屋拆迁征收补偿，涉及房屋拆迁协议及征收补偿协议、房屋拆迁裁决与征收补偿决定两组法律关系（本章中讨论）；第三环节为房屋拆迁征收强制执行，涉及强制执行法律关系（第五章中讨论）。在本节中，将就第二环节两组法律关系中的有关程序（含评估程序、协议程序、行政裁决程序与司法救济程序），结合房屋征收新政补偿程序实务争议集中展开讨论。

一、原房屋拆迁补偿程序存在问题

经向上海市动迁实务部门的访谈调研，以及在基层从事房屋拆迁纠纷案件审理的经验认知，在原《拆迁条例》实施期间，上海市房屋拆迁补偿程序中主要存在下述问题：

（一）房地产评估公信度低：老房与新房评估价存在落差

房屋拆迁补偿首要之点，在于对被拆迁房屋进行房地产市场价评估。但从实务看，动迁居民对被拆迁房评估价与安置房评估价的认可度低，房地产评估公信力差强人意，动迁居民普遍反映被拆迁房评估价偏低，未客观反映实际使用功能与交易价格。这除了部分动迁基地被拆迁房评估单价与实际上市交易单价确存在一定落差外，更多集中于下述两类动迁基地：一是城市棚屋、旧里、简屋等旧区改造动迁基地。拆除的多数为一至三层低矮房屋，这些房屋建筑质量次、成新率低、建筑密度大，但地段好、容积率低；而且多数房屋有一个小院落，存在不同程度的搭建。因此，虽然产证面积只有二三十个平方米，但几代人居住却也能分得开、住得下。然而评估单价时可能还不及地段差的安置房，由于无证面积只能计材料费，因此，虽然实际居住面积大，但因有证面积少，故总价上不去。二是农村房屋动迁基地，存在着上述类似的问题。而安置房由于为新建商品房，相比老房地段差、建筑容积率高、实际得房率低,但建筑质量好一些,结果单价与总价并不低。

(二)"奖励费"角色错位:从补偿替代异化为逼迫签约的手段

如前述,由于城市旧区改造动迁基地"房小人口多",评估总价上不去,仅凭房屋货币补偿款难以解决居住困难。在 2001 年以后实行"数砖头"为主的补偿政策下,在上海,虽然对城市棚屋、旧里、简屋等旧改基地仍然考虑"人头"因素,动迁居民可在"价值标准房屋调换"与"面积标准房屋调换"中择优选择。但在近年房价节节攀升,而总体住房条件逐年改善的背景下,仅按现行补偿政策仍难以解决拆迁解困问题。为推进动迁速度,先是"友情操作"视各家庭实际暗地里补一块,后来为解决"暗补"弊端,改为以增设各类奖励费的形式"明补"。如设奖期内奖励费(区分一奖期、二奖期、三奖期)、速迁奖励费、特别搬迁奖励费等。由于动迁居民得到了激励,最初取得较好的促进效果,到后来通过不断增加奖励费,甚至超过房屋补偿款,从而出现两方面的问题:一是奖励费名不副实,名为奖励但实际上是对补偿标准偏低的替代补偿;二是奖励费脱离最初设立的目的,成为动迁单位督促或逼迫动迁居民早日签约的手段。

(三)"三公"规则失守:"早签约早得益"到"晚搬迁者得实惠"

近年来,从中央到地方均在大力推进动迁补偿的"公平、公正、公开"制度,简称为"三公"程序规则。为促成居民早日签约,动迁前除了在"告居民书"中将不同时期签约的奖励标准予以公示,同时还在基地打出"早签约、早得益"的宣传标语,但动迁中仍然会遇到一些拆迁户会提出这样那样的理由与要求,为了早日拆平,早日开发,减少成本,在动迁补偿口径把握上"前紧后松"成为一种较为普遍的现象。

(四)裁判者的无奈:裁决、诉讼成为"走程序"的代名词

在房屋拆迁实务中,由于地方拆迁政策中制定的补偿标准偏低,各类奖励费、补贴费高,当拆迁人与被拆迁人协商不成申请裁决后,经裁决机关主持调解,被拆迁人仍拒不接受拆迁人提供的协商方案时,因已超过了奖励期,而拆迁人通常不愿意按协商方案裁决,导致裁决机关最终作出的裁决方案远低于原先的协商方案。动迁居民对拆迁裁决提起行政诉讼后,法

院在审查中也只能进行合法性审查。而实务中，在裁决、判决后，只要动迁居民愿意，拆迁人亦会按原先承诺过的协商方案为基础签约，有时只要动迁居民要求不高，还可另外加一块。结果，无论从拆迁人还是从动迁居民的角度，裁决、诉讼实际上成为"走程序"的代名词，成为逼使其早签约的手段。①

二、原房屋拆迁补偿程序异化的原因分析

对原房屋拆迁补偿程序环节中出现的上述异化现象及问题，大致可以分为如下三个层面：

（一）房屋拆迁补偿标准与评估方法不尽合理

从上述问题的原因分析看，根本原因还是补偿标准偏低的问题，这有补偿政策出现偏差所导致的问题，如重安置轻补偿，到重补偿轻安置（俗称从"数人头"到"数砖头"）的前后政策交替过程中，矛盾尤为突出。正由于补偿标准偏低，才出现"友情操作"，才会有"奖励费"异化为胁迫早签约的手段。但如考虑个案正义，则违背了程序规则；如坚守规则之治，则违背了实质正义。因此，关键仍在于提高补偿标准。此外，房地产评估机制与方法不合理也是个中原因，如在评估中偏重考虑房屋价值，对被拆迁房土地使用权的区位价值未充分考虑，更未考虑土地的未来升值空间。

（二）"重实体轻程序"观念导致程序价值忽视

在房屋拆迁补偿实务及争议救济程序中，从协商、裁决到诉讼过程中，无论是拆迁双方当事人，还是裁决机关，均更多地关注于补偿标准与数额争议，对于协商与裁决环节中涉及的一些程序问题实际上并不重视。只是

① 2011年3月4日笔者向上海市长宁区房管局从事动拆迁管理多年的资深人士进行个别访谈，他就专门谈到了公示的奖励费、补贴款与裁决、诉讼、强迁程序的辩证关系，以下为当日访谈笔录的内容摘要：以前对拆迁体量大的基地，在奖励期内，工作比较好做，会走掉一批；奖励期过后，工作会进入僵持状态，这时挑一部分申请裁决，效果也比较好，对基地动迁户会有触动，也会带动一部分；然后看基地推进情况再分批裁决。毕竟裁决还是手段，在于促使动迁户回到合理的协商程序中来；从多年的实践看，裁决后绝大多数动迁户还是能达成拆迁协议的，只有少部分最终进入强迁程序。但无论进入哪一个阶段，即便走完了强迁程序，房屋拆平了，只要居民愿意坐下来，拆迁单位也愿意回到奖励期给足各种奖励费与补贴款，有时考虑到有的家庭存在实际情况，只要合情合理，哪怕在政策之外再补一块，也是可以的，但怕就怕在居民根本不愿坐下来跟你谈。

在引发争议后,在诉讼或信访期间,才事后寻找程序问题,如协商过程中评估报告未送达、未告知复估权利;裁决期间未组织调解、送达不规范等。而如前述,无论是动迁居民还是执法者,均明了晚走不会吃亏,因此,对程序价值并不关心。即便在诉讼程序中,包括审理案件的法官,也实际上更关心实质补偿问题,然而因受限于拆迁补偿标准偏低的现状,面对居民的合理诉求,则以原协商方案为基础,尽量通过案外协调为居民再争取一块利益。上述"重实体轻程序"的传统观念导致拆迁当事人与执法主体忽视程序价值。

（三）不同主体的博弈心理加剧问题的复杂化

动迁矛盾本质上是一个利益矛盾,在这一矛盾解决过程中,涉及拆迁人、被拆迁人、执法者等主体之间的利益博弈与心理博弈。有学者对上述不同主体作了专门分析,从动迁户角度:一是攀比从众心理,尤其在信息不对称情况下会进一步加剧;二是责任扩散心理,动迁户作为一个松散的集体,每个个体所负的道德与法律责任有限;三是法不责众心理,在动迁上访老户中表现尤为显著。从拆迁人角度:一是效益优先心理,公平、公正与公开不是其价值判断标准的首选项;二是总量控制心理,动迁成本总量控制,往往出现同基地"前紧后松"、"老实人吃亏"的现象;三是依赖行政的心理,寄裁决、强迁处理"钉子户"。从执法者角度:一是责任下移心理,将矛盾化解任务一律压给动迁单位与维稳部门;二是"重商轻民"心理,早拆平、早开工、早见效;三是司法介入心理,引导居民走司法救济途径,将矛盾推向后道程序。此外,社会舆论与网络媒体也推波助澜,将"点上"矛盾影射到"面上",热炒个别"卖点",使局部问题扩散化,从而也加剧了问题处理的难度。[①]

三、当前房屋征收新政补偿程序的几点展望

前述对原房屋拆迁补偿程序环节出现的问题及原因分析,对当前房屋

[①] 参见沈立新:《社会心理对动迁工作的影响及利用》,载上海市督促化解动拆迁矛盾专项工作组编:《解读动迁——关于动拆迁 31 个热门话题的讨论》。

195

征收新政补偿程序具有警示意义,概有下列三点可资借鉴:

（一）程序价值需以公平补偿为依托

离开公平补偿来空谈程序价值,则成无源之水,无本之木。原房屋拆迁补偿中出现的"奖励费"名实不符、裁决与诉讼程序异化,其根源在于补偿标准上出现了问题,在补偿标准制定中存在总体偏低、前后不一、未平衡同基地或相邻地块共性与个性的问题,对补偿项目、估价方法、当前与未来情势变更等因素考虑不周详。从理论上说,如兼顾到了上述问题,当可以如同一个提前预设的计算公式,只需将每户的房屋、人员等情况输入,则马上会得出该户的补偿额。但实际上基于征收补偿之复杂性与不可预期性,上述几乎是不可能完成的任务。然而,对上述带有共性的、全局性的必要之点,以及虽系个性,但确需予以斟酌考量的个性问题,仍应是补偿标准制定中需加以考量的因素,如是,才能兼顾"大家"与"小家",才能不断接近于公平补偿的目标,也才能使随后展开的补偿环节减少阻抗,凸显并自觉接受程序的价值所在。因此,要避免脱离公平补偿实体内容来过分强调程序价值,包括救济程序的价值。有学者指出,我国征地恶性事件频发的重要根源在于,补偿数额争议实际上无法诉诸司法过程有效解决。认为征收补偿数额争议从性质上是一种特殊的侵权责任,属于典型的民事争议,现行诉讼制度却将该争议错误纳入行政诉讼,即使获得胜诉,也并无太大意义,因此,主张纳入民事诉讼救济途径,确立法院对补偿数额争议的裁判权,赋予法院确定补偿数额的权力。[①]对此,笔者认为,补偿数额争议的根源应更多关注标准的制定,纳入行政或民事诉讼救济并无本质不同。

（二）公权力主体应自觉践行并培育程序意识

程序与过程系同义词,在房屋征收补偿程序中,从拟订征收的事先调查、到征收补偿方案的论证与听证、被征收房屋估价程序、补偿协议程序、补偿决定程序、最后到诉讼解决争议甚至还包括申诉信访。当解决了前述补偿标准这一体现程序价值的核心问题后,则应在前述一系列程序环节中,围绕征收补偿,对每个环节中的程序规定予以细化,并切实加以关注与

---

① 杨俊锋:《行政诉讼还是民事诉讼:征收补偿数额争议之解决》,载《环球法律评论》2014 年第 1 期。

践行。尤其是程序的制定者、执法者与司法者，首先应身体力行，并时刻注意自身所肩负的义务，在上述过程中自觉引导全体当事人自觉遵守并参与到程序之中。

（三）征收补偿争议矛盾化解应贯穿程序始终

土地房屋系百姓的安身立命之所，当前我国城市化、工业化浪潮引发大量征地拆迁纠纷，当前国际国内形势又处于"三期"①的特殊时代背景下，因此，征收补偿争议的事先预防与事后矛盾化解，应系立法、行政与司法共负的职责。从立法者而言，除前章所述规范征收目的外，在征收补偿中需明确补偿范围、标准、程序，减少因立法缺漏、滞后、不合理而引发争议。②从政府而言，作为征收补偿主体与裁决机关，需切实加强纠纷解决意识，可通过征收前的收购协议、征收中的补偿协议甚至包括征收补偿决定作出的和解协议，切实减少征收争议。此外，避免将矛盾习惯性引入司法救济，推向后道司法程序。从法院司法而言，作为争议最终救济途径，在依法裁判同时，应贯彻最高人民法院倡导的行政争议实质性解决机制，通过诉前调解、诉中化解、诉后和解的方式，将征收补偿争议矛盾化解贯穿于全过程。

---

① "三期"指当前中国国际、国内形势正处于"人民内部矛盾凸显、刑事犯罪高发、对敌斗争复杂的时期"。

② 芦雪峰：《我国城市房屋征收补偿的法律分析——以上海市房屋征收补偿新规为例》，载《行政论坛》2014 年第 2 期。

第 五 章
房屋征收新政强制执行模式之争

2011年1月21日国务院颁布《征收条例》,对房屋征收强制执行模式作了重大调整,将传统的"行政强拆"与"司法强拆"双轨制改为"司法强拆"单轨制,明确今后房屋拆迁征收政府不得再责成有关部门组织强制执行,一律向法院申请强制执行。作为修订的"亮点"之一,从"征求意见稿"公布,即引发媒体、学界与实务部门的持续关注。2011年《征收条例》最终采纳"司法强拆"单轨制并从颁布之日同步实施,立即赢得众多学者、民众的广泛好评,同时也给地方政府与法院(尤其给上海这样一直以"行政强拆"为主导的地方政府与法院)带来强烈震撼,地方政府与法院在各级党委的协调下,紧急研究出台应对举措。时隔数月,全国人大常委会于2011年6月30日通过《中华人民共和国行政强制法》(以下简称《行政强制法》),对我国行政强制执行体制维持了传统的双轨制,即"申请法院强制执行"与"行政机关自行强制执行"。然而,相继出台的两部新法对"司法强拆"审查标准与具体执行方式并未作具体规定,有意给法院继续探索改革执行方式留下空间。因此,针对房屋征收新政房屋拆迁强制执行模式变化所引发的阵痛与争议问题,亟须学界与实务部门作进一步的思考与探索。本书中,将采用制度分析方法,结合上海市及其他地方房屋拆迁征收强制执行立法与实务调研,对原《拆迁条例》"行政强拆"与"司法强拆"双轨制及2011年《征收条例》"司法强拆"单轨制模式面临的问题进行梳理,并提出本书的思考与建议。[1]

■ 第一节 强制执行概念及立法体制

一、强制执行概念

在本书中将涉及多组与强制执行相关的内涵与外延各异的法律与法学概念,这些法概念有时与房屋拆迁征收实务中的习惯用语相对应,有时则存在交叉,为避免歧义,故在章首对书中涉及的几组概念作必要的界定与说明。

(一)"行政强制"、"行政强制措施"与"行政强制执行"

在《行政强制法》出台前,"行政强制"不是一个法律概念,学术界对行政强制的认识也存在争议。受国外行政法理论的影响,我国早期行政法学理论认为行政强制就是行政强制执行,其后,又有学者提出行政强制等同或包含行政强制措施。1989年《行政诉讼法》出台,规定了"行政强制措施"与"行政强制执行"两个概念,[2]这样"行政强制"包括上述两个概念的观点逐步占据主流,即"行政强制=行政强制措施+行政强制执行"。但在大陆法系国家关于行政强制立法即法学理论中,如德国、日本等,行政强制则作为行政强制执行与即时强制的上位概念。有学者经研究指出,上述国外行政法理上的"行政强制=行政上的强制执行+行政上的即时强制"与我国行政法理上的"行政强制=行政强制措施+行政强制执行"是相等的。换言之,国外所提的"即时强制"实际上就是我们

---

[1] 本章内容系笔者主持并独立撰稿的2011年度上海市法学会青年课题"《国有土地上房屋征收与补偿条例》施行后对现行房地产法律制度之影响——以房屋拆迁征收强制执行制度及实务问题为视角"的阶段性研究成果,该课题已于2012年6月顺利结项,并荣获该年度青年课题评比二等奖。关于本章的主要观点经整理后已发表,参见唐杰英:《"司法强拆"可否走出征收困局》,《法学》2012年第3期。

[2] 参见1989年《行政诉讼法》第11条第1款第2项:"人民法院受理公民、法人和其他组织对下列具体行政行为不服提起的诉讼:⋯⋯(二)对限制人身自由或者对财产的查封、扣押、冻结等行政强制措施不服的⋯⋯"第66条:"公民、法人或者其他组织对具体行政行为在法定期限内不提起诉讼又不履行的,行政机关可以申请人民法院强制执行,或者依法强制执行。"(2014年修正《行政诉讼法》第12条第1款第2项、第97条作了类似的规定)

所说的"行政强制措施"。关于"行政强制"相关种属概念内涵与外延的演变及争议,曾有行政法学者作了系统的梳理,因非本书的研究重点,故不作赘述。①

2011 年 6 月 30 日《行政强制法》正式颁布并于 2012 年 1 月 1 日正式实施,该法第 2 条对上述概念作了明确的界定:

首先,"行政强制"是上位概念,包括"行政强制措施"和"行政强制执行"。"行政强制"既是一种行为,也是一种制度,又是一种理论。②其次,"行政强制措施"是指行政机关在行政管理过程中,为制止违法行为、防止证据损毁、避免危害发生、控制危险扩大等情形,依法对公民的人身自由实施暂时性限制,或者对公民、法人或者其他组织的财物实施暂时性控制的行为。与境外行政强制立法及我国传统行政法学著述中的"即时强制"系同一概念,属于同一种行政强制行为,我国新出台的《行政强制法》之所以采用"行政强制措施"而不是学术界更为常用的"即时强制",系考虑到我国立法实践中的用语习惯。最后,"行政强制执行"是指行政机关或者行政机关申请人民法院,对不履行行政决定的公民、法人或者其他组织,依法强制履行义务的行为。按照强制机关的不同,"行政强制执行"区分为"行政机关自行强制执行"与"申请人民法院强制执行",因此,虽然名为"行政强制执行",但执行的主体并非都是行政主体。③

"行政强制执行"和"行政强制措施"之间最关键的区别是,前者基于"基础行为"(如房屋拆迁裁决或房屋征收补偿决定)与"执行行为"的分离,因相对人不履行已经生效的基础行为而对相对人实施强制,以迫使相对人履行基础行为所规定的义务。后者是基于"基础行为"与"执行行为"的不可分离性,出于维持公共秩序的需要所作出的强制行为,它不以基础行为的生效及相对人不履行该基础行为为前提。④

---

① 参见胡建淼主编:《行政强制》,法律出版社 2002 年版,第一章"行政强制的合理定位",第 1—31 页;胡建淼主编:《行政强制法研究》,法律出版社 2003 年版,第一章"行政强制的基本概念",第 1—58 页。

② 胡建淼主编:《行政强制》,法律出版社 2002 年版,前言。

③ 参见马怀德主编:《〈行政强制法〉条文释义及应用》,人民出版社 2011 年版,第 6—8 页。

④ 胡建淼主编:《行政强制》,法律出版社 2002 年版,第 24—25 页。

（二）"房屋拆迁"与"房屋搬迁"、"行政强拆（迁）"与"司法强拆（迁）"

在本书中,将围绕被拆迁人或被征收人不履行"腾地交房"义务的强制执行问题展开讨论,即"房屋拆迁（搬迁）强制执行"制度。首先得明确"房屋拆迁"与"房屋搬迁"两个概念,前者是《拆迁条例》的立法用语,而后者则系《征收条例》的立法用语,《征收条例》最终放弃了原条例沿用多年的"拆迁"一语,代之以"搬迁",这除了有规范法律用语的考虑外,亦与近年"拆迁"一词伴随过多的负面信息相关。但正如学者坦言:将"拆迁"改为"搬迁",并非问题的本质所在。①因此,为行文方便同时也考虑到沿用多年的立法用语习惯,在下文中除对《征收条例》直接引用需采用"房屋搬迁"用语外,其余均沿用"房屋拆迁"用语。

其次,关于房屋拆迁强制执行,则涉及如下三组概念。按《行政强制法》上述立法概念,对房屋拆迁（搬迁）不履行"房屋拆迁裁决"、"房屋征收补偿决定"具体行政行为所确定搬迁义务采取的"行政强制执行",按强制执行主体的不同,可区分为"行政机关自行强制执行"与"申请人民法院强制执行"。上述"行政强制执行"概念系以执行依据为标准,均系对生效具体行政行为的强制执行,但执行主体并不限于行政机关,尚包括人民法院。然而,著名行政法学者应松年教授则认为:行政机关自身强制执行固然属于行政行为,但当行政机关申请人民法院强制执行,当法院审查同意,下令强制执行时,它就是司法强制,不应再称为行政行为或具体行政行为。②按应松年教授的观点,前述生效房屋拆迁裁决与房屋征收补偿决定,当行政机关自行强制执行,才可称为"行政强制执行",而当申请人民法院强制执行则应称为"司法强制执行"。

在房屋拆迁实务及媒体的习惯用语中,则并未严格区分执行依据或执行主体,概将行政机关组织实施的房屋拆迁强制执行称为"行政强拆（迁）",而将人民法院组织实施的房屋拆迁强制执行称为"司法强拆（迁）"。如从执行依据上考察,法院"司法强拆（迁）"除依据生效具体行政行为外

---

① 参见杨建顺:《"司法强拆"悖论的探析》,载《中国审判新闻月刊》2011年第59期。
② 应松年:《论行政强制执行》,载《中国法学》1998年第3期。

（"拆迁裁决"、"房屋征收补偿决定"的非诉执行），尚包括生效民事裁判（"拆迁协议"生效仲裁决定或民事裁判）、生效行政裁判（"拆迁裁决"、"房屋征收补偿决定"的生效行政裁判）。

可见，上述房屋拆迁强制执行中"行政强制执行"与"司法强制执行"、"行政机关自行强制执行"与"申请人民法院强制执行"、"行政强拆（迁）"与"司法强拆（迁）"三组概念从内涵与外延上互有交叉。在本书中，将区别不同语境使用上述法概念与习惯用语。

（三）"先行（予）执行"与"事后执行"

如前述，作为行政强制法中的核心概念，"行政强制措施"和"行政强制执行"之间最关键的区别，在于"基础行为"与"执行行为"是否具有可分离性，二者具备不可分离性的为"行政强制措施"，二者具备可分离性的为"行政强制执行"。例如，在房屋拆迁强制执行中，针对被拆迁人未履行生效拆迁裁决所确定搬迁义务的强制执行，拆迁裁决为"基础行为"，政府或法院强制执行为"执行行为"，二者泾渭分明。然而，无论在中国还是国外行政法中，客观上还存在一种介于行政强制措施与行政强制执行之间的强制行为，即"先行（予）执行"行为，它以基础行为作出但尚未最终生效之后便实施强制执行为特征，即不是在法定救济期限内放弃救济权利，或经法律救济维持了基础行为。这种"先行执行"行为，无论在外国还是中国，不管是坚持法律救济原则上不停止原行政行为执行的国家和地区（如法国、日本），还是法律救济原则上停止原行政行为执行的国家（如德国）都客观而广泛地存在。[①]

我国《行政复议法》第 20 条、1989 年《行政诉讼法》第 44 条[②]对具体行政行为的强制执行确定了"行政复议和行政诉讼不停止执行为原则、以停止执行为例外"，此种情形之先行执行行为，因所依据的基础行为处于复议

---

① 关于法国、德国、日本对"先行执行"的规定，详见胡建淼主编：《行政强制》，法律出版社 2002 年版，第 25—26 页。

② 《行政复议法》第 20 条："行政复议期间具体行政行为不停止执行；但是，有下列情形之一的，可以停止执行：……"；1989 年《行政诉讼法》第 44 条："诉讼期间，不停止具体行政行为的执行。但有下列情形之一的，停止具体行政行为的执行：……"（2014 年修正《行政诉讼法》第 56 条作了类似的规定）。

或诉讼阶段尚未最终生效,故具有"先行性"的特征。另需特别指出的是,上述条文确立的不停止执行原则系针对行政机关有强制执行权并自行强制执行的情形。①对行政机关无强制执行权或虽有强制执行权但在行政诉讼过程向法院申请先予执行的情形,1999年最高人民法院《关于执行〈中华人民共和国行政诉讼法〉若干问题的解释》(以下简称1999年"行诉法解释")第94条对此作了严格限制,以不予执行为原则,只有在不及时执行将给国家利益、公共利益或者他人合法权益造成不可弥补的损失的情况下,才可以先予执行。此外,1989年《行政诉讼法》第66条、1999年"行诉法解释"第86条②对行政机关申请人民法院(非诉)强制执行作了明确规定,需所依据的"具体行政行为已经生效"为前提,此类"非诉强制执行行为"具有"事后性"的特征。从上述"行诉法解释",表明了最高人民法院对申请法院司法强制执行采取了"以事后执行为原则,先行执行为例外"的立场。③

但国务院两部《拆迁条例》在中国实施20年间,为了加快城市建设、推进旧改步伐、增加地方财政收入,同时也兼带政绩形象工程等因素,在房屋拆迁行政强制执行领域,中央与地方均采取了"先行执行为原则,事后执行为例外"的基本价值取向。而2011年出台的《征收条例》,取消了行政机关自行强制执行,统一申请法院强制执行,此外,从《征收条例》并结合行诉法及司法解释之规定,原则上以"事后执行为原则,先予执行为例外"。其中"先行(予)执行"包括民事仲裁、民事诉讼及行政诉讼期间之执行,"事后执行"包括非诉执行与生效裁判的执行。关于房屋拆迁征收中的"先行(予)执行"问题,将在以下章节中作进一步的讨论。

---

① 甘文:《行政诉讼法司法解释之评论——理由、观点与问题》,中国法制出版社2000年版,第220—221页。

② 1989年《行政诉讼法》第66条:"公民、法人或者其他组织对具体行政行为在法定期限内不提起诉讼又不履行的,行政机关可以申请人民法院强制执行,或者依法强制执行。"1999年最高人民法院《关于执行〈中华人民共和国行政诉讼法〉若干问题的解释》第86条:"行政机关根据行政诉讼法第六十六条的规定申请执行其具体行政行为,应当具备以下条件:(一)具体行政行为依法可以由人民法院执行;(二)具体行政行为已经生效并具有可执行内容;……"(2014年修正《行政诉讼法》第97条、2018年最高人民法院《关于执行〈中华人民共和国行政诉讼法〉若干问题的解释》第155条作了类似的规定)。

③ 胡建淼主编:《行政强制》,法律出版社2002年版,第28—29页。

二、我国行政强制执行体制立法变迁

《行政强制法》颁布前,我国行政强制执行体制是:以申请法院强制执行为原则,以行政机关自行强制执行为例外。① 对此最早作出明确规定的法律是 1989 年《行政诉讼法》,该法第 66 条规定:"公民、法人或者其他组织对具体行政行为在法定期限内不提起诉讼又不履行的,行政机关可以申请人民法院强制执行,或者依法强制执行。"确立了行政机关自行强制执行和申请法院强制执行并行的模式。1999 年"行诉法解释"第 87 条对上述双轨并行模式作了进一步的规定:"法律、法规没有赋予行政机关强制执行权,行政机关申请人民法院强制执行的,人民法院应当依法受理。""法律、法规规定既可以由行政机关依法强制执行,也可以申请人民法院强制执行,行政机关申请人民法院强制执行的,人民法院可以依法受理。"

我国行政强制执行双轨制是由我国的实际情况决定的。目前,我国共有十多部法律规定了行政机关直接强制执行,税务机关、海关、公安机关、公路主管部门、水行政主管部门、防汛指挥机构等部门和地方人民政府,法律通过单独授权有强制执行权,大部分执法部门没有直接强制执行权,需申请法院强制执行。② 从现行法律、法规的规定,大致形成了如下格局:对那些涉及专业性、技术性较强的行政行为的强制执行,一般由法律规定专门授权给主管行政机关,如关于强制传唤、强制拘留(《治安管理处罚条例》)、强制履行(《兵役法》)、强制许可(《专利法》)等。对那些各行政机关普遍需要的执行手段,如强制划拨、强制拍卖,原则上需申请法院强制执行,法律只授予少数几个行政机关,如税务、海关、审计等。除上述例外规定外,凡是对行政相对人权益影响特别重大的强制执行,法律原则上均规定由行政机关申请法院强制执行。③

---

① 应松年:《中国的行政强制制度》,载全国人大常委会法制工作委员会、德国技术合作公司 2000 年在北京人民大会堂共同举办的"行政强制法律制度国际研讨会"论文集:《行政强制的理论与实践》,法律出版社 2001 年版,第 3 页。

② 全国人大常委会法制工作委员会行政法室编:《〈中华人民共和国行政强制法〉释义与案例》,中国民主法制出版社 2011 年版,第 88—90 页。

③ 马怀德主编:《〈行政强制法〉条文释义及应用》,人民出版社 2011 年版,第 45—47 页、第 203—204 页。

2011年6月30日,第十一届全国人大常委会第二十一次会议审议通过了《行政强制法》,这是继行政处罚法、行政许可法之后又一部规范行政行为的重要法律。该法经过全国人大常委会五次审议,历时六年有余,始得以通过,真可谓"十年磨一剑"。该法第13条规定:"行政强制执行由法律规定。法律没有规定行政机关强制执行的,作出行政决定的行政机关应当申请人民法院强制执行。"维持了上述传统的行政机关执行和申请法院执行的双轨制。

三、我国房屋拆迁征收强制执行体制立法变迁

如前述章节制度梳理部分所述,我国房屋拆迁征收立法沿革,在改革开放后,可以1991年《拆迁条例》、2011年《征收条例》为分水岭划分为三个阶段。与之相对应,关于我国房屋拆迁强制执行体制的立法,亦经历了一个不断发展变革的历程,各阶段除了共同特征外,尚保留了鲜明的时代特征。我国"房屋强拆"立法模式变迁,可以概括为如下历程:从"司法强拆"为主导的混合体制——到"行政强拆"与"司法强拆"并行的双轨制——再到"司法强拆"单轨制:[①]

(一)第一阶段:以司法强拆为主导的混合体制(改革开放至1991年)

如前述章节制度梳理部分所述,1991年国务院《拆迁条例》出台前,中央立法层面对房屋拆迁未进行专门规范。在地方人大、政府出台的关于房屋拆迁专门立法中,对房屋权利人未依法履行"腾地交房"搬迁义务之强制执行模式,笔者经检索发现,多数地方规定了"申请法院强制执行"的单一

---

① 关于我国城市"房屋强拆"立法模式变迁,有学者指出:主要经历了"司法强制搬迁——行政强制搬迁与司法强制搬迁相结合——司法强制搬迁"的历程,即以1991年《拆迁条例》、2011年《征收条例》为分水岭,1991年前、2011年后采"司法强制搬迁"单轨制,期间采双轨制(参见薛刚凌主编:《国有土地上房屋征收与补偿条例理解与运用》,中国法制出版社2011年版,第207页)。对上述结论,笔者经对房屋拆迁地方方法规规章的检索,该结论不完全正确:1991年、2001年国务院两部《拆迁条例》实施期间,地方配套法规规章却作了相同或类似的规定,即规定了"行政强拆"与"司法强拆"双轨制;2011年《征收条例》出台后亦均采"司法强拆"单轨制。但1991年《拆迁条例》出台前,则并未如上述结论所称的采"司法强拆"单轨制,笔者经对1991年前地方拆迁立法资料的检索,虽然多数立法例采"司法强拆"单轨制,但还发现采"行政强拆"单轨制的立法例,亦发现采"行政强拆"与"司法强拆"双轨制的立法例。

205

执行体制，①但也有少数地方作了不同的规定：有的地方规定了"行政机关自行强制执行"的单一执行体制、②有的地方规定了"申请法院强制执行"与"行政机关自行强制执行"双轨制、③有的地方还规定了"法院裁决、政府组织实施强制执行"裁执分离的具体执行模式、④还有的地方房屋拆迁立法对强制执行体制未作明确规定。⑤因此，笔者将该阶段归纳为以"司法强拆"为主导的混合体制。该阶段另一重要特征是，许多地方立法不仅规定了"事后执行"原则，同时还明确需向法院申请强制执行。⑥

（二）第二阶段：行政强拆与司法强拆并行双轨制（1991—2010 年）

1991 年国务院《拆迁条例》施行至 2011 年《征收条例》出台的 20 年间，

---

① 该时期采"司法强拆"单轨制的地方立法，笔者检索到了大量立法例：参见 1982 年《上海市拆迁房屋管理办法》第 19 条；1981 年《宁波市城市建设房屋拆迁暂行办法》第 20 条；1982 年《北京市建设拆迁安置办法》第 26 条；1982 年《山东省关于城市建设房屋拆迁安置暂行办法》第 6 条；1983 年《湖南省国家建设拆迁安置办法》第 15 条；1984 年《广州市国家建设征用土地和拆迁房屋实施办法》第 30 条；1984 年《兰州市城市建设房屋拆迁暂行办法》第 16 条；1987 年《石家庄市城市建设拆迁管理办法》第 29 条；1988 年《呼和浩特市城市建设拆迁安置管理办法》第 26 条；1988 年《西宁市房屋拆迁管理暂行条例》第 23 条、第 25 条；1988 年《厦门市建设用地拆迁暂行办法》第 9 条；1990 年《江苏省城市房屋拆迁管理条例》第 24 条；1990 年《郑州市城市建设拆迁管理条例》第 21 条；1991 年《南京市城市房屋拆迁管理办法》第 15 条，等等。在上述地方立法中，一般规定拆迁双方当事人在拆迁公告期限内达成协议但事后未按约定期限履行，或者达不成协议经政府部门调解、裁决仍拒绝或拖延搬迁的，由政府作出限期拆迁决定（其中亦有部分立法例未规定"限迁"前置程序），被拆迁人期满不起诉又不履行的，由政府主管部门申请人民法院强制执行。

② 该时期采"行政强拆"单轨制的地方立法，笔者检索到了少数立法例：参见 1981 年《天津市城市建设拆迁安置办法》第 17 条；1986 年《天津市城市建设拆迁安置办法》第 20 条。

③ 该时期采"行政强拆"与"司法强拆"双轨体制的地方立法，笔者亦检索到了个别立法例：参见 1981 年《温州市城市建设房屋拆迁暂行办法》第 17 条、第 18 条。

④ 笔者经检索，意外发现该时期有个别立法例对"司法强拆"具体执行模式作了进一步规定，明确规定"法院裁决、政府组织实施"的裁执分离模式。参见 1980 年《杭州市革命委员会关于国家建设拆迁城市房屋暂行办法》第 18 条："凡按上述规定作了妥善处理和合理安置后，建设用地单位可通知被迁户在规定期限内搬出腾地。逾期不搬，仍坚持过高要求的单位和个人，其上级主管部门和有关单位要进行批评教育，并限期搬迁。对经教育无效，仍故意刁难、拒绝搬迁，严重影响国家建设者，由人民法院依法裁决，房管部门会同建设用地单位强制执行。"

⑤ 笔者经检索，发现该时期有个别立法例对"房屋强拆"体制未作明确规定：参见 1984 年《福州市建设拆迁安置办法》第 3 条、第 23 条。

⑥ 该时期不仅明确需"事后执行"，还明确需申请法院强制执行的地方立法有：1981 年《宁波市城市建设房屋拆迁暂行办法》第 20 条、1982 年《北京市建设拆迁安置办法》第 26 条、1982 年《上海市拆迁房屋管理办法》第 19 条、1983 年《湖南省国家建设拆迁安置办法》第 15 条、1984 年《广州市国家建设征用土地和拆迁房屋实施办法》第 30 条、1987 年《石家庄市城市建设拆迁管理办法》第 29 条、1988 年《厦门市建设用地拆迁暂行办法》第 9 条、1990 年《江苏省城市房屋拆迁管理条例》第 24 条、1990 年《郑州市城市建设拆迁管理条例》第 21 条、1991 年《南京市城市房屋拆迁管理办法》第 15 条等。

我国房屋拆迁的中央立法采用了"行政机关自行强制执行"与"申请法院强制执行"并行的双轨制,习惯用语称为"行政强拆"与"司法强拆"。该时期,在房屋强拆立法层面上,多数地方相关立法条文几乎照搬国务院《拆迁条例》关于双轨制的规定,未作进一步的明确;但也有的地方对强制执行体制作了进一步的细化规定,如福州市、厦门市房屋拆迁立法中规定:属市政建设项目的,报请政府责成有关部门强制拆迁,非市政建设项目,由拆迁主管部门申请人民法院强制拆迁。①在房屋强拆实务操作层面上,由于《拆迁条例》对"双轨制"的具体操作模式立法较为原则,各地具体情况存在不同,导致各地房屋拆迁强制执行实务操作模式存在较大差异,有以"行政强拆"为主导,有以"司法强拆"为主导。即便在采相同强制执行实务操作模式下,对不同强制拆迁案型的申请执行条件、审查标准、实施主体、程序方式、权利救济等方面仍存在差异。关于两部《拆迁条例》实施期间的房屋强拆体制与实务操作模式,在下文中还将作进一步的阐述。

(三)第三阶段:司法强拆单轨制(2011年《征收条例》出台后)

2011年1月21日国务院颁布《征收条例》,取消"行政强拆",将传统的双轨制改为单轨制,统一向法院申请"司法强拆"。《征收条例》还进一步明确条例施行前已依法取得房屋拆迁许可证的项目,虽继续沿用原有的规定办理,但政府不得责成有关部门强制拆迁。②随后出台的地方性配套法规规章,亦作了相同的规定。③

---

① 该时期,以区分是否为"市政项目"分别采"行政强拆"或"司法强拆"的地方立法有:1991年《福州市城市房屋拆迁管理办法》第36条:"在房屋拆迁公告规定的或者本办法第三十五条第一款规定的裁决作出的拆迁期限内,被拆迁人无正当理由拒绝拆迁的,拆迁主管部门可以作出责令限期拆迁的决定,逾期不拆迁的,属市政建设项目,经市人民政府批准,拆迁主管部门予以强制拆迁,非市政建设项目,由拆迁主管部门申请人民法院强制拆迁。"1992年《厦门市城市房屋拆迁管理办法》第59条:"在本办法第五十八条第一款裁决规定的搬迁期限内,或在房屋拆迁公告规定的搬迁期限内已签订协议被拆迁人无正当理由拒绝搬迁的,市征地拆迁办公室可以作出责令限期搬迁的决定,逾期不搬迁的,属市政建设项目,由市征地拆迁办公室报请人民政府责成有关部门予以强制拆迁,非市政建设项目,由市征地拆迁办公室申请人民法院强制拆迁。"

② 参见2011年《国有土地上房屋征收与补偿条例》第28条、第35条。

③ 参见2011年《苏州市国有土地上房屋征收与补偿暂行办法》第41条、2011年《重庆市国有土地上房屋征收与补偿办法(暂行)》第24条、2011年《天津市人民政府关于贯彻实施〈国有土地上房屋征收与补偿条例〉有关事项的意见》第1条、2011年《上海市国有土地上房屋征收与补偿实施细则》第43条、2011年《长春市国有土地上房屋征收与补偿暂行办法》第43条、2011年《本溪市国有土地上房屋征收与补偿办法》第38条等。

作为新法修订的"亮点"之一,在新法修订期间即引发媒体、学界与实务部门的持续关注。新法的最终出台,给地方政府与法院带来强烈震撼,地方政府与法院在各级党委的协调下,紧急研究出台应对举措。

《征收条例》出台后,全国人大常委会时隔数月于 2011 年 6 月 30 日审议通过的《行政强制法》维持了传统的双轨制。在行政强制法审议期间,曾对《征收条例》"司法强拆"单轨制下此类案件的具体执行方式提出修改建议。全国人大常委会 6 月 27 日第二十次会议对《行政强制法(草案)》进行了四次审议,会后,法律委员会、法制工作委员会与最高人民法院、国务院法制办公室就草案有关问题进行了共同研究,并对草案中行政机关向法院申请非诉执行案件的具体模式提出了如下修改意见:"草案四次审议稿第60 条规定:'行政机关向人民法院申请强制执行的案件,裁定执行的,由人民法院执行。'最高人民法院提出,实践中向人民法院申请强制执行的案件,除依照现行体制由法院审查裁定并执行的外,还正在探索对有的案件原来由行政机关强制执行或者申请人民法院强制执行的双轨制,改为均需由行政机关申请人民法院强制执行的单轨制,法院审查裁定执行的,由行政机关组织实施,建议行政强制法对此予以体现。法律委员会经同最高人民法院、国务院法制办公室研究,考虑到这种执行方式尚在改革探索,草案对具体执行方式可不作规定,为法院探索改革执行方式留有空间。因此,建议删去草案四次审议稿上述规定。"①

据参与该法起草讨论的学者介绍,上述行政强制法四次审议稿修改意见中提到的"有的案件",即指房屋拆迁非诉强制执行案件。②最高人民法

---

① 全国人大常委会法制工作委员会行政法室编:《〈中华人民共和国行政强制法〉释义与案例》,中国民主法制出版社 2011 年版,第 301—302 页。

② 2011 年 8 月,马怀德教授在上海法院系统组织的"《行政强制法》讲座"中,对该法四次审议稿第 60条修改背景作了介绍。在《行政强制法》出台前夕,最高人民法院为应对 2011 年《征收条例》确立"司法强拆"单一模式给地方法院带来的巨大压力,曾借鉴上海市高院 2011 年 2 月 28 日率先提出并在全市付诸实施的"法院审查、政府组织实施、法院监督"司法强拆模式,向全国人大常委会法律委员会提出修改建议。但全国人大常委会考虑到国务院《征收条例》刚刚出台,而房屋拆迁强制执行模式各地存在差异,因此,关于法院审查裁定后是否由政府还是法院执行,不宜在《行政强制法》中明确,但全国人大常委会考虑到上述修改建议,最终同意删去四次审议稿中"法院审查、法院执行"的规定。此举一方面兼顾到政府与法院间的平衡,另一方面也为该领域留下了在实践中作进一步探索的空间。

院提出上述修改建议的背景,系针对"司法强拆"单轨制给法院系统带来的巨大压力,结合部分地方对"司法强拆"模式的探索,向全国人大法律委员会提出上述修改建议。全国人大常委会 2011 年审议通过《行政强制法》,对非诉执行案件审查裁定后是否由法院强制执行还是由政府强制执行的具体执行方式未再规定,从而为法院对"司法强拆"具体执行方式的探索改革留下了空间。关于《征收条例》出台后"司法强拆"体制、实务操作模式及面临的主要问题,笔者将在下文中作进一步的阐述。

■ 第二节　原条例"房屋强拆"双轨制模式及实务争议

一国行政强制的立法模式,涉及该国立法的基本价值取向。从目标模式上进行考察,主要分为两大类型,即公正模式与效率模式。前者以最大限度地保障行政强制的公正性为宗旨,从调整范围、基本原则到具体制度的设计,都渗透着对公平与正义的终极关怀。后者则以促进和提高行政效率为追求目标,从调整范围、基本原则与基本制度的设计上,均以效率为核心,凸显经济原则,对私人利益、公正价值则有所忽略。[1]从上述目标模式立法选择上,我国 1991 年、2001 年两部《拆迁条例》均采纳了行政强拆与司法强拆双轨模式,旨在兼顾公正与效率;但在房屋拆迁实务操作层面,则倾向于行政强拆为主导的效率模式。另从执行的及时性上,两部《拆迁条例》确立了以先行(予)执行为主,事后执行为辅的立法原则,偏重于效率价值。

从房屋拆迁强制执行的具体案型上,可分为三大类:一是拆迁双方当事人达成了房屋拆迁协议,但被拆迁人(或者房屋承租人,下同)未按协议约定的期限内自觉履行搬迁义务的;二是房屋拆迁主管部门对房屋拆迁补偿安置争议作出裁决,但被拆迁人未在裁决确定的期限内自觉履行搬迁义务的;三是拆迁双方既未签协议亦未经有权机关作出裁决,但根据中央或地方立法的特别规定,被拆迁人仍负有先行搬迁义务但拒绝履行的。从各

---

① 胡建森主编:《行政强制法研究》,法律出版社 2003 年版,第 70—73 页。

地房屋拆迁强制执行实务层面,上述三大类案型,在具体强制执行模式上,有走政府"行政强拆"的、有走法院"司法强拆"的、也有两者混合的,各地并不统一。本节先对上述三种不同案型之具体强制执行模式作必要的梳理,并提出立法中存在的主要问题。

一、房屋拆迁协议与裁决之强制执行

(一)房屋拆迁协议之强制执行

1. 申请法院强制执行

拆迁人与被拆迁人就房屋拆迁补偿安置签订协议的,在通常情形下,由于系拆迁双方当事人自愿达成的合意,被拆迁人一般会在协议约定期限内自觉履行搬迁义务。[①]但在拆迁实践中,被拆迁人在协议签订后,以协议存在无效、可撤销情形,或事后反悔要求增加补偿安置标准为由,拒绝在协议约定期限内履行搬迁义务的情形亦时有发生。在上述情形下,1991年、2001年《拆迁条例》赋予拆迁人下列申请法院强制执行的途径:

(1)在仲裁或民事诉讼期间申请先予执行。1991年《拆迁条例》第13条规定:"补偿、安置协议订立后,可以向公证机关办理公证,并送房屋拆迁主管部门备案。"条例对被拆迁人拒绝按协议履行搬迁义务的强制执行途径未作明确规定,其后地方人大政府出台的与之相配套的立法中,对拆迁协议之强制执行亦作进一步的明确规定。[②]在房屋拆迁法律关系中,虽然拆迁双方事实上处于不对等的地位,被拆迁人在"拆与不拆"、"如何补偿安置"等方面实际上并没有多少话语权,但我国中央与地方房屋拆迁立法仍将拆迁协议视为平等主体之间建立的民事合同法律关系,故拆迁人可依照《民事诉讼法》关于"先予执行"的规定,对房屋拆迁协议申请仲裁或向法院

---

① 经笔者向上海市长宁区三大动迁公司负责人及经办人的访谈调研,签订拆迁协议后拒绝履行搬迁义务的情形极少发生,在动迁实务中为避免事后履行协议中可能产生的争议,惯常做法是签约后即时办理交接手续,被拆迁人向动迁组交被拆迁房屋钥匙;对少数签约后又反悔之情形,除非被拆迁人就协议效力问题向法院起诉,一般也能够通过协商进行处理。

② 参见1991年《上海市城市房屋拆迁管理实施细则》第18条、1991年《南京市城市房屋拆迁管理办法》第12条、1992年《重庆市城市房屋拆迁管理条例》第14条、1997年《广州市城市房屋拆迁管理条例》第14条等。上述地方配套立法中,亦未对拆迁协议之强制执行作进一步的明确规定。

提起民事诉讼期间,向法院申请先予执行。①2001 年《拆迁条例》则对拆迁协议申请先予执行作了明确,条例第 15 条规定:拆迁补偿安置协议订立后,被拆迁人或者房屋承租人在搬迁期限内拒绝搬迁的,可在仲裁或诉讼期间申请法院先予执行。②2001 年《拆迁条例》实施后,地方人大政府出台的配套立法中,亦作了相同或类似的规定。③

（2）生效裁判的强制执行。被拆迁人在协议约定期限内拒绝履行搬迁义务的,拆迁人除了在申请仲裁或提起诉讼期间依法申请先予执行外,也可在仲裁裁决或民事判决发生法律效力后,再依据《民事诉讼法》关于司法执行程序之规定,以前述生效裁判为依据,向法院申请司法强制执行。

2. 行政机关自行强制执行

当被拆迁人拒绝在拆迁协议约定期限内履行搬迁义务时,两部《拆迁条例》赋予拆迁人两条途径向法院申请强制执行。此外,1991 年《拆迁条例》及配套地方性法规规章,还规定拆迁人还可申请行政机关强制执行。1991 年《拆迁条例》第 15 条规定:被拆迁人在房屋拆迁公告规定的搬迁期限内拒绝拆迁的,包括签订拆迁协议与未签订拆迁协议的,县级以上政府可作出限迁决定,并据此责成有关部门强制拆迁。④1991 年《上海市城市房屋拆迁管理实施细则》第 24 条则作了限定,明确被拆迁人在房屋拆迁公告规定的搬迁期限内已签订协议但拒绝拆迁的,才可作出限迁决定并实施强制拆迁。⑤依

_____

① 参见《民事诉讼法》第九章"财产保全与先予执行",第 97 条至第 99 条(2012 年修订《民事诉讼法》第 106 条至第 108 条)。

② 2001 年《拆迁条例》第 15 条:"拆迁补偿安置协议订立后,被拆迁人或者房屋承租人在搬迁期限内拒绝搬迁的,拆迁人可以依法向仲裁委员会申请仲裁,也可以依法向人民法院起诉。诉讼期间,拆迁人可以依法申请人民法院先予执行。"

③ 参见 2001 年《上海市城市房屋拆迁管理实施细则》第 15 条、2001 年《南京市城市房屋拆迁管理办法》第 19 条、2002 年《重庆市城市房屋拆迁管理条例》第 16 条等。上述地方配套立法中,均明确被拆迁人或者房屋承租人在搬迁期限内拒绝搬迁的,拆迁人可在申请仲裁或提起诉讼期间,依法向法院申请先予执行。

④ 1991 年《拆迁条例》第 15 条:"在房屋拆迁公告规定的或者本条例第十四条第一款规定的裁决作出的拆迁期限内,被拆迁人无正当理由拒绝拆迁的,县级以上人民政府可以作出责令限期拆迁的决定,逾期不拆迁的,由县级以上人民政府责成有关部门强制拆迁,或者由房屋拆迁主管部门申请人民法院强制执行。"

⑤ 1991 年《上海市城市房屋拆迁管理实施细则》第 24 条:"在按本细则第二十三条作出裁决规定的搬迁期限内或在房屋拆迁公告规定的搬迁期限内已签订协议,被拆迁人无正当理由拒绝拆迁的,拆迁人可向区、县房管局申请限期拆迁,由区、县房管局报请同级人民政府作出责令限期拆迁的决定。""被拆迁人逾期不拆迁的,由区、县人民政府责成区、县房管局和区、县公安局等有关部门强制拆迁,或者由区、县房管局申请人民法院强制执行。"

据上述规定,被拆迁人未在拆迁协议约定期限内自觉履行搬迁义务的,立法赋予拆迁人申请政府作出限期拆迁决定并据此为强制执行的救济途径。2001年《拆迁条例》及配套地方性法规规章则未作规定。

简言之,拆迁双方当事人签订房屋拆迁协议后,被拆迁人在协议约定期限届满后拒绝履行搬迁义务的,两部《拆迁条例》均规定,拆迁人可在仲裁或诉讼期间向法院申请先予执行,也可在仲裁委员会或人民法院作出生效裁判后,再向法院申请强制执行;此外,1991年《拆迁条例》还规定,在上述情形,县级以上政府可作出限期拆迁决定并组织行政强制执行。

(二)房屋拆迁裁决之强制执行模式

1. 申请法院强制执行

国务院两部《拆迁条例》作了类似的规定:拆迁人与被拆迁人或者拆迁人、被拆迁人与房屋承租人达不成拆迁补偿安置协议的,经当事人申请,由房屋拆迁管理部门裁决。被拆迁人或者房屋承租人在裁决规定的搬迁期限内未搬迁的,由房屋所在地的市、县人民政府责成有关部门强制拆迁,或者由房屋拆迁管理部门依法申请人民法院强制拆迁。[①]其中向人民法院申请强制执行,有如下三种途径:

(1)在行政诉讼期间申请先予执行。1999年《最高人民法院关于执行〈中华人民共和国行政诉讼法〉若干问题的解释》(以下简称"行诉法解释")第94条规定:"在诉讼过程中,被告或者具体行政行为确定的权利人申请人民法院强制执行被诉具体行政行为,人民法院不予执行,但不及时执行可能给国家利益、公共利益或者他人合法权益造成不可弥补的损失的,人民法院可以先予执行。后者申请强制执行的,应当提供相应的财产担保。"可见,国务院《拆迁条例》虽规定了"复议、诉讼不停止执行"原则,但依照1999年"行诉法解释"的规定,在行政诉讼过程中,作出房屋拆迁裁决的行政机关向人民法院申请先予执行,除非涉及"但书"规定中的三种法定情形,法院原则上不予执行,需待被诉具体行政行为作出生效裁判后才决定是否强制执行。

---

① 参见1991年《拆迁条例》第14条、第15条,2001年《拆迁条例》第16条、第17条等。

（2）生效裁判之强制执行。房屋拆迁管理部门作出的拆迁裁决，经拆迁当事人提起行政诉讼，人民法院作出生效行政判决予以维持，而被拆迁人仍拒不履行搬迁义务的，依照 1989 年《行政诉讼法》第 65 条第 2 款，1999 年"行诉法解释"第 83 条、第 84 条之规定，作出房屋拆迁裁决的行政机关可在 180 天内向第一审人民法院申请强制执行。申请执行的期限从法律文书规定的履行期间最后一日起计算；法律文书中没有规定履行期限的，从该法律文书送达当事人之日起计算。

（3）非诉强制执行。依照 1989 年《行政诉讼法》第 66 条、1999 年"行诉法解释"第 86 条至第 88 条之规定，房屋拆迁管理部门作出拆迁裁决，被拆迁人在法定期限内不申请行政复议也不提起行政诉讼，或者在复议机关作出维持的复议决定后在法定期限内不再提起行政诉讼，但又拒绝履行裁决确定的搬迁义务的，作出房屋拆迁裁决的行政机关可在被拆迁人法定起诉期限届满之日起 180 日内申请人民法院强制执行。学术界与司法实务部门将此类强制执行称为"非诉执行"。行政机关申请非诉执行的条件，1999 年"行诉法解释"第 86 条第 1 款作了详细的规定。法院经审查，对符合条件的申请，应当立案受理，并通知申请人；对不符合条件的申请，应当裁定不予受理。①

1999 年"行诉法解释"第 90 条第 1 款还进一步规定："……作出裁决的行政机关在申请执行的期限内未申请人民法院强制执行的，生效具体行政行为确定的权利人或者其继承人、权利承受人在 90 日内可以申请人民法院强制执行。"根据该条款的规定，当发生拆迁裁决机关在法定执行期限内怠于或未及时申请强制执行时，同时亦赋予拆迁人向法院申请非诉强制执

---

① 1999 年"行诉法解释"第 86 条第 1 款："行政机关根据行政诉讼法第六十六条的规定申请执行其具体行政行为，应当具备以下条件：（一）具体行政行为依法可以由人民法院执行；（二）具体行政行为已经生效并具有可执行内容；（三）申请人是作出该具体行政行为的行政机关或者法律、法规、规章授权的组织；（四）被申请人是该具体行政行为所确定的义务人；（五）被申请人在具体行政行为确定的期限内或者行政机关另行指定的期限内未履行义务；（六）申请人在法定期限内提出申请；（七）被申请执行的行政案件属于受理申请执行的人民法院管辖。"该款对行政机关申请非诉强制执行的条件作了详细的规定，第86 条第 2 款规定："人民法院对符合条件的申请，应当立案受理，并通知申请人；对不符合条件的申请，应当裁定不予受理。"

行的救济途径。拆迁人申请人民法院非诉强制执行的条件，则参照 1999 年"行诉法解释"第 86 条第 1 款行政机关申请人民法院强制执行的规定。①

2. 行政机关自行强制执行

（1）先行执行（裁决未最终生效前的执行）。国务院两部《拆迁条例》均规定，拆迁裁决作出后尚未最终生效，便可由行政机关自行组织实施强制执行。关于行政机关自行强制执行，1991 年《拆迁条例》第 15 条规定，被拆迁人在裁决作出的拆迁期限内无正当理由拒绝拆迁的，县级以上人民政府可以作出责令限期拆迁的决定，逾期不拆迁的，可由县级以上人民政府责成有关部门强制拆迁，或者由房屋拆迁主管部门申请人民法院强制拆迁。2001 年《拆迁条例》第 16 条作了类似的规定，但取消了"责令限期拆迁"的前置程序。此外，国务院两部《拆迁条例》均规定复议、诉讼不停止裁决执行原则：②房屋拆迁管理部门作出裁决后，被拆迁人对拆迁裁决不服，可依法提起行政复议或行政诉讼。在诉讼期间，如拆迁人已对被拆迁人给予货币补偿或者提供拆迁安置用房、周转用房的，诉讼期间不停止裁决的执行。在地方配套立法中，绝大多数亦采复议、诉讼不停止裁决执行的原则，但也有少数地方规定了复议、诉讼停止执行的原则。③

（2）事后执行（裁决最终生效后的执行）。国务院两部《拆迁条例》实际上确立了"先行（予）执行为原则、事后执行为例外"的立法宗旨。但无论是先行执行还是事后执行，执行程序的规定是统一的。例如，2003 年建设部的《城市房屋拆迁行政裁决工作规程》（以下简称《裁决规程》）对申请政府行政强拆作了如下程序规定：④一是行政强制拆迁的申请。需符合下述条件：第一，被拆迁人或者房屋承租人在拆迁裁决规定的搬迁期限内未搬迁。第二，拆迁人已履行了安置补偿义务。《裁决规程》第 19 条规定："拆

① 参见 1999 年"行诉法解释"第 90 条第 2 款。

② 参见 1991 年《拆迁条例》第 14 条第 2 款、2001 年《拆迁条例》第 16 条第 2 款。

③ 关于复议、诉讼停止裁决执行的地方立法，可参见 2003 年《福州市城市房屋拆迁裁决行政强制执行若干规定》第 6 条第 2 款："当事人因不服裁决机关作出的拆迁裁决，已向人民法院提起行政诉讼的，行政强制拆迁的申请不予受理。已经受理拆迁人关于行政强制拆迁申请，但尚未准予强制拆迁的，当事人因不服拆迁裁决向人民法院提起行政诉讼的，应当终止审查程序。"

④ 参见王宏：《中国城市房屋拆迁程序研究》，山东人民出版社 2008 年版，第 94—95 页。

迁人未按裁决意见向被拆迁人提供拆迁补偿资金或者符合国家质量安全标准的安置用房、周转用房的，不得实施强制拆迁"。第三，组织强拆前的听证。《裁决规程》第18条第1款规定："房屋拆迁管理部门申请行政强制拆迁前，应当邀请有关管理部门、拆迁当事人代表以及具有社会公信力的代表等，对行政强制拆迁的依据、程序、补偿安置标准的测算依据等内容，进行听证。"该条第2款还规定，房屋拆迁管理部门申请行政强制拆迁前，必须经领导班子集体讨论决定。第四，应当提交《裁决规程》第20条所列的七种资料。[1]二是作出行政强制拆迁决定。市、县人民政府收到强拆申请后经审查，对应当实施行政强制拆迁的，应作出书面的准予行政强制拆迁决定书，并责成有关部门强制拆迁。强制拆迁决定书应载明行政强制拆迁的日期，该日期不得少于15日，以便督促被拆迁人房屋承租人自动履行搬迁义务。三是行政强制执行的实施。负责组织强制拆迁的执行机构应当在被拆迁人居住地张贴强制执行公告，如果被拆迁人拒绝履行的，由执行机构实施强制拆迁。行政强制拆迁应当严格依法进行。强制拆迁时，应当组织街道办事处（居委会）、被拆迁人单位代表到现场作为强制拆迁证明人，并由公证部门对被拆迁房屋及其房屋内物品进行证据保全。[2]

二、几种特殊情形之强制执行

（一）房屋拆迁公告期限届满之强制执行

1991年国务院《拆迁条例》第15条对房屋拆迁公告期限届满后的强制执行作了明文规定，明确被拆迁人在公告期限内无正当理由拒绝拆迁的，县级以上人民政府可以作出责令限期拆迁的决定，逾期不拆迁的，由县级以上人民政府责成有关部门强制拆迁，或者由房屋拆迁主管部门申请人民法院强制拆迁。在地方人大政府出台的配套法规规章中亦多作了相同或

---

[1] 建设部《城市房屋拆迁行政裁决工作规程》第20条："房屋拆迁管理部门申请行政强制拆迁，应当提交下列资料：（一）行政强制拆迁申请书；（二）裁决调解记录和裁决书；（三）被拆迁人不同意拆迁的理由；（四）被拆迁房屋的证据保全公证书；（五）被拆迁人提供的安置用房、周转用房权属证明或者补偿资金证明；（六）被拆迁人拒绝接收补偿资金的，应当提交补偿资金的提存证明；（七）市、县人民政府房屋拆迁管理部门规定的其他材料。"

[2] 建设部《城市房屋拆迁行政裁决工作规程》第21条至第24条。

类似的规定。①其中 1991 年《深圳市房屋拆迁管理办法》第 12 条还进一步明确,对协商期限届满后仍不能达成协议的,先由区、县国土管理部门作出征用或收回土地补偿安置的处理决定。业主或使用人必须在处理决定限定期间内自行搬迁,期限届满仍不搬迁的,由市、县、区人民政府责令有关部门强制拆迁,或由所在地国土管理部门向人民法院申请强制执行。

2001 年《拆迁条例》实施后改变了上述规定,建设部 2003 年制定并印发的《城市房屋拆迁行政裁决工作规程》第 18 条明确规定"未经行政裁决,不得实施行政强制拆迁"。

(二)对拆迁有产权纠纷、设有抵押权或产权人不明房屋之强制执行

1. 关于拆除有产权纠纷房屋。1991 年《拆迁条例》第 25 条规定,在房屋拆迁主管部门公布的规定期限内纠纷未解决的,由拆迁人提出补偿安置方案,报县级以上人民政府房屋拆迁主管部门批准后实施拆迁。拆迁前房屋拆迁主管部门应当组织拆迁人对被拆除房屋作勘察记录,并向公证机关办理证据保全。2001 年《拆迁条例》未作规定。

2. 关于拆除有抵押权纠纷的房屋。1991 年《拆迁条例》第 26 条规定,对拆除设有抵押权的房屋实行产权调换的,由抵押权人和抵押人重新签订抵押协议。抵押权人和抵押人在房屋拆迁主管部门公布的规定期限内达不成抵押协议的,由拆迁人参照本条例第 25 条的规定实施拆迁。2001 年《拆迁条例》第 30 条则规定,拆迁设有抵押权的房屋,应依照国家有关担保的法律执行。为此,2001 年《上海市城市房屋拆迁管理实施细则》作了细化,明确需由抵押人与抵押权人签署有关书面协议,被拆迁人方可取得补偿款或者安置房屋。达不成协议的,拆迁人应当对被拆迁人实行货币补偿,并将补偿款向公证机关办理提存。

3. 关于拆迁产权不明确的房屋。1991 年《拆迁条例》未作规定。2001 年《拆迁条例》第 29 条规定:"拆迁产权不明确的房屋,拆迁人应当提出补偿安置方案,报房屋拆迁管理部门审核同意后实施拆迁。拆迁前,拆迁人

---

① 参见 1991 年《杭州市城市房屋拆迁管理条例》第 41 条、1991 年《深圳市房屋拆迁管理办法》第 12 条、1992 年《重庆市城市房屋拆迁管理条例》第 17 条等。

应当就被拆迁房屋的有关事项向公证机关办理证据保全。"

（三）"先拆迁腾地、后处理纠纷"中间裁决之强制执行

如前述，1982年上海市人大常委会审议通过并由上海市人民政府正式颁布《上海市拆迁房屋管理办法》（以下简称《拆迁办法》），这是新中国成立后第一部较为系统的关于房屋拆迁的地方性立法。该《拆迁办法》第7条规定，房屋拆迁应当按照"先安置、后拆房"的原则。1987年上海市人大常委会通过《拆迁办法》修订案，在修订后的第8条明确规定：市政道路、市政设施、公共绿地及其相关的动迁用房等为社会各方面服务的市政基地设施建设项目，需要进行拆迁的，由区、县人民政府发布拆迁通告，按照"先拆迁腾地、后处理纠纷"的原则办理。对区、县人民政府作出的处理决定不服的，可以向人民法院起诉，逾期不起诉又不履行的，由区、县人民政府提请人民法院依法强制执行。

1991年、2001年国务院先后出台的两部《拆迁条例》，均未规定房屋拆迁中可"先拆迁腾地、后处理纠纷"，但不少地方出台的配套拆迁法规规章中却作了上述规定。以上海市为例，1991年、2001年出台的两部《实施细则》，继续沿用1987年《拆迁办法》的规定，明确市政建设项目拆迁房屋，按照"先拆迁腾地、后处理纠纷"的原则办理。①对市政建设项目，因拆迁当事人达不成协议已经影响工程进度的，拆迁人在做好被拆除房屋的勘察记录、提出临时安置方案后可申请裁决，裁决机关可裁决先行搬迁，对拒不履行的可申请政府强制执行。拆迁当事人在作出"中间裁决"后可继续协商，当协商不成时，拆迁人可提出正式补偿安置方案，由裁决机关作出"最终裁决"。②

针对上述地方立法中"先拆迁腾地、后处理纠纷"中间裁决及强制执行，2004年建设部《关于清理城市房屋拆迁有关地方性法规、规章中有关问题的通知》中指出，一些地方规定"先房屋拆迁，后处理纠纷"，与《拆迁条例》"先补偿安置，后拆迁"的原则不一致，故要求各地建设行政主管部门以自查形式，对地方法规、规章中存在类似问题进行清理。对于查出的问题，

---

① 参见1991年《上海市城市房屋拆迁管理实施细则》第60条、2001年《上海市城市房屋拆迁管理实施细则》第26条。

② 参见2004年上海市房屋土地资源管理局《上海市城市房屋拆迁行政裁决若干规定》第15条。

要按照立法程序,向政府法制部门或者当地人大报告并提出修改建议。实际上建设部的上述通知难以贯彻落实,就上海而言,在市政拆迁中通过"中间裁决"强制执行的做法一直延续至《征收条例》出台。

上述几类特殊情形的强制执行,第三类系以"中间裁决"为依据,实施强拆后对补偿安置方案协商不成尚需进行二次裁决外,其余拆迁期限届满、有产权纠纷、设有抵押权或产权人不明房屋之强制执行,立法规定需拆迁人先提出补偿安置方案,由房屋拆迁主管部门作出处理决定,然后依据该处理决定申请政府强制执行或向法院申请强制执行,故无需进行二次裁决。

三、原条例"房屋强拆"双轨制模式主要争议

（一）原条例"房屋强拆"双轨制模式立法体系

通过梳理,两部《拆迁条例》"房屋强拆"双轨制模式立法体系可列表如下(详见表5-1):

表 5-1 原《拆迁条例》"房屋强拆"双轨制模式立法体系

分类一: (拆迁协议/ 裁决)	分类二: (行政强拆/ 司法强拆)	分类三: (先予执行/ 事后执行)	法律法规规章依据	备 注
拆迁协议	行政机关自行 强制执行	申请行政机关作出限迁决定并强制执行	1991 年《拆迁条例》第 15 条	2001 年《拆迁条例》未规定
	申请法院强制执行	仲裁、民事诉讼期间申请先予执行	2001 年《拆迁条例》第 15 条、1991《民事诉讼法》第 97—98 条	1991 年《拆迁条例》未规定
		生效民事裁判的强制执行(事后执行)	1991 年《民事诉讼法》第 216—217 条	/
拆迁裁决	行政机关自行 强制执行	复议、诉讼不停止执行(先予执行)	1991 年《拆迁条例》第 14 条、2001 年《拆迁条例》第 16 条、《行政复议法》第 21 条、1989 年《行诉法》第 44 条	/

分类一： （拆迁协议/ 裁决）	分类二： （行政强拆/ 司法强拆）	分类三： （先予执行/ 事后执行）	法律法规规章依据	备注
拆迁裁决	行政机关自行 强制执行	裁决最终生效后的 强制执行（事后执 行）	/	1991《拆迁条例》 出台前，许多地 方规定了事后执 行原则
	申请法院强制 执行	行政诉讼期间的先 予执行	1999 年"行诉法解 释"第 94 条	/
		生效裁判的强制执 行（事后执行）	1989 年《行诉法》第 65 条、1999 年"行诉 法解释"第 83—84 条	/
		非诉强制执行（事 后执行）	1989 年《行诉法》第 66 条、1999 年"行诉 法解释"第 86—88 条	/
未签协议、 未作裁决	行政机关自行 强制执行	拆迁公告期限届满 作出限迁决定后之 强制执行	1991 年《拆迁条例》 第 15 条	2001 年《拆迁条 例》未规定
		"先拆迁腾地、后处 理纠纷"中间裁决 之强制执行	1991 年、2001 年上海 市两部《实施细则》均 作了规定	1991 年、2001 年 《拆迁条例》均未 规定
	申请法院强制 执行	/	/	/

（二）原条例"房屋强拆"双轨制立法模式主要争议

通过上述对国务院两部《拆迁条例》及地方配套立法房屋强拆模式的立法梳理，原有"双轨制"模式立法主要存在下述争议：

1. 从房屋强拆适用范围上，国务院立法并不区分拆迁项目性质是否系"商业开发"还是"公益用途"，凡属于建设项目拆迁房屋，均可以动用国家强制力强制执行。地方配套立法层面多数照抄国务院立法的规定，导致行政或司法强制执行权滥用。

2. 从房屋强拆实施主体上，国务院立法确立了政府"行政强拆"与法院"司法强拆"双轨制，但对"行政强拆"与"司法强拆"的适用条件、组织机构、具体执行模式并未作明确的规定。地方配套立法虽作了相同或相近的规定，但事实上以"行政强拆"为主导。仅少数地方区分项目性质对房屋强拆模式与条件作了不同规定，如福州、厦门两地规定属于市政项目的可申请政府"行政强拆"，非市政项目的则申请法院"司法强拆"。

3. 从"房屋强拆"模式立法价值取向上，偏重效率原则、忽视程序公正与合理原则。突出表现在强制执行贯穿拆迁全过程，并确立了"以先予执行为主、事后执行为辅"的原则。在1991年《拆迁条例》出台之前，多数地方房屋拆迁立法确定了法院事后强制执行的原则。但1991年、2001年两部《拆迁条例》则作了重大调整，在行政机关自行强制执行的情况下，确立了"复议、诉讼不停止执行"的原则，即行政机关可以先予执行。又如上海等地还规定属于市政项目的，裁决机关可作出"先拆迁腾地、后处理纠纷"中间裁决，并申请强制执行。在申请法院强制执行的情况下，1989年《行政诉讼法》与1999年"行诉法解释"虽明确了以"事后执行"为原则，但1999年"行诉法解释"第94条"但书"规定，仍留下了向法院申请先予执行的充裕空间。

4. 在房屋强拆程序各方当事人的利益衡量上，公权力过度向拆迁人一方倾斜，导致拆迁人与被拆迁人之间力量对比悬殊，双方利益博弈极易出现失衡，有的地方甚至出现开发商与政府甚至包括法院在内，共同对付动迁居民的不良现象。

第三节 原条例地方强拆实务调研

本节中，先结合访谈问卷对我国各地"房屋强拆"模式形成一个总体性的认知，然后，结合房屋强拆地方实务经验，对"房屋强拆"上海模式操作流程与实务进行考察，最后对"房屋强拆"地方实务中面临的主要问题进行梳理分析。

一、原条例地方强拆实务总体情况调研

（一）地方实务操作模式的访谈问卷

为进一步了解《拆迁条例》"房屋强拆"双轨制下的地方强制执行实务，

同时也了解《征收条例》"司法强拆"单轨制下的地方强制执行实务,笔者利用 2011 年年底最高人民法院国家法官学院组织"《行政强制法》专题培训班"的机会,以调查问卷及个别访谈的形式,向来自全国各地法院从事行政审判的法官了解各地强拆实务。①调研访谈内容包括 1991 年、2001 年《拆迁条例》实施期间房屋拆迁强制执行模式,及 2011 年《征收条例》出台后"司法强拆"实务操作模式;共发放问卷 60 余份,此次培训班涉及 30 个省市近 600 名法官,在问卷发放过程中注意选择不同的省市,每个省市 2 至 3 份。经统计,实际回收有效问卷 32 份,共涉及 17 个省 26 个市县,调研统计结果如下(详见表 5-2)。

表 5-2 原条例"房屋强拆"模式地方实务调研问卷统计表

参与调研法院数量（个）	其中		拆迁协议						拆迁裁决						
	涉及省、直辖市、自治区数量（个）	涉及市、区、县数量（个）	行政强拆（件）	司法强拆（件）	包括		双轨制（件）	其他（件）	行政强拆（件）	司法强拆（件）	包括			双轨制（件）	其他（件）
					先予执行（件）	生效裁判（件）					先予执行（件）	生效裁判（件）	非诉执行（件）		
32	17	26	10	10	6	10	12	0	13	8	3	3	8	11	0

（二）地方实务操作模式的总体情况分析

由于上述调查系对各地法院行政审判庭法官的随机问卷调查,因此,尚不能简单凭借上述调查结果统计数据及所占比例,就此得出各种执行模式与类型在全国省市中的比重,但通过上述调查,及事后对参与调研法官的进一步访谈交流,同时也通过地方强拆实务介绍与媒体报道,我国"房屋

① 关于此次访谈问卷的说明:2011 年 11 月 29 日至 12 月 5 日,最高人民法院组织全国各地三级法院行政审判条线部分法官,赴京参加全国法官学院举办的"《行政强制法》专题培训班",笔者利于此次宝贵机会,设计了"关于房屋拆迁强制执行模式"的访谈问卷,委托上海法院系统行政审判条线 18 名参训法官之一、笔者的同事沈莉萍代为发放并进行个别访谈。鉴于此次参与培训的涉及 30 个省市近 600 名法官,从客观上难以向参加培训的全部法官发放访谈问卷,为了保证此次调研的质量,沈莉萍法官利用课余时间,尽可能多地向省市法院发放问卷,总共向 20 余个法院 60 余位从事行政审判同仁发放了问卷。回收有效问卷超过半数,不少参与调研问卷的法官还留下了联系电话,为事后通过电话作进一步的访谈提供了基础。再此,对笔者的同事沈莉萍法官的辛勤付出表示由衷感谢。此外,笔者还得感谢华东政法大学 2010 级中法史硕士研究生刘倩,她在笔者的工作单位实习期间对访谈问卷进行了数据统计。

强拆"地方实务模式可以得出下述结论：

1. 在房屋强拆实施主体上以"行政强拆"为主、"司法强拆"为辅。从上述调研数据显示，原《拆迁条例》实施期间，各地"房屋强拆"实务操作模式不一，无论是拆迁协议还是拆迁裁决的强制执行，各地房屋强拆模式有采"行政强拆"单轨制的，有采"司法强拆"单轨制的，还有采"行政强拆"与"司法强拆"双轨制的。以"拆迁裁决"强制执行为例，参与调研的 32 家法院中采"行政强拆"单轨制的有 13 家，采"司法强拆"单轨制的有 8 家，采双轨制的有 11 家，从调研数据上三种模式比例相当，但经对参与调研法官的进一步访谈交流，在采双轨制的地方，不少法院法官称原则上仍以"行政强拆"为主导；即便选择"司法强拆"单轨制的地方，参与调研访谈的法官亦坦言，法院的主要职责是对强拆申请是否符合法定条件进行审查，在作出准予强制执行的裁定后，现场强拆工作仍更多依赖地方党委政府，甚至完全交由政府具体组织实施。因此，笔者可以得出第一个结论，即在原《拆迁条例》实施期间，各地"房屋强拆"实务操作模式，从总体上仍以"行政强拆"为主、"司法强拆"为辅。上述结论在重庆、[1]安徽、[2]浙江[3]等地强拆实务报道中亦进一步得到印证。

2. 在房屋强拆及时性上以"先予执行"为主、以"事后执行"为辅。首先，从上述调研数据及事后访谈交流，已初步得出我国房屋强拆模式系以"行政强拆"为主、"司法强拆"为辅。因拆迁协议仅有很少一部分最终会进入强拆程序，大部分房屋强拆系因拒不履行拆迁裁决确定的搬迁义务。而

---

[1] 2004 年渝中区法院司法介入危旧房改造房屋拆迁工作以来，在司法强拆中坚持"党委领导、政府主导、法院依法介入、其他部门积极配合"的工作原则，实施司法强拆过程中，加强与公安、交警、街道、居委会等单位的沟通、联系，由公安负责拆迁现场外围的安全控制，交警部门负责疏散交通，街道、居委会作为现场见证，内外联动、齐心协力，确保公共安全和拆迁工作的顺利进行（参见俞宣：《渝中区法院：司法强拆助推城市蝶变》，载《中国审判》2009 年第 6 期）。

[2] 2010 合肥市高新技术开发区法院执行局在《强迁之后话强迁——关于强迁的预案及其应对突发事件的几点思考》一文中对该院强迁执行工作进行了介绍，该院在司法强拆似乎起主导作用（参见胡雅君：《司法强拆取代行政强拆，能温柔些吗？一篇法院网文引出的拆迁争议漩涡》，载《21 世纪经济报道》2010 年12 月 2 日）。

[3] 2007 年 8 月 18 日，浙江省召开第五次全省行政审判工作会议上，院长应勇和副院长高杰在讲话中明确要求今后各级法院要严把受理关，有限制地受理非诉行政执行案件，包括"房屋强制拆迁"在内的六大类非诉行政执行案件不予受理或暂缓受理（郑琦：《基层行政机关申请人民法院强制执行具体行政行为面临的问题与对策研究——以杭州市为实证分析》，载《行政法学研究》2009 年第 1 期）。

"行政强拆"遵循"复议、诉讼不停止执行"的原则,故绝大多数拆迁裁决行政自行强制执行,从性质上均属于"先予执行"。其次,从调查问卷数据显示,在诉讼期间法院受理"先予执行"申请的仍占有一定的比例(拆迁协议6家、拆迁裁决3家)。因此,可以得出第二个结论,即在原《拆迁条例》实施期间,各地"房屋强拆"地方实务操作模式,从性质上还以"先予执行"为主、以"事后执行"为辅。上述结论,在上海、江苏①等地方强拆实务介绍及媒体报道中亦可进一步得到印证。

3. 从拆迁裁决申请司法强拆的案件类别上,以"非诉执行"为主、"生效裁判"为辅。从上述调查问卷显示,拆迁裁决最终生效后被拆迁人仍拒绝履行搬迁义务的,裁决机关向法院申请司法强制拆迁的,其中"非诉执行"涉及8家法院,"生效裁判"强制执行的涉及3家法院,申请"非诉执行"数量多于"生效裁判"数量。这一现象可从下文调研数据中得到进一步解释,经笔者对上海市长宁区近五年各基地动迁总户数与裁决、诉讼、强拆比例的调研,拆迁裁决未经复议、诉讼即最终生效的数量,要远大于经过法院生效裁判才最终生效的数量(详见表5-3:上海市长宁区2006—2011年动迁总户数与裁决、诉讼、强拆统计表)。

二、原条例上海地方强拆实务调研

如前述,国务院两部《拆迁条例》对房屋拆迁强制执行模式均规定了双轨制,上海市政府同步出台的配套《实施细则》亦作了相同的规定,明确了"行政强拆"与"司法强拆"双轨制,但上海市各区县近二十年房屋强拆实务中,实际上统一采用了"行政强拆"单轨制模式。对该模式下的强拆操作实务,各区县在具体组织机构、强拆程序环节虽存在一些差异,但大致相同或相近。因此,下面对该时期上海市房屋拆迁行政裁决②的"行政强拆"操作

①　参见江苏省苏州市中级人民法院:《对房屋拆迁执行工作的报告》,载《人民司法》2003年第3期。

②　关于拆迁协议未履行之强制执行问题,在1991年《实施细则》施行期间,可申请区县政府作出限迁决定并据此申请强制执行;2001年《实施细则》施行期间,由于取消了限迁决定,因此,如当事人拒不发行拆迁协议,并不能向区县政府申请强制执行,只能通过民事诉讼途径向法院起诉并申请强制执行。但笔者在调研中发现,近十年来,上海法院并未发生类似的诉讼,原因是拆迁单位与被拆迁人签订协议同时就即时办理交接手续,一手交被拆迁房钥匙,一手交安置房钥匙或安置款,有效避免了纠纷。因此,在该部分调研中,如未特别说明,均限于拆迁裁决的行政强制执行。

流程与强迁实务的调研情况介绍如下：

（一）上海"行政强拆"模式操作流程与实务

1. 申请行政强拆的前提条件。一是拆迁人或者房屋承租人在裁决规定的搬迁期限内未搬迁。①二是拆迁人已履行安置补偿义务。对拆迁人未按裁决意见向被拆迁人提供拆迁补偿资金或者符合国家质量安全标准和产权清晰、无权利负担的安置用房的，不得实施强制拆迁。②三是裁决机关组织了听证会或调查会。在申请行政强制执行前，裁决机关应当组织拆迁当事人对行政强制执行的依据、程序、补偿安置方案及测算依据等内容进行听证。同时，还应邀请政府有关部门和具有社会公信力的人员参加。被拆迁当事人拒绝参加听证会的，裁决机关应当组织召开调查会。③四是对经过强拆前听证会动迁居民与拆迁单位仍未能达成协议的，再提交裁决机关领导班子集体讨论决定。④

在实务访谈调研中，据房屋拆迁管理部门介绍，启动强拆程序并通过组织强制执行前的听证会，听取拆迁双方的意见并做协调工作，在该阶段会促成相当一部分动迁居民与拆迁单位达成协议。⑤

2. 申请行政强拆应提交的资料。上海市 2004 年《上海市城市房屋拆迁行政裁决若干规定》第 19 条第 3 款规定："房管部门申请行政强拆需向区政府提交下述六种资料：（一）行政强制执行申请书；（二）裁决调解记录和裁决书；（三）安置用房或补偿资金证明；（四）被拆迁当事人拒绝接受补偿资金的，应当提交补偿资金的提存证明；（五）被拆迁当事人不同意拆迁的有关材料；（六）听证会或调查会记录。"与建设部 2003 年《城市房屋拆迁行政裁决工作规程》第 20 条规定应提交的七种资料相比，上述第（六）项规

---

① 除国务院 2001 年《拆迁条例》第 17 条、上海市 2001 年《实施细则》第 25 条外，建设部 2003 年《城市房屋拆迁行政裁决工作规程》第 17 条、上海市 2004 年《上海市城市房屋拆迁行政裁决若干规定》第 17 条亦作了明确的规定。

② 参见建设部 2003 年《城市房屋拆迁行政裁决工作规程》第 19 条、上海市 2004 年《上海市城市房屋拆迁行政裁决若干规定》第 19 条第 2 款。

③ 参见建设部 2003 年《城市房屋拆迁行政裁决工作规程》第 18 条第 1 款、上海市 2004 年《上海市城市房屋拆迁行政裁决若干规定》第 18 条。

④ 参见建设部 2003 年《城市房屋拆迁行政裁决工作规程》第 18 条第 2 款、上海市 2004 年《上海市城市房屋拆迁行政裁决若干规定》第 19 条第 1 款。

⑤ 参见本节"表 5-3：上海市长宁区 2006—2011 动迁总户数与裁决、诉讼、强拆统计表"。

定系增加的项目,但对建设部《裁决工作规程》第 20 条第 4 项"被拆迁房屋的证据保全公证书"未再规定为申请必备资料,而是规定在组织实施现场强制执行时,才由拆迁人对被拆除房屋以及房屋内的物品向公证机关办理证据保全。[①]上海对该项内容的调整符合强拆实务,因为在拆迁双方协商未果的情况下,在申请强拆前要求对被拆迁房屋办理证据保全手续,多数情况下会遭到被拆迁人的抵制。

3. 审查并作出行政强拆决定。区政府收到房管部门的申请后,由具体负责行政强拆的职能部门进行书面审查,对符合条件的予以受理,通知被拆迁人谈话,并以区政府名义召集房管部门、公安、拆迁人、实施单位等参与的专题会议,对裁决的合法性合理性进行讨论,对强制执行预案的可行性进行初步论证,最后作出行政强制执行决定书,送达当事人并进行现场张贴公告,督促被拆迁人或承租人在指定日期内(不少于 15 日)履行搬迁义务。

通过访谈调研,上海市各区负责审查并牵头组织行政强拆的具体责任部门并不相同。多数区由建交委牵头、少数区由区府法制办牵头,还有个别区由区委政法委牵头等。就长宁区而言,《拆迁条例》实施 20 年来,均由区府法制办负责并牵头组织行政强拆工作,包括受理、召集各职能部门参与的协调会、以区政府名义下达并张贴强拆令、组织现场强拆前的专题预备会、组织实施现场强拆等,区府法制办负责人作为召集人及强拆现场总指挥直接参与行政强拆全过程。经对上海市房屋强拆实务调研,各区行政强拆程序,从具体工作流程与形式上虽存在一些差异,但并没有实质性的区别。[②]

4. 组织实施现场强拆。被拆迁人在公告规定的期限内未履行搬迁义务的,区人民政府组织房地、公安等部门实施行政强制执行,拆迁人应当对

---

① 参见上海市 2004 年《上海市城市房屋拆迁行政裁决若干规定》第 20 条第 2 款。

② 经向长宁区法制办、房管局调研中了解,该区近年来行政强拆的详细流程如下:区房管局拆迁科提交强拆申请→区府法制办受理后通知被拆迁人谈话→首次会商(法制办牵头召集房管、指挥部、拆迁人、实施单位等)→上区长平台(法制办主任召集房管、指挥部、拆迁人、实施单位、建委、街镇等报分管区长讨论决定)→区长签发强迁令→组织实施强迁(按照区府下发"行政强制执行通知书"的要求,法制办分头通知召集房管、公安、街镇、公证处、拆迁实施单位等参与)。

被拆除房屋以及房屋内的物品向公证机关办理证据保全。行政强制执行时,裁决机关应当组织街道办事处、居(村)委会代表和公证人员到现场。①

从实务调研中了解到,实施现场强拆参与的政府部门与人数,视每次强拆行动的具体情况而定,一般均需参与的部门与单位包括法制办、房管、公安、街镇、公证处、拆迁实施单位等。②从上海行政强拆多年运行情况看,由于组织实施现场强拆前均要求做充分详细的执行预案,并召开相关职能部门参与的专题风险评估会,因此,虽发生过一些意外与险情,但总体上较为平稳。

(二)上海市长宁区 2006—2011 年"行政强拆"总体情况

为了对上海市动迁基地进入裁决、诉讼、强迁比例有一个较为客观的认识,笔者向上海市长宁区政府法制办、区房管局进行了专题调研,从长宁区房管局提供的 2006—2011 年的统计数据,并结合长宁区法院拆迁裁决行政案件近六年统计数据显示:2006 年至 2011 年全区动迁总户数 9 808 户(按权证计户,下同),达不成协议经裁决的 1 286 户,占动迁总户数的 13.11%;裁决后向法院提起行政诉讼的 89 户,占裁决户数的 6.92%,但仅占动迁总户数的 0.9%;裁决后未履行搬迁义务、经申请行政强拆并作行政强制执行决定、在下达强迁令仍未达成协议最终实施现场强拆的 147 户,占裁决户数的 11.43%,仅占动迁总户数的 1.49%(详见表 5-3)。③

在长宁区政府法制办、区房管局调研中,未能获得下述两项内容的精确统计数据:一是区房管局向区政府法制办申请行政强制执行数,二是区政府正式作出行政强制执行决定数,故两项数据在统计表中未再单列。关于该两项数据,区房管局及负责行政强拆区政府法制办负责同志介绍,"申请强制执行数"大于"作出强制执行决定数",而后者又大于最终组织实施的

---

① 参见建设部 2003 年《城市房屋拆迁行政裁决工作规程》第 22 条、上海市 2004 年《上海市城市房屋拆迁行政裁决若干规定》第 20 条。

② 据长宁区府法制办、区房管局等部门介绍,参与现场强迁部门、单位总人数视情从数十人、近百人到二三百人不等。通常需召集公安治安支队、派出所、房管、指挥部、建委、街镇、公证处、拆迁人、实施单位、拆房队、搬场公司等,必要时还通知特警、交警、信访、消防、救护等参与。从强迁实施情况看,一般组织集中强迁,从几户到十余户不等;顺利的当场拆平,困难的需三五次。

③ 在 2011 年的统计数据中,由于国务院于年初即出台房屋征收新政,取消行政强拆,故 2011 年上海市长宁区行政强拆一栏数据为空白。为数据分析需要,在表格中进行了两项统计,"合计一"为 2006—2010 年的统计数据,"合计二"为 2006—2011 年的统计数据。

表 5-3　长宁区 2006—2011 年动迁总户数与裁决、诉讼、强拆统计表

年份	全区动迁总户数	行政裁决		行政诉讼			行政强制执行		
		作出行政裁决（件）	占总户数比例（％）	行政诉讼（件）	占裁决比例（％）	占总户数比例（％）	强制执行（件）	占裁决比例（％）	占总户数比例（％）
2006	1 441	259	17.97	17	6.56	1.18	26	10.04	1.80
2007	1 796	286	15.92	21	7.34	1.17	41	14.34	2.28
2008	2 343	317	13.53	11	3.47	0.47	28	8.83	1.20
2009	2 557	218	8.53	12	5.50	0.47	19	8.72	0.74
2010	1 294	111	8.58	10	9.01	0.77	33	29.73	2.55
合计一	9 431	1 191	12.63	71	5.96	0.75	147	12.34	1.56
2011	377	95	25.19	12	12.63	3.18	0	/	/
合计二	9 808	1 286	13.11	89	6.92	0.9	147	11.43	1.49

"现场强制执行数"。原因是，从裁决受理审查阶段、裁决作出后送达阶段、申请强拆前的听证阶段、区政府受理强拆后的审查阶段、区政府下达强拆令（行政强制执行决定）阶段，伴随着各阶段行政程序的进行及对拆迁双方协调化解工作的同步开展，每个阶段都有部分动迁居民与拆迁人达成协商方案。因此，随着程序的推进，签约户数会逐步上升；此外，进入裁决、强拆程序，还会给基地尚未签约动迁居民带来影响，通常会促成签约率的提高。

（三）上海"行政强拆"模式地方操作实务的主要特征

1. 从强制执行模式上采"行政强拆"单轨制模式，即由房屋拆迁裁决机关向区县政府申请强制执行，区县经审查后作出行政强制执行决定并责成在有关部门组织实施。

2. 从强制执行审查方式上采用"案卷审查"与"调查会"、"专题论证会"相结合的形式，由建交委、房管局、法制办等牵头组织房管局、公安、街镇、拆迁单位等，对裁决的合法性、合理性与强制执行预案的妥适性进行审查。

3. 从现场执行方式上采"统一指挥、多部门参与配合"的方式。即以建交委、法制办等负责人任总指挥,全程参与、统一协调;以房地局、公安、拆迁单位为主体,公证、信访、街镇、居委等多部门共同参与;由于各部门磨合多年,因此,形成了相对稳定的组织协调机制,各部门参与强制执行的人员队伍相对稳定。

4. 从组织实施现场强拆的比例看,占拆迁总量与裁决总量的比例较低。上述从上海市长宁区 2006—2010 年动迁总户数与裁决、诉讼、强拆比,可以看出,全区五年来进入裁决的比例约占动迁总户数的 12.63%;裁决后进入诉讼的比例占裁决总量的 5.96%;裁决后强制执行的占裁决总量的 12.34%,占动迁总户数的 1.56%。①

5. 从组织实施现场强拆实际运行效果分析,总体上较为平稳,但仍难以避免发生意外险情与涉稳事件。近年来,与"暴力拆迁"、"自焚"等相关的拆迁热点事件在媒体上层出不穷,但上海强拆过程中出现上述极端事件的情况并不多。在调研中,多位长期工作在拆迁实务第一线的老同志指出,根本上在于上海整体经济发展水平、拆迁规范化程度、动迁居民整体素质较高;此外,组织"行政强拆"预案准备充分,后续协调化解措施跟进及时也是重要因素。②

三、原条例地方强拆实务调研问题分析

关于原《拆迁条例》实施期间,房屋强制拆迁实务存在的问题,不少专家学者与拆迁实务工作者已作了大量的评论,下面先列举几位具有一定代表性的专家、学者的意见。

如在房屋拆迁领域颇具盛名的律师兼学者王才亮,在其新作《房屋征收条例操作实务》中犀利指出,征收条例实施前中国拆迁现状可以简单归

---

① 由于 2011 年上海市长宁区未组织实施行政强拆,故在此采 2006—2010 年的统计数据。

② 据上海市多年从事动拆迁工作第一线的几位拆迁实务工作人员介绍,从数十年动迁积累的经验看,现场强拆主要看强迁预案是否充分到位,前期工作准备十分重要,需从细节上工作充分到位不留死角。另外,从客观而言,上海经济生活水平与法治意识处于全国前列,动迁居民总体而言较为理性,不大会发生过激行为;上海动迁工作程序也较为透明规范,经ں并后,目前拆迁实施单位均系国有企业,动迁工作开展中也不大会"瞎弄弄"。因此,多年来现场强拆工作总体上较为平稳。

纳为"无奈、混乱、不公、血腥"八个字。①王才亮认为,以往强制拆迁存在的问题主要可归纳为五点:一是事关强制拆迁的立法基本空白,现有规定趋于原则不太具备操作性;二是地方政府的强力推动使得强制拆迁往往仅是走程序,如裁决与强迁听证为同一机关,听而不证;三是人民法院组织的强制拆迁有时亦不规范,如法院参与拆迁指挥部、拆迁现场设立临时法庭、司法强拆现场竟发生命案等;四是公民的救济权没有得到尊重,如规定复议、诉讼不停止执行原则;五是基本人权的一些规则,并未在强制拆迁中得以体现,如政府或法院强迁选择夜间或节假日突击执行等。②

又如,王克稳教授在其专题调研报告中指出,与法院进行的拆迁强制执行相比,行政强拆存在的问题最多,在实践中也最为混乱,具体体现为四个方面:一是执行主体混乱。《拆迁条例》对具体实施强制拆迁的"有关部门"未予明确,地方政府在实践中为加大拆迁的力度,往往调动包括所有执法部门在内的一切资源参与强拆;二是执行程序混乱,现实中未取得拆迁许可、未经裁决,政府就组织了强制拆迁;三是执法手段无法律依据,野蛮执法、暴力执法随处可见。如停水断电、停止供气供热、堆放垃圾、破坏楼梯甚至暴力伤人等;四是黑社会势力染指强制拆迁现象严重,如沈阳的刘涌黑社会势力就是一个典型的例子。③

再如,学者王宏在其专著《中国城市房屋拆迁程序研究》中指出,城市房屋强制拆迁程序存在的主要问题有五个方面:一是强制拆迁适用的前提条件问题,强制拆迁适用范围广,构成条件简单,无论是什么性质的拆迁,也无论复议、诉讼程序是否走完,均可以强制执行;二是强制拆迁中的利益

① 王才亮在其新作中作了解释:"无奈"是指以往的中国民众对拆迁决策参与远远不够,既不能决定是否拆,也不能决定如何拆。"混乱"是指以往的拆迁制度及运行机制十分混乱,每个地方都有自己的土政策,而大多数拆迁都基本没有监管机制,司法制约极不到位。"不公"指拆迁补偿极为不公平,一是拆迁补偿标准过低,有的尚不足以维持原有生活水平;二是补偿过程中,没有公平按照标准进行补偿,随意性极大。同样是被拆迁户,却因家境背景(家中是否有关系)、文化水平与抵抗程度等非拆迁财产因素,造成补偿数额相差较大。"血腥"是指在以往的拆迁活动中,引发血案。原因有二,一是拆迁方采用特别血腥的手段强力推动拆迁;二是民众面临拆迁,往往缺乏行之有效的救济途径,已然绝望,于是采用过激方式表达诉求(参见王才亮:《房屋征收条例操作实务》,法律出版社2011年版,第265—266页)。
② 王才亮等:《房屋征收条例操作实务》,法律出版社2011年版,第267—268页。
③ 王克稳等:《城市拆迁法律问题研究》,中国法制出版社2007年版,第294—298页。

平衡问题,过多考虑拆迁人利益,漠视被拆迁人的利益;三是强制拆迁的具体适用条件不明确,未限于公共利益,未考虑最低限度原则、发展原则与合理补偿原则;四是强制拆迁听证问题,听证制度体系不完善、缺乏中立性、公正性、权威性;五是强制拆迁的实施主体问题,如对政府与法院强制执行的范围不清、行政强拆的具体实施机构不明、拆迁实务中队伍混乱、人员素质不高等现象十分突出。①

上述专家学者从不同视角对原有"房屋强拆"模式存在问题作了深入的观察,笔者结合本节前述部分的立法梳理与实务调研,认为原《拆迁条例》房屋强拆实务中存在的主要问题,可归纳为"是否拆"、"如何拆"、"由谁拆"、"何时拆"与"怎么拆"五个方面的问题:

(一)关于"是否拆"存在的问题

原《拆迁条例》实施期间,房屋强拆适用范围过于宽泛,动迁居民根本没有发言权,不论拆迁目的是否基于公共利益需要还是商业利益需要,凡达不成协议或未在拆迁协议与裁决确定期限内履行搬迁义务的,拆迁人均可动用国家机器申请行政强制执行或司法强制执行。而政府基于政绩考核、经济发展等诸多因素的现实考量,忽视公民财产权、生存权、发展权,漠视非物质文化因素、人文地理因素、历史因素,不遗余力地推进拆迁的速度与力度,倍受专家学者诘难,同时也受到动迁居民的质疑与抗争。②此外,笔者在关于"暴力拆迁"与"钉子户"各地强拆实务报道中发现,许多符合公共利益但短期内难以见效的市政工程、民生工程建设项目,与房地产开发、经济园区开发等圈地赚钱的纯赢利商业项目相比,后者一定是强力推进,但前者强制执行力度有时反显不足。

(二)关于"如何拆"存在的问题

这是原《拆迁条例》实施期间,动迁居民最为关注的核心问题,即能否得到公平合理的补偿,原有中央立法对补偿安置标准仅作了原则性规定,而地方制定的补偿标准偏低,对砖头、户头、人头等因素,对离异、老弱病残

① 王宏:《中国城市房屋拆迁程序研究》,山东人民出版社 2008 年版,第 97—104 页。
② 参见阿愚:《司法并非解决强拆顽疾灵丹妙药》,载《人民法院报》2010 年 12 月 28 日。

等特殊家庭结构未合理考量,有时不仅做不到"拆迁解困",甚至出现"基本补偿不到位、不及时"等现象,不足以维持原有的生活水平,无法顾及大人上班、小孩上学、老人就医及日常生活等便利因素,更不用说对人性中童年记忆、个人喜好、乡土情怀、安土重迁等非经济情感因素的补偿。

(三)关于"由谁拆"存在的问题

原《拆迁条例》对房屋拆迁强制执行体制立法过于原则,一是对政府"行政强拆"与法院"司法强拆"范围不明,从而导致各地实务中实际上出现以"行政强迁"为主导的局面;二是对"行政强迁"具体实施机构未予明确,从而导致地方政府在实践中为加大拆迁的力度,往往调动包括所有执法部门在内的一切资源参与强拆;三是对"司法强拆"具体执行模式未作明确规定,各地对审查标准确定、裁执是否分离做法不一。有的地方还出现法院参与拆迁指挥部、拆迁现场设立临时法庭、司法强拆现场竟发生命案等乱象,[1]有违法院司法应有的公正性、中立性与权威性。

(四)关于"何时拆"存在的问题

如前述,在1991年《拆迁条例》出台之前,多数地方房屋拆迁立法曾确定了法院事后强制执行的原则。但1991年、2001年两部《拆迁条例》则确立了"先予执行为主、事后执行为辅"的原则,在行政机关自行强制执行的情况下,确立了"复议、诉讼不停止执行"的原则,即行政机关可以先予执行。在申请法院强制执行的情况下,虽确立了以事后执行为原则,但1999年"行诉法解释"第94条的"但书"规定,即便以"司法强拆"模式为主导的地方政府,仍预留有通过申请法院先予执行快速推进房屋拆迁进程的充裕空间。在部分地方强拆实践中造成先予执行权的滥用,一旦涉诉,无论该建设项目是否系公共利益还是商业利益,概以上述"但书"规定为据申请法院先予执行。"先予执行"的滥用,严重违反"先补偿、后拆迁"原则。因此,有学者指出,为了兼顾拆迁双方当事人的利益诉求,寻求公益与私益之间的平衡,一方面针对拆迁实务中部分动迁户存在漫天要价等非理性诉求,确有从制度上保障先予执行权的必要,另一方面又要对先予执行权作出更

---

① 王才亮等:《房屋征收条例操作实务》,法律出版社2011年版,第267—268页。

严格的实体和程序规定,防止先予执行权的滥用。①

（五）关于"怎么拆"存在的问题

原《拆迁条例》实施期间,强拆前听证制度不完善,缺乏中立性、公正性、权威性,强迁听证、强迁组织实施与裁决机关合一,听而不证。强拆参与部门、实施时间、执行方式不规范,导致房屋拆迁现场强制执行乱象丛生。为了有效推进动迁进程,出现下述不正常的现象:一方面部分地方政府为求"快",不考虑百姓的合理要求,调解程序走过场,不惜频频动用行政或司法强制执行手段;从媒体报道中,越权执法、野蛮执法、暴力执法仍然存在,诸如停水断电、停止供气供热、堆放垃圾、破坏楼梯甚至暴力伤人等非人性化执行手段见诸报端。本是为了维护法治尊严的行政与司法强制执行出现"异化",尤其是政府"行政强拆"陷于被"妖魔化"的尴尬境地,在媒体上几乎成了"暴力"、"血腥"、"无人性"的代名词。另一方面部分政府为求"稳",对部分"吵、闹、跳"的动迁居民在政策之外暗地里补一块,引发了更多动迁居民的不满与效仿,导致动迁居民不信"法"唯信"访"的怪象,对公示的动迁政策普遍不信任,对法律赋予的救济途径亦弃之如弊履,而习惯于向各级机关上访,甚至出现"浇汽油"、"跳楼"、"拼命"等过激言行。

综上所述,关于原《拆迁条例》房屋拆迁强制执行立法与实务中存在的上述问题,可总结如下:"是否拆"是根本,要界定拆迁目的系基于公共利益还是商业利益,对于后者房屋权利人有说"不"的权利;"如何拆"是关键,要明确房屋拆迁需以获得公平合理补偿前提;"由谁拆"不重要,重要的并不在于"行政强拆"或"司法强拆",也不在于"政府执行"或"法院执行",重要的在于是否坚持裁执分离,避免法院与政府同一个锅吃饭、左手换右手;"何时拆"需慎重,要区分拆迁项目的性质,是否系重大公益、突发需要等,以此来界定"先予执行"与"事后执行";"怎么拆"需规范,避免暴力拆迁,这涉及制度的严格遵守与执行,对牵涉民生稳定、公序良俗要慎重,有人指出,制度的执行与地方区域经济发展水平、法治环境、民众素质的高低而呈现一个"差序格局",经济发达地区较欠发达地区规范、大城市比小城市规范、城市较农村规范,但笔者认

---

① 王才亮等:《房屋征收条例操作实务》,法律出版社 2011 年版,第 257 页。

为这些因素不应成为借口与理由,规则的价值与生命力均依赖于严守。

第四节　房屋征收新政"司法强拆"单轨制模式及实务争议

1991 年、2001 年《拆迁条例》"房屋强拆"双轨模式,从立法价值取向上旨在兼顾公正与效率的平衡。但在实务操作层面,地方政府在经济发展、土地财政、政绩考核的压力与内在驱动下,则倾向于选择"行政强拆为主、司法强拆为辅"、"先予执行为主、事后执行为辅"的房屋强拆模式,偏重效率价值而忽视公正价值,偏重公共利益、商业利益而忽视私人利益。在现代财产权宪法保障体系中,公益征收条款执行着三大功能:授权条款、限权条款与化解社会利益冲突的重要工具。[①]然而,原条例随社会发展已难以承载上述功能,在社会各界的呼吁下,新法修订最终提上日程。

2011 年 1 月 21 日国务院《征收条例》正式公布施行,明确取消"行政强拆"改采"司法强拆"单轨制。房屋征收新政的出台引发学界与民众的持续热议,对原以"行政强拆"为主导的地方政府与法院引发强烈震感。在该部分将深入探讨"司法强拆"新体制出台动因、显著特点,对地方政府、法院的影响及行政与司法的应对,然后对各地法院"司法强拆"实务进行调研,并结合《征收条例》出台后,上海从"行政强拆"到"司法强拆"一年多过渡期内房屋强制拆迁实务,对"司法强拆"单轨制提出本书的看法与意见。

一、新模式出台动因及显著特点

（一）国务院"司法强拆"单轨制出台动因

国务院在《征收条例》修订过程中,两次向社会公开征求意见。从征求意见情况看,强制搬迁是社会各界普遍关注的热点问题,关于《征收条例》房屋强制拆迁体制有不同的意见。有意见提出,应取消原条例中的行政机关自行强制拆迁的规定,认为政府作为房屋征收主体,是当事人一方,不应有行政强拆权,只能依法申请法院强制搬迁,避免既当裁判员又当运动员。

---

① 袁治杰:《德国土地征收中的公共利益》,《行政法学研究》2010 年第 2 期。

也有意见认为,为了提高征收工作的效率,保证建设活动的顺利进行,有必要保留行政强拆,实行行政强拆司法强拆并行的制度,但应当对行政强拆的条件和程序作出严格限定。还有的意见提出,不同意由法院强制执行,法院执行力不足,法院独立性、公正性也难以保证,司法程序太慢。①

经参与《征收条例》修订的人士介绍,在起草过程中,对是否保留行政机关自行强制拆迁存在很大争议,主要存在两种观点:一种观点认为征收作为政府公权行为,行政强制性是应有之义,作为维护公共利益的政府征收行为,行政强制权不能削弱;另一种观点则认为,征收从启动到实施都是由政府来完成,政府是征收一方当事人,不应再拥有行政强拆权,否则容易导致行政强拆权的滥用,不利于对被征收人权益的保护。再则,正在起草的《行政强制法》规定行政强制执行由法律规定,条例作为行政法规不宜规定行政强制执行。经反复研究,《征收条例》最终采纳了后一种观点。②

2011年1月21日《征收条例》公布实施召开的记者会上,国务院法制办、住房城乡建设部负责人接受了记者的采访。笔者注意到,在答记者问中对《征收条例》取消行政强拆除了提及上述两点理由外,还提到下述理由:"近几年来,强制拆迁过程中出现了一些恶性事件,虽然是极少数,但必须高度重视,切实采取有效措施,杜绝此类事件发生。"③因此,《征收条例》最终取消行政强拆,也与近年来"行政强拆"几乎被妖魔化相关,网络媒体中与房屋行政强拆相关的报道,往往加上"暴力拆迁"、"株连拆迁"、"血

---

① 国务院法制办公室农林城建资源环保法制司、住房城乡建设部法规司、房地产市场监管司编:《国有土地上房屋征收与补偿条例释义》,中国法制出版社 2011 年版,第82—83页。

② 国务院法制办公室农林城建资源环保法制司、住房城乡建设部法规司、房地产市场监管司编:《国有土地上房屋征收与补偿条例释义》,中国法制出版社 2011 年版,第84页。

③ 2011 年 1 月 21 日,国务院总理签署国务院令,公布了《征收条例》,自公布之日起施行。国务院法制办、住房城乡建设部负责人为此接受了记者的采访,从正式公布的答记者问中,当记者问及"条例取消原条例中行政机关自行强制拆迁的规定,主要考虑是什么?",出席记者会的负责人作了如下回答,"按照原条例的规定,政府即可以责成有关部门强制拆迁,也可以申请法院强制拆迁,近几年来,强制拆迁过程中出现了一些恶性事件,虽然是极少数,但必须高度重视,切实采取有效措施,杜绝此类事件发生。全国人大常委会办公厅 2009 年 8 月 28 日向社会公开征求意见的《行政强制法(草案)(三次审议稿)》第 13 条规定,行政强制执行由法律规定。本条例是行政法规,不宜再设定行政强制执行。因此,条例取消了原条例中行政机关自行强制拆迁的规定,规定由政府申请法院强制执行,这样也有利于加强对政府征收补偿活动的制约,促使政府加强和改进群众工作"(国务院法制办公室农林城建资源环保法制司、住房城乡建设部法规司、房地产市场监管司编:《国有土地上房屋征收与补偿条例释义》,中国法制出版社 2011 年版,第 221 页)。

拆"、"自焚"等醒目标题,并配上触目惊心的强拆现场图片。为此,不少学者一针见血地指出,立法将房屋强拆这一"烫手山芋"交给法院来处理,有转移百姓视线与矛盾焦点之嫌。[①]

简言之,国务院取消"行政强拆"改采"司法强拆"单轨制,主要基于三方面的考虑:一是裁执分离原则的需要。将传统房屋拆迁管理领域中的行政裁决权与强制执行权进行分离,将后者交给法院行使,以避免行政权的滥用,保护被征收人的合法权益;二是法律保留原则的需要。行政强制执行权属于法律保留事项,国务院在行政法规中对该事项没有立法权;三是缓解社会矛盾的需要。将房屋强拆案通过法院司法审查后强制执行,以缓解多年来因"行政强拆"引发的社会矛盾。

(二)"司法强拆"单轨制的显著特点

2011年《征收条例》房屋拆迁(搬迁)强制执行体制出现了重大调整,媒体评价《征收条例》的最大亮点之一在于取消了"行政强拆",改为"司法强拆"单轨制。此外,《征收条例》在"房屋强拆"体制上还确立了"以事后执行为主"的原则,并对强制执行的条件、程序与手段作了进一步的规范。与原《拆迁条例》相比,《征收条例》房屋强拆体制的变化集中体现在下述几方面的内容:

1. 从执行体制上,明确取消政府"行政强拆",确立法院"司法强拆"单轨制。如前述,在《征收条例》出台前,我国房屋拆迁强制执行体制已经历了两个阶段:从改革开放至1991年《拆迁条例》出台前为第一阶段,在地方立法层面上确立了以"司法强拆"为主导的混合体制;1991年、2001年两部《拆迁条例》施行期间为第二阶段,在中央与地方立法层面普遍确立了"行政强拆"与"司法强拆"并行双轨制,在地方实务操作层面,总体上仍以"行政强拆"为主、"司法强拆"为辅;2011年《征收条例》出台后,明确取消了原条例中行政机关自行强制拆迁的规定,规定被征收人在补偿决定确定的搬迁期限内不依法履行搬迁义务的,由政府申请法院强制执行。[②]同时,还明

---

① 参见乔新生:《行政强制拆迁不应由司法机关"背书"》,载《人民法院报》2010年12月1日。
② 参见2011年《征收条例》第28条。

确《征收条例》施行前已依法取得房屋拆迁许可证的项目,政府亦不得责成有关部门强制拆迁。①论者指出,《征收条例》取消了行政强拆而代之以司法强拆,符合现代法治要求,杜绝了房屋征收主体集运动员与裁判员于一身,自己作自己案件的法官。②但司法强拆对司法公正无疑提出了更高的要求,媒体亦赞声一片。③

2.从执行及时性上,将原先"以先予执行为主"的价值导向调整为"以事后执行为主"。如前述,在两部《拆迁条例》实施 20 年期间,为了加快城市建设、推进旧改步伐,在政府自行强制执行中,无论从立法还是实务,中央与地方均采取了"先行执行为原则,事后执行为例外"的基本价值取向。在申请法院司法强制执行中,虽然 1989 年《行政诉讼法》与 1999 年"行诉法解释"对非诉行政执行确立了事后执行原则;④1999 年"行诉法解释"第 94 条对诉讼过程中申请法院先予强制执行被诉具体行政行为,原则上"不予执行",但以"先行执行为例外",即当不及时执行可能给国家利益、公共利益或者他人合法权益造成不可弥补的损失的,可以先予执行。然而,1999 年"行诉法解释"第 94 条"但书"规定仍给各地房屋强拆实务中"先予执行"的滥用留下了空间,并倍受诟病。《征收条例》从条文上对"以事后执行为主"虽未明文,但《征收条例》明确取消了原条例行政机关自行强制执行中"复议、诉讼不停止执行"的规定,同时,又明确将"先补偿、后搬迁"原则写入《征收条例》,从而确立了原则上不先予执行的价值导向。

3.从执行条件、程序与手段上,对强拆条件与程序进一步予以明确,同时对非法逼迫搬迁等违法行为明令禁止。为了防止强制执行后可能出现的被征收人居无处所现象,保障被征收人居住权,减少纠纷,《征收条例》第 28 条第 2 款明确规定,强制执行申请书应当附具补偿金额和专户存储账号、产权调换房屋和周转用房的地点和面积等材料。此外,《征收条例》对

---

① 参见 2011 年《征收条例》第 35 条。

② 参见郭立场:《不妨改行政强拆为司法强拆》,载《中华工商时报》2011 年 7 月 25 日。

③ 参见邓俊明:《强拆归司法是法治进步》,载《人民法院报》2010 年 12 月 21 日;岳振:《取消行政强拆是司法回归》,载《中国经济时报》2010 年 11 月 25 日。

④ 参见 1989 年《行政诉讼法》第 66 条、1999 年最高人民法院《关于执行〈中华人民共和国行政诉讼法〉若干问题的解释》第 86 条,均规定非诉行政执行需以"具体行政行为已经生效"为前提。

原条例实施期间屡见于媒体的不规范拆迁行为予以明令禁止,《征收条例》第27条第3款规定,任何单位和个人不得采取暴力、威胁或者违反规定中断供水、供热、供气、供电和道路通行等非法方式迫使被征收人搬迁。禁止建设单位参与搬迁活动。

《征收条例》房屋强拆体制的上述变化,学界与实务界对后两方面均持肯定态度,但对取消传统双轨制改采"司法强拆"单轨制则存在巨大争议。从《征收条例》二次征求意见稿公布,便有许多专家学者明确提出不同的意见,而《征收条例》实施后逾一年过渡期内"司法强拆"实践亦步履蹒跚,差强人意,未能实现立法者的预期,使得这一被媒体广为宣扬的立法"亮点"黯然失色。下文中将围绕司法强拆新体制引发的热点争议问题,结合过渡期内上海地方司法强拆实务进行观察并提出反思。

二、新模式对地方政府法院的影响及应对

（一）取消"行政强拆"对地方政府与法院的影响

取消"行政强拆"对地方政府与法院带来的影响各不相同,对原本以"司法强拆"为主导的地方政府与法院影响不大,但对多年来以"行政强拆"为主导的地方政府与法院则带来了重大的影响:

1. 对地方政府的影响

（1）对房屋拆迁征收的规范化要求将大幅提高。申请法院司法强拆,今后房屋拆迁征收活动将普遍接受法院的司法审查,基于司法活动的特性,必然对房屋拆迁征收的规范化层面提出了更高的要求。

（2）对城市建设成本与效率将产生巨大影响。如上述,在原《拆迁条例》实施期间,房屋行政强拆采"复议诉讼不停止拆迁执行"原则,强拆实务中亦以先予执行为主。《征收条例》取消了"行政强拆",申请"司法强迁"原则上以事后执行为主,上述不停止执行原则不再适用。在新模式下,从征收决定、到征收补偿决定、最后申请法院司法强制执行解决争议所需期限为例,按《征收条例》及现有复议、诉讼的程序设置将达一年半以上,尚不包括征收过程中评估复议、公开听证等期间,也不包括诉讼过程中的管辖异议、上诉移送、重大案件的请求复核等期间(详见表5-4)。这必然极大影响

城市建设成本与效率,影响到地方的经济增速与财政收入。而从房屋征收新政出台后逾一年房屋强制拆迁实践亦表明了这一点。①

表5-4　房屋征收决定与补偿决定争议解决流程与期限

环节	流程	期限	法律规定
行政征收决定	行政复议	对征收决定不服60日内申请复议(2个月)	《行政复议法》第9条
		复议决定期限(2个月)	《行政复议法》第31条、1989年《行政诉讼法》第38条
	一审行政诉讼	对复议决定不服15日内起诉	1989年《行政诉讼法》第38条
		一审一般期限3个月	1989年《行政诉讼法》第57条
	二审行政诉讼	不服一审判决15日内上诉	1989年《行政诉讼法》第58条
		上诉移送期间15日	—
		二审一般期限2个月	1989年《行政诉讼法》第60条
征收补偿决定	行政复议	对补偿决定不服60日内申请复议(2个月)	《行政复议法》第9条
		复议决定期限(2个月)	《行政复议法》第31条
	一审行政诉讼	对复议决定不服15日内起诉	1989年《行政诉讼法》第38条
		一审一般期限3个月	1989年《行政诉讼法》第57条
	二审行政诉讼	不服一审判决15日内上诉	1989年《行政诉讼法》第58条
		上诉移送期间15日	—
		二审一般期限2个月	1989年《行政诉讼法》第60条
司法强制执行	行政机关申请执行	立即申请(法律规定可在180日内申请)	1999年"行诉法解释"第84条
	法院强制执行	最短1个月	
备注	上述期限合计19个月,尚不包括征收过程中评估复议、公开听证等期间,也不包括诉讼过程中的管辖异议、重大案件的请示复核等期间。		

---

① 自2011年1月21日《征收条例》出台后逾一年,由于受"司法强拆"房屋征收新政的影响,上海各区县结转动迁基地进展明显放缓,部分动迁基地处于半停顿状态,对各区县建设项目产生了较大的影响,尤其是一些重大市政动迁项目、民生工程与大型配套安置房基地亦难以如期拆平,为此上海市政府与高院多次召开"房屋拆迁司法强制执行推进会",要求各区县法院"积极稳妥有序推进"司法强拆工作,但由于尚处于政策调整后的磨合期,因此,工作进展缓慢。

2. 对地方法院的影响

《征收条例》取消"行政强拆",对地方法院尤其是基层法院审判、执行、维稳等方面均将带来巨大压力：

（1）法院行政审判力量难以应对即将面临的司法审查任务。以上海市法院行政审判条线人员配备为例，2011年《征收条例》出台时全市行政庭共有行政审判人员160余人，其中法官近110人，每年平均审理近2 000件行政案件、审查3 500余件非诉行政执行案件。《征收条例》施行后，涉动迁行政案件与非诉执行案件将大幅增加，以上海市长宁区为例，按前述拆迁裁决及进入行政强拆的数据分析，每年向法院申请非诉强制执行的房屋征收案件将增加100件左右，超过该区近年行政案件的年均收案量。①此类案件审查要求高、难度大，在现有人员配备下，行政审判任务将更为繁重。

（2）法院现有执行力量、警力与装备，难以应对执行工作的实际需要。多年来法院"执行难"久为社会诟病，除法院实际地位与司法权威不高的原因外，还有执行力量与设备跟不上需要这一客观因素。如上海法院近年来受理民商事裁判、仲裁裁决、公证债权文书等案件年均已逾10万件，而全市执行机构人员仅为600余人。执行装备仅为日常交通、通信设备。仅民事商事执行案件就捉襟见肘，如增加房屋拆迁强制执行，由于此类案件协调任务重、执行难度大、矛盾易激化，政府组织"行政强拆"往往需动员多部门联合行动，法院仅凭目前的执行力量、警力与装备将难以应对。

（3）法院难以掌控此类案件的社会风险、矛盾化解与后续维稳工作。由于房屋是每个家庭的安身立命之所，除房屋补偿安置外尚涉及居住保障、教育医疗、工作学习、人际交往、情感寄托等方面的问题，处理不当容易引发个案风险甚至社会稳定。从近年来上海的房屋强拆实践看，涉房屋动迁案件审判、执行后的矛盾化解、稳控工作，均由各区政府部门负责，涉动

---

① 从2000年到2011年长宁区法院行政案件收案量情况看，收案最少的年份近60件，最多的年份120余件，多数年份收案量维持在80—100件之间。

拆迁纠纷占信访问题的半数以上。①今后采"司法强拆"单轨制,大量的拆迁纠纷必将涌入法院,从法院目前面临的繁重任务、现实地位与力量,将难以担此重任。

（二）行政与司法的应对

1. 地方政府的应对

国务院出台"司法强拆"新规定,对原以"行政强拆"为主导的地方政府引发巨大影响。从 20 世纪 90 年代中央与地方分税制改革以来,税收七成纳入中央财政,导致地方财政严重缩水。鉴于土地出让金大部归地方支配,因此,房地产业渐成为地方的支柱产业,征地与房屋拆迁成为保证地方财政快速增长的捷径,土地财政、经营城市成为地方政府保绩效的重要法宝。取消"行政强拆"以后,由于缺乏"裁决—强拆"这一行政强制手段,原有的拆迁致富快速通道必然放缓甚至短期内出现停滞。而政府在"司法强拆"新体制下处于被动地位,为推进原有动迁基地的进程,以上海市市、区两级政府为例,采取了两项应对举措:一方面通过与法院共同的上级党委与领导,通过召开协调会、推进会等形式,推动法院审查节奏与执行力度;②另一方面则通过拆迁实施单位加大调解力度,在动迁居民的需求与协商方案差距不大的情况下,增加补偿来促进搬迁。③

2. 最高人民法院的应对

如上述,《征收条例》"司法强拆"单轨制的出台对原以"行政强拆"为主导的地方法院亦引发巨大影响。从地方法院的立场,面对房屋征收新政面

---

① 据上海市长宁区信访办提供的统计数据分析,2010 年全区信访件约 1 万件,涉动迁约占 50%;在涉法涉诉信访件中动迁纠纷占了八成以上。另据上海市高院行政庭的统计数据,近年来,涉法涉诉进京上访中动迁纠纷超过五成,而在中政委办件中,动拆迁纠纷占七成以上。上述比例均反映此类纠纷的矛盾激化程度与信访维稳协调化解的难度。

② 从 2011 年《征收条例》出台到落地逾一年过渡期内,市、区两级政府与法院高层互动频繁,多次召开协调会与专题推进会;在这一背景下,上海三级法院从 2011 年年初以来召开了近十次房屋拆迁司法强制执行专题会议,多数会议要求分管院长参加,其中有的会议甚至召集全市法院院长共同参加。这在近年来,为同一个专题召开如此高级别且高频率的会议,尚属首次。

③ 2011 年《征收条例》出台后,上海于 2011 年 7 月正式启动国有土地房屋拆迁司法强制执行工作,但考虑到受案压力以及立法层面的原因,集体土地房屋拆迁暂缓受理,导致全市集体土地房屋拆迁基地陷入停滞。以上海市长宁区某基地为例,该基地遗留近 10 户居民未达成协议,开发商迫于经济成本上的巨大压力,要求动迁实施单位加大调解力度,最终,多数居民达成协议。

临的现实压力,强烈呼吁最高人民法院对"司法强拆"新体制面临的司法审查与执行等问题予以明确。国务院《征收条例》出台之际,列入全国人大常委会立法议程多年的《行政强制法》已处于出台前的立法审议阶段,从2011年4月22日第十一届全国人大常委会第二十次会议对《行政强制法》草案四次审议稿的相关内容看,草案第60条仍规定"行政机关向人民法院申请强制执行的案件,法院裁定执行的,由人民法院执行",简言之,对"申请人民法院强制执行"的案件,草案规定了"法院裁定、法院执行"的原则。

最高人民法院为应对"司法强拆"新体制出台后地方法院面临的现实压力,就上述四次审议稿向全国人大常委会提出修改建议:"实践中向人民法院申请强制执行的案件,除依照现行体制由法院审查裁定并执行的外,还正在探索对有的案件原来由行政机关强制执行或者申请人民法院强制执行的双轨制,改为均需由行政机关申请人民法院强制执行的单轨制,法院审查裁定执行的,由行政机关组织实施,建议行政强制法对此予以体现。"2011年6月27日,经全国人大法律委员会、全国人大常委会法制工作委员会与最高人民法院、国务院法制办公室共同研究后,提出建议删去草案四次审议稿第60条上述规定的修改意见,该修改意见最终被采纳,为法院探索改革执行方式留有空间。[①]对此,学者姜明安指出:"这意味着是否强拆由法院裁决,但是由谁去执行尚未确定,这就为裁执分离留了一个口子,可以由法院执行,也可能由政府执行,法院监督。"[②]学者马怀德则指出,全国人大常委会面对房屋强拆这一棘手问题(一边是国务院出台行政法规明令取消"行政强拆",另一边是最高人民法院提出"司法强拆"仍需政府具体执行),在政府与法院之间各打五十大板,保持中立立场,在取消了"法院裁定、法院执行"的规定后,并未如最高人民法院所愿在行政强制法中规定"法院裁定、政府执行",从而使最高人民法院仍需在现行体制下就具体执行方式协调各方意见后再行出台司法解释。

经过一年多的前期调研,最高人民法院《关于办理申请人民法院强制

① 全国人大常委会法制工作委员会行政法室编:《〈中华人民共和国行政强制法〉释义与案例》,中国民主法制出版社2011年版,第301—302页。

② 许浩:《"司法强拆"难防暴力拆迁 最高法试点"裁执"分离》,载《中国经营报》2011年9月26日。

执行国有土地上房屋征收补偿决定案件若干问题的规定》于 2012 年 2 月 27 日由最高人民法院审判委员会第 1543 次会议通过,并于 2012 年 4 月 10 日起施行。该司法解释共 11 条,对申请人民法院强制执行征收补偿决定案件的管辖、申请应提交的材料、立案审查、司法审查、强制执行模式等作了规定。其中受到媒体与实务部门强烈关注的集中于两条:一是第 6 条明确规定了裁定不准予执行的七种情形,①明确将"明显不符合公平补偿原则"、"严重违反法定程序或者正当程序"纳入不准予执行;二是第 9 条对具体执行模式的规定,明确"人民法院裁定准予执行的,一般由作出征收补偿决定的市、县级人民政府组织实施,也可以由人民法院执行"。至此,经过法院与政府之间的激烈博弈,最终确立了"法院审查、一般由政府组织实施"的原则。②从上述司法解释的主要内容看,基本上肯定了上海推行的审查与执行模式。

为简明起见,特将我国房屋强拆立法体制、具体执行方式与审查标准沿革列表如下(详见表 5-5):

表 5-5　房屋强拆立法体制、具体执行方式与审查标准沿革

时 间	立法文件	房屋拆迁强制执行立法体制	具体执行方式	司法审查标准
1989/4/4	行政诉讼法	双轨制	政府执行或法院执行	合法性、合理性
1991/3/22、2001/6/13	拆迁条例	行政强拆与司法强拆双轨制	政府执行或法院执行	/
2011/1/21	征收条例	司法强拆单轨制	未规定	/

---

①　《最高人民法院关于办理申请人民法院强制执行国有土地上房屋征收补偿决定案件若干问题的规定》第 6 条第 1 款规定:征收补偿决定存在下列情形之一的,人民法院应当裁定不准予执行:(一)明显缺乏事实根据;(二)明显缺乏法律、法规依据;(三)明显不符合公平补偿原则,严重损害被执行人合法权益,或者使被执行人基本生活、生产经营条件没有保障;(四)明显违反行政目的,严重损害公共利益;(五)严重违反法定程序或者正当程序;(六)超越职权;(七)法律、法规、规章等规定的其他不宜强制执行的情形。

②　最高人民法院司法解释关于"司法强拆"具体执行模式经历了一个曲折的过程:早在《征收条例》公布第二稿时,最高人民法院曾向中央专门报告,主张"法院审查、政府组织实施",但该意见未被采纳。在《行政强制法》制定期间经过博弈,最终对具体执行模式留下探索空间。最高人民法院制定司法解释草案期间,最初的提法为"法院审查、主要由政府实施",在报中央审议时将"主要由"三字删去,改为"法院审查、政府实施",而最终出台的司法解释又改为"法院审查、一般由政府实施"。从上述"司法强拆"具体执行模式提法的变化,法院与政府之间博弈的激烈程度由此可见一斑。

时　间	立法文件	房屋拆迁强制执行立法体制	具体执行方式	司法审查标准
2011/4/20	行政强制法草案第四次审议稿	双轨制	（非诉执行案件）法院裁定执行的、由法院执行	/
2011/6/30	行政强制法	双轨制	未规定	/
2011/2/28	上海高院"若干意见"	司法强拆单轨制	法院审查、政府组织实施、法院监督	合法性、合理性、可执行性
2011/-/-	中政委审定司法解释稿	司法强拆单轨制	法院审查、政府组织实施	/
2012/-/-	国务院对司法解释反馈稿	司法强拆单轨制	法院审查、一般由法院执行，也可以由政府执行	/
2012/4/10	最高法院司法解释	司法强拆单轨制	法院审查、一般由政府组织实施，也可以由法院执行	合法性、合理性、可执行性

3. 地方法院的应对

从原先以"行政强拆"为主导的地方法院而言，在最高人民法院出台司法解释前，一方面需面对现实，积极向各级党委政府争取人力、物力、财力包括政策层面上的支持，以应对《征收条例》实施后大量拥入法院的房屋强拆案件；另一方面又要积极应对，在现有"司法强拆"制度框架内，积极探索并拓展司法裁量空间，通过有效沟通协调主动寻求各级党委政府的理解与支持，及时出台"司法强拆"规范性文件，统一办案思路，尽量减少此类案件大量拥入法院后可能导致的诸多现实压力与社会风险。

三、新模式地方强拆实务调研及问题分析

从"司法强拆"实务操作层面，各地法院需要重点考虑并解决的问题有二：一是对政府向法院申请"司法强拆"案件立案审查与司法审查机制、形式、标准应如何确定，与一般"非诉行政执行"、"生效裁判执行"案件的审查

243

是否应有区别,如有区别则具体应如何确定;二是"司法强拆"案件具体执行方式如何确定,面对多年来"房屋强拆"案件具体执行中面临的现实风险与突出问题,以及政府所拥有的丰富资源与优势,此类案件执行中法院与政府的权责与分工模式应如何确定。

在下文中先对各地法院"司法强拆"实务进行调研,并结合上海法院逾一年过渡期内的"司法强拆"实务予以重点考察。

(一)"司法强拆"地方实务总体情况调研

如前述,为了解《征收条例》出台前后"房屋强拆"地方强制执行实务,笔者曾利用 2011 年年底国家法官学院组织"《行政强制法》专题培训班"的机会,以调查问卷及个别访谈的形式,向来自全国各地法院从事行政审判的法官了解地方强拆实务。调研访谈内容除前述原《拆迁条例》"房屋强拆"双轨制地方强拆实务外,还包括 2011 年《征收条例》出台后"司法强拆"实务操作模式。经统计,实际回收有效问卷 32 份,共涉及 17 个省 26 个市县,调研统计结果如下(详见表 5-6)。

表 5-6 新条例出台后"司法强拆"实务调研统计表

参与调研法院数量(个)	其中	审查标准			具体执行模式		
	涉及省市数量(个)	合法性审查原则(兼顾合理性)(件)	合法性、合理性、可执行性审查(件)	其他(件)	法院审查、政府实施、法院监督(件)	法院审查、法院实施、政府配合(件)	其他(件)
32	17	17	4	9	13	7	9

从上述调研问卷,同时结合《征收条例》出台后媒体关于各地"司法强拆"实务的报道,大致可得出如下结论:

1. 从"司法强拆"案件审查标准看,选择一般非诉行政执行案件"合法性审查标准"的有 17 家,包括江苏宿迁中院、北京高院、吉林高院等,占全部受访数的一半以上;但有少数法院明确选择"合法性、合理性、可执行性审查标准",选择该选项的有 4 份,包括山西高院、安徽铜陵中院等,这也是上海法院近一年来强拆实务中所采的标准。从访谈问卷情况看,仅有少数法院明确选择了上海法院强力推行的"三性审查标准",除合法性审查外,还包括合理性、可执行性的审查。但结合进一步的访谈及相关的报道,虽然受访法院多数选择了一般非诉行政执行案件所采的"合法性审查标准",但由于严重不合理即循入违法范畴,因此,上述选择"合法性审查标准"的法院,实际上已包含了合理性审查内容。[①]对于上海等少数法院明确将"可执行性"纳入审查标准,对此,笔者认为"可执行性"部分涉及合理性标准的判断,部分涉及强制执行后是否引发社会风险甚至政治风险的判断,对于此类执行后的风险预判,从严格意义上已进入政治性或政策性判断的领地,这实际上亦系选择"合法性审查标准"法院在当前执行实务中的"当然选项"。因此,从这一意义上,从上述访谈问卷的统计数据上看似乎存在很大的差异,但实际上其间差异是有限的。笔者认为,无非是上海等少数地方法院将"可执行性"因素特别提出予以强调的缘故罢了。

2. 从"司法强拆"具体执行方式看,多数法院采"法院审查、政府组织实施、法院监督"的方式,与上海法院近一年推进的模式相同,选择该选项的有 13 份,包括吉林高院、浙江湖州市吴兴区法院、宁夏石嘴山市大武口区法院、黑龙江双鸭山法院等,除去因未实际受理而选择了"其他"选项的 9 份外,[②]约占剩余受访数的六成;但也有部分法院采"法院审查、法院实施、政府配合"的方式,选择该选项的有 7 份,包括江苏淮安市中院、浙江金华市中院、北京西城区法院等,除去"其他"选项 9 份外,约占剩余受访数的四成。可见,"司法强拆"具体执行方式,更多受访法院与上海法院的做法相同,主张采"法院审查、政府执行"方式,但仍有不少比例的法院采"法院审查、法院执行"的做法。因此,在具体执行方式上,各地法院的做法差异明显。

上述调研结论,可从近期的媒体报道中得以反映:从审查标准上,报道

245

---

① 一般非诉行政执行案件"合法性审查"标准,有学者指出系"卷面无错误的标准"(参见甘文:《行政诉讼法司法解释之评论——理由、观点与问题》,中国法制出版社 2000 年版,第 221—224 页)。该审查标准实际上包括了部分合理性审查内容,如行政处罚显失公正,实质上属于合理性审查范围,但鉴于"严重不合理即构成违法",因此亦可以纳入合法性审查范畴。因此,在调研问卷设计中明确"合法性审查"包括了"合理性审查"的内容。

② 该表"审查标准"与"具体执行模式"一栏中选择"其他"的各有 9 份,在这 9 份问卷中受访者注明选择"其他"的原因系"本院暂未受理"。

中采"合法性兼顾合理性审查"的有吉林高院、①辽源中院②等；从具体执行方式上，明确采"法院审查、政府执行"的，除上海法院外，还有吉林高院、③广西北海市银海区法院④等。关于上述两个问题，需最高人民法院出台司法解释予以明确，从最高人民法院在《行政强制法》出台前所提的修改建议以及《征收条例》出台后下发的相关司法文件⑤看，最高人民法院的倾向意见十分明显，即在审查标准上主张采"合法性兼合理性原则"、在具体执行方式上主张采"法院审查、政府执行"的方式，以相互取长补短，法院发挥司

① 据《法制日报》报道，吉林省高级人民法院和吉林省住房和城乡建设厅于2011年7月联合下发《关于做好国有土地上房屋征收与补偿工作的意见》，明确"合法不合理的法院不得准予执行"、"对行政机关申请人民法院强制执行的房屋征收案件，人民法院应当做好立案、审查工作，既要坚持合法性审查，又要注重合理性和公平性。对符合立案条件的，要依法受理；对行政机关未能提供生效的房屋征收与补偿决定、被征收房屋的居住情况、社会稳定风险评估报告、强制执行预案以及在新拆迁条例实施前已取得拆迁许可证项目的立项、规划用地手续等材料的，应当退回申请机关或裁定不予受理"（张亮、辛红：《吉林规定司法强拆由市县政府具体实施》，载《法制日报》2011年7月26日）。

② 据《辽源日报》报道，辽源市中级人民法院依据有关法律、法规、规章和司法解释，结合该市征收（拆迁）工作实际情况，于2011年8月出台了《关于规范房屋拆迁、征收强制执行案件司法审查工作的指导意见（试行）》，用以指导基层法院和政府征收部门依法积极稳妥开展征收补偿工作。意见规定：各基层人民法院在坚持合法性审查的基础上，注重审查征地拆迁安置补偿合理性和公平性。对于符合立案条件的，要依法受理；对于事实清楚、程序正当、材料齐全，具备合理性和公平性的具体行政行为，应当及时作出准予执行裁定（卢本武、韩长林：《以合理公平为基规范司法审查程序，市中级人民法院出台房屋拆迁征收强制执行案件司法审查工作指导意见》，载《辽源日报》2011年8月24日）。

③ 据《法制日报》报道，吉林省高级人民法院和吉林省住房和城乡建设厅联合下发《关于做好国有土地上房屋征收与补偿工作的意见》，首次明确"人民法院裁定准予强制执行的，强制搬迁在人民法院的监督下，由申请执行的市、县级人民政府具体实施"、"但强制搬迁时人民法院将如何监督，是派员到场监督，还是不到场监督？记者看到，吉林高院和省住房和城乡建设厅此次出台的意见并未明确。"（张亮、辛红：《吉林规定司法强拆由市县政府具体实施》，载《法制日报》2011年7月26日）。

④ 广西北海市银海区法院有关负责人告诉记者，其在裁决白虎头村强拆一案中，严格遵循"党委领导、政府申请、政法委协调、社会各界配合"的原则（来建强、董振国：《"司法强拆"亟需补漏》，载《西部法制报》2011年8月16日）。

⑤ 最高人民法院2011年5月下发《关于坚决防止土地征收房屋拆迁强制执行引发恶性事件的紧急通知》中的相关内容有：……二、必须严格审查执行依据的合法性。对行政机关申请法院强制执行其征地拆迁具体行政行为的，必须严把立案关、审查关，坚持依法审查原则，不得背离公正、中立立场而迁就违法或不当的行政行为。凡是不符合法定受案条件以及未进行社会稳定风险评估的申请，一律退回申请机关或裁定不予受理；凡是补偿安置不到位或具体行政行为虽然合法但确有明显不合理及不宜执行情形的，不得作出准予执行裁定……六、进一步优化执行工作司法环境。鉴于目前有关征地拆迁的具体强制执行模式尚待有关国家机关协商后确定，各级人民法院要紧紧依靠党委领导，争取各方理解和支持。凡涉及征地拆迁需要强制执行的案件，必须事前向地方党委报告，并在党委统一领导、协调和政府的配合下进行。同时，积极探索"裁执分离"即由法院审查、政府组织实施的模式，以更好地发挥党委、政府的政治、资源和手段优势，共同为有效化解矛盾营造良好环境。

法审查优势,地方政府发挥传统房屋强拆领域的经验优势与资源手段优势。可见,在"司法强拆"案件审查标准与具体执行方式问题上,多数地方法院与最高人民法院持相同的立场。

(二)"司法强拆"上海地方实务调研

2011年1月21日《征收条例》出台后,上海高院经紧急调研并征求上海市委、市政府意见后,于2011年2月28日制定《关于〈征收补偿条例〉施行前已取得拆迁许可证项目所涉案件有关审判、执行工作的若干意见》(以下简称《若干意见》),《若干意见》共27条,重点对房屋拆迁司法强制执行作了规范,其后,又出台了相关司法性文件,对《若干意见》的相关内容进一步予以细化。

1. 关于制定原则。《若干意见》在制定中主要遵循和体现了以下原则:一是法院立审执相关部门各负其责与统筹兼顾相结合的原则;二是依法审查、执行与协调化解相结合的原则;三是严守法律底线与实事求是相结合的原则。

247

2. 关于适用范围、案件类型、管辖与审核备案。(1)从适用范围上,《若干意见》仅适用于《征收条例》施行前尚未拆平的拆迁许可项目;(2)从案件类型上,拆迁行政裁决的强制执行案件,包括强迁非诉行政执行案件以及对法院生效裁判的强制执行案件;(3)从管辖与审核备案上,涉拆迁强制执行原则上由基层法院管辖,重大疑难的强制执行案件,需报中院审核并由高院备案,按《若干意见》全市法院院长专题会议精神,各区首起强制执行案件必需报中院审核、高院备案。

3. 关于申请强制执行需提交的材料。(1)关于申请拆迁裁决非诉行政执行,《若干意见》明确需提供下述材料:裁决书及送达回证,拆迁裁决合法性的证据与依据,以及下述反映可执行性的材料,包括被拆迁房屋的居住情况说明,被拆迁房与安置房产权情况说明,就申请强制执行事项已报所在地政府,并明确具体负责领导的情况说明,社会稳定风险评估情况说明,包括可执行性和现场具体执行方案、矛盾化解措施及稳控方案等内容的强制执行预案等;(2)关于拆迁裁决经生效裁判后申请强制执行的,除提供生效法律文书、拆迁裁决外,还需提供上述反映可执行性的材料。

4. 关于审查机制、形式与标准。(1)在审查机制上,明确了立案、审查、执行、协调化解等各环节兼顾的立审执会商机制,各法院确定一名院领导分管,统一牵头负责此类案件,立案庭、行政庭、执行庭在立案、审查、执行、协调化解等各环节,加强沟通、积极会商,努力实现立审执兼顾;(2)在审查形式上,以书面审查与谈话、实地调查结合,必要时组织听证会;(3)在审查标准上,确立了拆迁强制执行案件兼顾"合法、合理性与可执行性审查标准"。《若干意见》明确,对政府机关申请强制执行的案件,法院除了坚持一般非诉讼执行案件"合法性审查标准"外,还要审查裁决方案是否公平、合理,对裁决方案明显造成被拆迁人生活严重不便的,或明显不公平、不合理的,不予执行。此外,还要审查是否提供了上述拆迁行政裁决具有可执行性的材料,如申请时未提供的,不予受理,对经审查后发现不具备可执行性的,不予执行。

5. 关于"司法强拆"的具体执行方式。《若干意见》明确了"法院审查、政府具体实施、法院监督",法院在现场执行阶段主要运用好"启动权"与"叫停权",强制搬迁在法院监督下由政府部门具体实施:一是强制搬迁和搬迁现场秩序的维护等强制执行工作由政府部门具体组织实施,法院不直接参与;二是法院派执行机构负责人以上人员进行现场监督、协调,行政庭派员参与,对执行中发现强制执行预案不完备、强迁实施行为存在不宜继续执行情形的,应及时行使"叫停权",停止强制执行;三是对现场强拆中采取暴力、威胁等方法阻碍依法进行的强制执行工作的,由公安机关依法追究治安责任或刑事责任;四是对强制执行后的矛盾化解、稳控工作,由政府部门负责。

(三)"司法强拆"上海地方实务存在的突出问题

从上海市 2011 年 3 月至 2012 年 3 月过渡期内"司法强拆"案件审查情况看,前期进展缓慢但后期稳步推进。从统计数据看,全市 18 个区法院均已受理了司法强拆申请,并均进行了立案审查与司法审查程序,有 12 个区政府在法院监督下组织实施了现场强制执行。截至 2012 年 3 月 30 日,全市法院共收到申请 737 件,各法院收案量从数件到百余件不等;立案 579 件(其中非诉执行 548 件、申请执行拆迁裁决生效裁判 31 件),审结 552

件(化解 81 件、裁定准予执行 387 件、撤回申请 32 件、裁定驳回申请 1
件);裁决准予执行后化解 124 件,另有 12 家法院 87 件案件组织实施了
现场强拆。从化解率看,立案后总计化解 205 件,占立案总数的 35%(详
见表 5-7)。2012 年 4 月 9 日最高人民法院司法解释正式公布后,上海高院
对原有政策需作相应修订,在具体规定出台前基层法院已立案件暂按原有
规定处理。

表 5-7　上海市 2011 年 3 月至 2012 年 3 月司法强拆统计表

房屋类型	申请情况			立案情况			审查情况					执行情况		
	涉区县法院数(个)	申请数(件)	材料退回数(件)	立案总数(件)	申请非诉执行(件)	生效裁判执行(件)	审查中化解(件)	准予执行(件)	撤回申请(件)	驳回申请(件)	未结数(件)	准予执行后化解(件)	现场强制执行(件)	现场强拆法院数(个)
国有土地	14	541	103	438	423	15	70	297	25	1	16	105	72	9
集体土地	8	196	55	141	125	16	11	90	7	0	6	19	15	4
合计	/	737	158	579	548	31	81	387	32	1	22	124	87	/

2012 年 7 月 11 日上海高院印发《上海市高级人民法院关于国有土地
上房屋征收案件有关问题的意见(试行)》,按照最高人民法院司法解释的
精神,对本市"司法强拆"作了细化规定,其中对具体执行方式按司法解释
的规定作了相应调整,将过渡期内"法院审查、政府具体实施、法院监督"调
整为"法院审查、政府具体实施",删去法院派员现场监督的规定,自此,本
市房屋强制拆迁模式实现了从"行政强拆"到"司法强拆"的平稳过渡。①

2011 年《征收条例》出台后,笔者通过一年多过渡期内全面参与"司法
强拆"实务的切身体会,以及与上海三级法院法官的工作经验交流,认为上
海"司法强拆"地方实务中主要面临下述问题:

---

① 2012 年下半年以后,上海市房屋强制拆迁模式趋于稳定。伴随 2016 年上海基层法院行政案件集
中管辖改革试点至 2018 年全市基层法院铺开,以及 2018 年上海基层法院内设机构改革落地,全市基层法
院行政案件全部实行集中交叉管辖,上铁、静安、闵行、浦东四家基层法院新设或保留行政庭(执行裁判庭),
其余基层法院不再保留行政庭,非诉执行案件则由各法院执行裁判庭负责审查。

1. 关于"司法强拆"新体制的平稳落地问题。在一年多过渡期内,经过上海市三级法院与两级政府的共同努力,绝大多数区县完成了首批司法强制执行案件的审查并移送执行,并有过半数区县政府组织实施了现场强制执行,客观上说,进展虽然缓慢但总体上稳步推进。在过渡期内,法院与政府对"司法强拆"新体制仍处于磨合阶段,从理念更新、机构人员调整、机制模式确立等进行了全方面的探索,为"司法强拆"新体制的平稳落地奠定了基础,但仍不尽完善。

2. 关于"立审执会商机制"与"审执分离"问题。在过渡期内,上海《若干意见》及其后出台的配套司法性文件中,对此类案件审查执行确立"立审执会商机制",要求各法院确定一名分管院长统一牵头负责此类案件,避免出现多头领导。在实务操作中,立案审查完全从立案庭剥离,统一由行政庭与执行庭会商后决定是否受理;在非诉执行案件的行政庭审查阶段,不少法院执行庭派员共同参与谈话、现场调查、案外协调;在移送执行阶段,行政庭亦继续参与协调化解,并与执行庭派员共同参与区政府组织强拆的现场监督。从而实现了立案、审查、执行、矛盾化解等各环节立审执兼顾,确立法院立审执联动协调的集约式执行机制。基于此类案件的特殊性,在过渡期内,该机制具有一定的合理性,但明显不符合"裁执分离"的要求。在过渡期结束后,法院经审查移送区政府组织实施后,不再派员现场监督,从法院与政府层面体现了"裁执分离"的要求,但在法院审查阶段仍坚持"立审执合一"的会商机制。①

3. 关于"合理性"审查标准面临的问题。在一年多过渡期"司法强拆"实务中,对于此类案件中除坚持"合法性"审查外还需兼顾补偿安置方案的"合理性"审查,包括笔者在内的多数司法实务工作者持肯定意见。在案件审查中,被拆迁人反映存在不合理的问题主要有:补偿标准偏低、补偿政策

① 关于行政与司法强制执行中的"裁执分离",不仅在征收新政出台前后引发学术界、实务界的热议与争鸣,在征收新政出台后至今仍持续引发学术界、实务界广泛关注与实践探索(参见洪冬英:《论裁执分离的路径选择》,载《政治与法律》2015 年第 12 期;危辉星、黄金富:《非诉行政执行"裁执分离"机制研究——以浙江法院推进"裁执分离"机制的实践为基础》,载《法律适用》2015 年第 1 期;岳彩领:《论强制执行审执分离模式之新构建》,载《当代法学》2016 年第 3 期)。

不透明、新老基地政策不一、同一基地标准不一、数砖头与数人头存在补偿失衡、历史违章计算不合理、安置房远离市区，还有分户、析产、离异、大龄、低保、病残等要求拆迁解困的问题等。但由于"合理性"本身涉及主观判断，加上房屋拆迁涉及百姓的安身立命之所，涉及社会历史积淀错综复杂的社会关系，涉及大人上班、小孩上学、老人就医、开门七件事等日常生活便利因素，涉及邻里相处、童年记忆、个人喜好、乡土情怀、安土重迁等非经济情感因素……难以简单按市场价值规律分析，通过各基地《告居民书》中公示的拆迁补偿安置方案，键盘一敲就可以算出一个公平合理的补偿安置方案，从而事实上导致"合理性"判断的困难。

4. 关于"可执行性"审查标准面临的问题。如前述，笔者认为"可执行性"涉及强制执行后是否引发社会风险甚至政治风险的判断，从严格意义上已进入政治性或政策性判断的领地，在当前特定社会历史时期，这是法院执行实务中的"当然选项"。例如在一年多过渡期现场强制执行实务中，上海过半数的基层法院组织实施了现场执行，由于刚刚启动"司法强拆"，法院、政府均高度重视，强拆预案充分、组织周密，再加上补偿方案较为合理等因素，从已实施的数十起现场强制执行案例看，总体顺利，但即便如此，仍出现了不少意外。但笔者认为，房屋拆迁行政裁决、征收补偿决定、司法裁判一经生效，原则上均应遵照执行，被拆迁人应自觉履行搬迁义务，否则应以国家强制力为后盾保证执行。对被拆迁人反映当前征收拆迁补偿立法政策层面上存在的问题，应通过国家、地方立法层面予以解决，而不应成为拒绝履行生效行政裁决、法院裁判的正当理由。由于现行的"可执行性审查"涉及社会风险或政治风险的判断，为避免事后追责，在强制执行实务中相关职能部门大多以坚守"不出事"为底线，相互观望、推诿搪塞、明哲保身、但求无过等"唯稳"心态较为普遍，一方面直接影响到了涉及社会公众利益重大市政项目、民生工程的进度；另一方面亦严重损害了行政执法、法院司法的权威。笔者认为，司法强拆固然不排斥柔情的一面，但司法强拆如一味迁就，则法治精神必将在迁就中消亡。

5. 关于"具体执行方式"存在的问题。传统采"行政强拆"单轨制的地方，倍受质疑是"裁执合一"，运动员与裁判员集于一身，裁决权、执行权高度集中。《征收条例》采"司法强拆"新体制后,上海在一年多过渡期内率先推行"法院审查、政府组织实施、法院监督"的具体执行方式,在强拆实务中,引发法院、政府及拆迁相关单位的热议与质疑:一是审查、监督与组织实施能否有效分离的问题,不少实务人士指出,好比原先一个人开车,现在却将方向盘、油门与刹车交给两个人来操作,明显脱离实际;二是法院裁定并下达强制执行通知后由政府实施,一方面政府师出无名,另一方面公安与公证等部门参与配合也缺乏依据。笔者认为,前一质疑不无道理,司法审查注重公正与公平的价值,但强制执行更应注重"效率"与"执行力"的价值,如多部门掣肘,必然导致执行不力、效率低下,影响执法与司法权威。对后一质疑,则涉及我国司法强拆具体执行方式问题。2012 年 4 月 10 日正式施行的最高人民法院司法解释对具体执行方式虽予以明确,确立了"法院审查、一般由政府组织实施"的原则,但法院与政府在该模式下如何协调配合仍需地方法院与政府在强拆实务中进行探索。

结 论

房屋征收新政可否走出
强拆困局？

房屋公益征收法律制度，直接映射一国特定历史时期对公民财产权保障的立法价值取向。前述改革开放以来我国房屋拆迁立法变迁与房屋征收新政出台，以及伴随制度更替引发的拆迁征收目的（"是否拆"）、补偿安置（"如何拆"）与强制执行模式（"由谁拆"、"何时拆"、"怎么拆"）等诸多立法与实务争议，笔者认为，强制执行模式之争仅是表象，而征收公益界定与征收补偿之争才是内里与实质所在：一方面，在两部《拆迁条例》实施期间，从拆迁目的或适用范围上，房屋强拆不区分公共利益还是商业利益，均可动用国家机器，组织行政强拆或司法强拆；另一方面，从补偿标准上，因原条例立法过于原则，地方确定的拆迁补偿标准偏低，动迁居民在补偿标准问题上几乎丧失话语权。而在商业利润、土地财政、政绩考核等利益驱动下，形成以政府为主导的行政强拆，恶性事件频发，严重影响民生、社会稳定与法治政府形象，倍受诟病，从而引发对原条例存续正当性的质疑：一是政府强拆不应包括商业利益，二是动迁补偿标准过低。

2011年《征收条例》出台后，明确征收目的限定于公共利益，与原条例相比，从中央立法层面有效遏制了开发商、政府官员的本能驱动，较好保障了被征收人的合法权益。但如前述，鉴于公共利益系典型的不确定法律概念，具有利益内容的不确定性、受益对象的不确定性两方面显著特征，故需立法、行政与司法的共同协力：立法者的任务在于公益概念"确定化"的不断精进；执法者的使命在于"公益"判断余地的自我克制；司法者的目标在于"公益"审查从无所作为到有所作为，从而实现公益征收条款授权、限权及化解社会利益冲突的三重功能。

国务院房屋征收新政出台后,从补偿原则立法价值取向上,在中央立法层面,两部拆迁条例从"重安置"过渡到"重补偿",再走向《征收条例》的"兼顾补偿与居住保障",在上海地方立法层面,从偏重"一头"("数人头"或"数砖头")走向"两头"兼顾。从房屋征收补偿项目范围上,当前需重点解决"三类建筑"("违法建筑"、"临时建筑"与"小产权房")、土地使用权及市场承租人的补偿问题,以及城市旧改中精神性损失补偿与生活再建补偿等特殊补偿诉求问题。从房屋征收补偿程序上,需以公平补偿为依托,公权力主体应自觉践行并培育程序意识,同时注重征收补偿争议事先预防、事中和解与事后化解机制,以防止程序异化。在秉承"无补偿即无征收"的价值理念之时,还要实现房屋征收公平合理补偿,切实保障公民的财产权。

254

在房屋公益征收这一立法框架下,征收目的限于公共利益,并确保被征收人得到公平合理补偿的前提下,基于给付行政、积极行政、服务行政的理念,为保障国家安全、促进国民经济和社会发展等公共利益的需要,还应注重征收的效率价值。然而,《征收条例》在强制执行制度设计上却不当偏离了上述立法宗旨,正如杨建顺教授所言:原有"双轨制"的制度设计框架相当完善,司法强制和行政强制并行,互为补充,兼顾公平正义与效率价值,已经形成了较为完备的制度,在对行政权力的统制方面发挥了积极的作用。①而在原条例实施期间,福州、厦门地方立法通过探索"项目分离模式"作了有益的尝试,即市政建设项目由行政强拆,而商业项目采司法强拆,兼顾了公平与效率、公益与私益、公权与私权的有机平衡,该立法价值取向值得肯定。可是,《征收条例》在正确废弃了原条例房屋拆迁目的不区分公共利益与商业利益的立法模式之时,却将原本完善的"房屋强拆"双轨制模式一并放弃了,仅保留偏重公正价值的司法强拆体制,真可谓"将婴儿与洗澡水一道泼出去了"。

作为《征收条例》修订的推动者之一,姜明安教授也指出:如果以司法强拆取代行政强拆,需要具备下述前提条件。首先,要裁执分离,如果不以

---

① 杨建顺:《"司法强拆"悖论的探析》,载《中国审判新闻月刊》2011 年第 59 期。

裁执分离制度为前提,无法从根本上解决暴力拆迁问题,甚至还可能导致司法权力滥用。其次,法院必须有独立性,依法裁判不受外部非法的干扰,否则,还将反过来影响到司法权威。[①]从房屋征收新政司法强拆新体制出台后一年多过渡期实务调研看,由于尚不具备上述前提条件,法院为应对大量司法强拆案件所面临的现实压力,被迫在审查机制、审查标准、具体执行方式等方面积极寻找应对举措。如推行"立审执会商机制"、"合法性、合理性与可执行性审查标准"、"审查、监督与执行分离"等,以拓展司法裁量空间,避免执行风险。从当前条件下,法院面对房屋征收新政所采取的司法应对举措,确有其合理性与现实性的一面,而且在最高人民法院司法解释出台后仍将继续,但客观上却违背了立法者的初衷,亦引发政府对司法强拆低效的不满。法院面对来自地方党委政府加快旧改步伐、推进项目进度的现实压力,司法强拆在经历短暂观望后仍需积极稳步推进,立法者包括动迁居民终清醒认识到"由谁拆"虽有不同,但从总体上并无实质差异:从实体权益保护上,如补偿政策合理,则百姓并不关心是政府拆还是法院拆,更何况在百姓眼中法院与政府同在"一个锅吃饭",没啥区别;从程序权益保护上,没有实体为依托,当地方政府任意扩大公益界定范围,尤其是房屋征收补偿政策不合理的情况下,程序不仅难以成为解决征收补偿争议的有效途径,反而可能异化为胁迫动迁居民早日签约的手段,程序成了走过场,唯一的不同在于走行政程序还是走司法程序。

对此,笔者从一个基层司法工作者的视角,尤其是房屋征收新政实施以来亲历司法强拆实践,感触颇深:房屋拆迁征收补偿活动,首先应关注拆迁许可或征收决定的前置环节,然后再关注拆迁征收补偿方案的制定环节,最后再是房屋拆迁征收补偿的行政救济与司法救济环节。如前述两个环节出了偏差,待补偿协商不成希冀通过行政裁决程序、司法裁判程序及强制执行程序做事后纠偏,则为时已晚。执法者、司法者在关注个案实质正义之时,尚需顾及规则之治期待的形式正义,值此情形,要么遵守形式正义违心裁判与执行,要么违背规则之治伸张个案正义。一年来,立法者、执

255

---

① 许浩:《"司法强拆"难防暴力拆迁 最高法试点"裁执"分离》,载《中国经营报》2011 年 9 月 26 日。

结 论

·房·屋·征·收·新·政·可·否·走·出·强·拆·困·局·？·

法者与司法者几乎把主要精力放在司法强拆模式之争上,实在是本末倒置。譬如产品铸造,如模具制造环节出了问题,待产品铸就后,除非表面细小的瑕疵,可通过打磨加工实现产品的完美无缺,否则要么回炉重铸,要么昧着良心投放市场,引发消费者抗争后,再事后救火。前章所引执法者对"三公"规则失守的无奈,也是司法者的无奈。无奈之余,我们还应静心思考未来房屋公益征收活动的三大环节:立法作为初始一环、执法作为承上启下一环、司法最末一环,各环中人民赋予神圣职责并殷切期待的公权力主体——立法者、执法者与司法者——为了祖国昌盛、人民福祉,各自应义不容辞、齐心协力肩负起的历史使命。

简言之,面对房屋公益征收背景下引发的诸多实务争议,本书认为,在征收公益界定("是否拆")尤其是征收补偿("如何拆")上有无发言权才是根本,而征收强制执行模式("由谁拆"、"何时拆"、"怎么拆")相较而言则是细枝末叶。虽然,从现实角度考量,法院与政府就审查机制、标准与具体执行方式的争论有积极意义,但争论如过度集中于后者,那将是舍本逐末。毕竟问题的关键不在于行政强拆还是司法强拆,也不在于法院执行还是政府执行,问题的关键仍在于强拆目的或范围是否限定于公共利益、征收补偿方案是否公平合理,政府、法院动用国家强制力剥夺公民安身立命之所,是否兼顾到了公益与私益、公权与私权、公平与效率的适度平衡。

参考文献

一、著作及译著类

1. 陈新民：《德国公法学基础理论》（增订新版上下卷），法律出版社2010年版。

2. 陈新民：《中国行政法学原理》，中国政法大学出版社2002年版。

3. 王名扬：《法国行政法》，中国政法大学出版社1988年版。

4. 王名扬：《美国行政法》，中国法制出版社2005年版。

5. 沈开举：《征收、征用与补偿》，法律出版社2006年版。

6. 邢益精：《宪法征收条款中公共利益要件之界定》，浙江大学出版社2008年版。

7. 王坤、李志强：《新中国土地征收制度研究》，社会科学文献出版社2009年版。

8. 肖顺武：《公共利益研究——一种分析范式及其在土地征收中的运用》，法律出版社2010年版。

9. 童之伟：《法权与宪政》，山东人民出版社2001年版。

10. 郝铁川：《秩序与渐进——中国社会主义初级阶段依法治国研究报告》，法律出版社2004年版。

11. 郝铁川：《"三个代表"重要思想和科学发展观研究》，上海人民出版社2007年版。

12. 王达：《房屋征收拆迁法律制度新问题》，中国法制出版社2010年版。

13. 李集合：《土地征收征用法律制度研究》，中国政法大学出版社

2008 年版。

14. 邢鸿飞、陈广华、吴志红、郑玮炜:《土地征用及房屋拆迁法律问题研究》,中国方正出版社 2010 年版。

15. 林来梵:《从宪法规范到规范宪法》,法律出版社 2001 年版。

16. 王伟光:《利益论》,人民出版社 2001 年版。

17. 闫桂芳、杨晚香:《财产征收研究》,中国法制出版社 2006 年版。

18. 谢哲胜:《财产法专题研究》(二),中国人民大学出版社 2004 年版。

19. 王太高:《行政补偿制度研究》,北京大学出版社 2004 年版。

20. 王克稳等:《城市拆迁法律问题研究》,中国法制出版社 2007 年版。

21. 马怀德:《国家赔偿法的理论与实践》,中国法制出版社 1994 年版。

22. 窦衍瑞:《行政补偿制度的理念与机制》,山东大学出版社 2007 年版。

23. 王才亮等:《房屋征收制度立法与实务》,法律出版社 2008 年版。

24. 王才亮等:《房屋征收条例操作实务》,法律出版社 2011 年版。

25. 王宏:《中国城市房屋拆迁程序研究》,山东人民出版社 2008 年版。

26. 甘文:《行政诉讼法司法解释之评论——理由、观点与问题》,中国法制出版社 2000 年版。

27. 胡建淼:《行政法学》,法制出版社 2003 年版。

28. 王达:《国有土地上房屋征收与补偿条例解读》,中国市场出版社 2011 年版。

29. 高汉:《集体产权下的中国农地征收问题研究》,上海人民出版社 2009 年版。

30. 潘善斌:《农地征收法律制度研究》,民族出版社 2008 年版。

31. 高富平、黄武双:《房地产法学》,高等教育出版社 2010 年版。

32. 潘嘉玮:《城市化进程中土地征收法律问题研究》,人民出版社 2009 年版。

33. 林景林、卢谌译:《德国民法典》,中国政法大学出版社 1999 年版。

34. 汪振江:《农村土地产权与征收补偿问题研究》,中国人民大学出版社 2008 年版。

35. 崔建远:《物权法》,中国人民大学出版社 2009 年版。

36. 张家洋:《行政法》,三民书局 1995 年版。

37. 高富平:《土地使用权和用益物权——我国不动产物权体系研究》,法律出版社 2001 年版。

38. 吴庚:《行政法之理论与实用》,中国人民大学出版社 2005 年版。

39. 殷啸虎、王月明、朱应平:《宪法学专论》,北京大学出版社 2009 年版。

40. 许安标、刘松山:《中华人民共和国宪法通释》,中国法制出版社 2004 年版。

41. 沈福俊:《中国行政救济程序论》,北京大学出版社 2008 年版。

42. 王仰文:《私有财产权的行政法保护研究》,人民出版社 2009 年版。

43. 孙祥和:《美国私有财产权宪法保护法律的变迁——建国后至新政》,中国言实出版社 2008 年版。

44. 蒋永甫:《西方宪政视野中的财产权研究》,中国社会科学出版社 2008 年版。

45. 刘松山:《违法行政规范性文件之责任研究》,中国民主法制出版社 2007 年版。

46. 刘松山:《运行中的宪法》,哈尔滨工程大学出版社 2008 年版。

47. 谢在全:《民法物权论》(上),中国政法大学出版社 1999 年版。

48. 王泽鉴:《民法物权 1:通则·所有权》,中国政法大学出版社 2001 年版。

49. 朱芒:《功能视角中的行政法》,北京大学出版社 2004 年版。

50. 何勤华:《西方法学史》,中国政法大学出版社 1996 年版。

51. 朱应平:《澳大利亚宪法权利研究》,法律出版社 2006 年版。

52. 曹竞辉:《国家赔偿立法与案例研究》,台湾三民书局 1988 年版。

53. 郝铁川:《法治沉思录》,上海三联书店 2007 年版。

54. 郝铁川:《法律是一种生活艺术》,法律出版社 2003 年版。

55. 郝铁川:《法治随想录》,中国法制出版社 2000 年版。

56. 石佑勇:《私有财产权公法保护研究——宪法与行政法学的视角》,

北京大学出版社 2007 年版。

57. ［美］汉密尔顿、杰伊、麦迪逊：《联邦党人文集》，程逢如等译，商务印书馆 2004 年版。

58. ［美］大卫·D.弗里德曼：《经济学语境下的法律规则》，杨欣欣译、龙华编校，法律出版社 2004 年版。

59. ［德］鲁道夫·冯·耶林：《为权利而斗争》，郑永流译，法律出版社 2007 年版。

60. ［德］伯恩·魏德士：《法理学》，丁小春、吴越译，法律出版社 2003 年版。

61. ［德］卡尔·拉伦茨：《德国民法通论》（上册），王晓晔、邵建东、程建英、徐国建、谢怀栻译，法律出版社 2003 年版。

62. ［德］哈贝马斯：《公共领域的结构转型》，曹卫东等译，学林出版社 1999 年版。

63. ［德］哈特穆特·毛雷尔：《行政法学总论》，高家伟译，法律出版社 2000 年版。

64. ［德］黑格尔：《法哲学原理》，范扬、张企泰译，商务印书馆 1961 年版。

65. ［德］奥托·迈耶：《德国行政法》，刘飞译，商务印书馆 2002 年版。

66. ［德］汉斯·J.沃尔夫、奥托·巴霍夫、罗尔夫·施托贝尔：《行政法》（第一、二卷），高家伟译，商务印书馆 2002 年版。

67. ［德］平特纳：《德国普通行政法》，朱林译，中国政法大学出版社 1999 年版。

68. ［法］古斯塔夫·佩泽尔：《法国行政法》，廖坤明、周洁译，国家行政学院出版社 2002 年版。

69. ［法］孟德斯鸠：《论法的精神》，张雁深译，商务出版社 2006 年版。

70. ［日］长野郎：《中国土地制度研究》，强我译，中国政法大学出版社 2004 年版。

71. ［日］南博方：《行政法》（第六版），杨建顺译，中国人民大学出版社 2009 年版。

72. 〔日〕盐野宏:《行政法》,杨建顺译,法律出版社 1999 年版。

73. 〔英〕威廉·韦德:《行政法》,徐炳等译,中国大百科全书出版社 1997 年版。

74. 〔英〕彼得·莱兰、戈登·安东尼:《英国行政法学教科书》,杨伟东译,北京大学出版社 2007 年版。

75. 〔英〕威廉·韦德:《行政法》,徐炳等译,中国大百科全书出版社 1997 年版。

76. 〔英〕洛克:《政府论》(下篇),叶启芳、瞿菊农译,商务印书馆 1964 年版。

77. 〔美〕理查德·A.波斯纳:《法官如何思考》,苏力译,北京大学出版社 2009 年版。

78. 〔美〕理查德·A.波斯纳:《正义、司法的经济学》,苏力译,中国政法大学出版社 2002 年版。

79. 〔美〕理查德·A.波斯纳:《法理学问题》,苏力译,中国政法大学出版社 2002 年版。

80. 〔美〕约翰·罗尔斯:《正义论》,何怀宏等译,中国社会科学出版社 1988 年版。

二、编著类

1. 童之伟主编:《宪法学》,清华大学出版社 2008 年版。

2. 王培英编:《中国宪法文献通编》,中国民主法制出版社 2007 年版。

3. 徐向华主编:《立法学教程》,上海交通大学出版社 2011 年版。

4. 王月明主编:《宪法学》,华东理工大学出版社 2000 年版。

5. 国务院法制办公室农林城建资源环保法制司、住房城乡建设部法规司、房地产市场监管司编:《国有土地上房屋征收与补偿条例释义》,中国法制出版社 2011 年版。

6. 胡康生主编:《中华人民共和国物权法释义》,法律出版社 2007 年版。

7. 李延荣主编:《房地产法研究》,中国人民大学出版社 2007 年版。

8. 黄建雄主编:《房地产法》,厦门大学出版社 2008 年版。

9. 翁岳生编:《行政法》(下),中国法制出版社 2002 年版。

10. 沈开举主编:《城市房屋拆迁法律规制研究》,中国检察出版社 2009 年版。

11. 纪敏编著:《中国房地产政策法规与实践》,学苑出版社 1991 年版。

12. 崔建远主编:《房屋拆迁法律问题研究》,北京大学出版社 2009 年版。

13. 赵路兴等编:《城市房屋拆迁管理》,中国发展出版社 2007 年版。

14. 罗豪才主编:《行政法学》,北京大学出版社 1996 年版。

15. 建设部房地产业司、体改法规司编:《城市房屋拆迁管理条例释义》,中国法制出版社 1991 年版。

16. 国务院法制办公室农林资源环保法制司、建设部政策法规司、住宅与房地产业司编:《城市房屋拆迁管理条例释义》,知识产权出版社 2005 年版。

17. 梁慧星主编:《中国物权法研究》(上),法律出版社 1998 年版。

18. 吴光远主编:《哲学与智慧》,中国社会科学出版社 2003 年版。

19. 萧榕主编:《世界著名法典选编》(宪法卷),中国民主法制出版社 1997 年版。

20. 沈开举主编:《征收补偿法研究》,法律出版社 2004 年版。

21. 马怀德主编:《〈行政强制法〉条文释义及应用》,人民出版社 2011 年版。

22. 姜明安主编:《行政法与行政诉讼法》,法律出版社 2006 年版。

23. 张怡主编:《写给法律人的宏观经济学》,法律出版社 2004 年版。

24. 白群燕、段平利主编:《写给法律人的微观经济学》,法律出版社 2004 年版。

25. 北京大学法学院司法研究中心编:《宪法的精神》,中国方正出版社 2003 年版。

26. 全国人大常委会法制工作委员会行政法室编:《〈中华人民共和国行政强制法〉释义与案例》,中国民主法制出版社 2011 年版。

27. 莫纪宏主编:《违宪审查的理论与实践》,法律出版社 2006 年版。

28. 韩大元主编:《中国宪法事例研究》(一),法律出版社 2005 年版。

29. 胡锦光主编:《香港行政法》,河南人民出版社 1997 年版。

30. 薛刚凌主编:《国有土地上房屋征收与补偿条例理解与运用》,中国法制出版社 2011 年版。

31. 刘剑文、杨汉平主编:《私有财产法律保护》,法律出版社 2000 年版。

32. 建设部政策研究中心编:《最新城市房屋拆迁指南》,中国建筑工业出版社 2004 年版。

33. 胡信彪主编:《土地征收与房屋拆迁》,中国民主法制出版社 2006 年版。

34. 全国人民代表大会常务委员会法制工作委员会民法室编著:《物权法立法背景与观点全集》,法律出版社 2007 年版。

35. 中国第二历史档案馆编:《中华民国史档案资料汇编》第五辑第一编《财政经济》(七),江苏古籍出版社 1994 年版。

36. 李锦主编:《中华人民共和国现行房地产法律法规全编》(第三卷),中国大地出版社 2000 年版。

37.《上海市人民政府志》编纂委员会编:《上海市人民政府志》(1950—2000),上海社会科学出版社 2004 年版。

38. 上海市人民代表大会常务委员会办公厅编:《上海市地方性法规汇编》(1980—1985)。

39. 上海市房产管理局编:《上海市房产管理文件汇编》(1949—1989、1990—1991、1992—1994)。

40. 上海市房屋土地管理局编:《上海市房地产管理文件汇编》(1995—1999)。

41. 上海市房屋土地资源管理局编:《上海市房地资源管理文件汇编》(2000—2007)。

42. 上海市住房保障和房屋管理局编:《上海市房地产管理文件汇编》(2008)。

263

43. 上海市住房保障和房屋管理局编:《上海市住房保障和房屋管理文件汇编》(2009—2010)。

44. 上海市房屋土地管理局、上海市房地产业协会编:《上海房地产管理文件汇编》(1949—1997)上、下卷。

三、杂志类

1. 陈新民:《台湾房屋拆迁的一般处理规则》,载《法学》2007 年第 8 期。

2. 朱芒:《日本房屋征收制度的基本状况》,载《法学》2007 年第 8 期。

3. 米万英:《澳门征收制度的特色》,载《法学》2007 年第 8 期。

4. 林峰:《土地征收与补偿:香港的经验》,载《法学》2007 年第 8 期。

5. 童之伟、袁发强:《关键是消除违宪法源并代之以合宪的法律法规》,载《法学》2007 年第 8 期。

6. 涂晓芳:《政府利益对行政行为的影响》,载《中国行政管理》2002 年第 10 期。

7. 张翔:《论城市房屋征收制度中的公共利益》,载《学习与探索》2011 年第 3 期。

8. 耿步健:《从马克思、恩格斯经典论述谈集体利益高于个人利益》,载《求索》2005 年第 9 期。

9. 胡锦光、王锴:《论我国宪法中"公共利益"的实现》,载《中国法学》2005 年第 1 期。

10. 王静:《美国财产征收中的公共利益——从柯罗诉新伦敦市政府案说起》,载《国家行政学院学报》2010 年第 3 期。

11. 赵红梅:《拆迁变法的个体利益、集体利益与公共利益解读》,载《法学》2011 年第 8 期。

12. 韩小平:《行政补偿制度的几个问题》,载《东吴法学》2001 年号。

13. 郝铁川:《中国依法治国的渐进性》,载《法学研究》2003 年第 6 期。

14. 郝铁川:《权利实现的差序格局》,载《中国社会科学》2002 年第 5 期。

15. 朱广新:《房屋征收补偿范围与标准的思考》,载《法学》2011 年第 5 期。

16. 段平华:《德国和美国私有财产权征收补偿之比较研究》,载《文史博览》2007 年第 8 期。

17. 宋均梅、陈利根:《我国台湾地区的土地征收制度》,载《国土资源科技管理》2005 年第 6 期。

18. 杨建顺:《"司法强拆"悖论的探析》,载《中国审判新闻月刊》2011 年第 59 期。

19. 应松年:《论行政强制执行》,载《中国法学》1998 年第 3 期。

20. 俞宣:《渝中区法院:司法强拆助推城市蝶变》,载《中国审判》2009 年第 6 期。

21. 郑琦:《基层行政机关申请人民法院强制执行具体行政行为面临的问题与对策研究——以杭州市为实证分析》,载《行政法学研究》2009 年第 1 期。

22. 江苏省苏州市中级人民法院:《对房屋拆迁执行工作的报告》,载《人民司法》2003 年第 3 期。

23. 杨峰:《财产征收中"公共利益"如何界定》,载《法学》2005 年第 10 期。

24. 易开坤:《行政控权视野下公共利益范围的界定》,载《学术论坛》2010 年第 11 期。

25. 黄文艺、范振国:《公共利益内涵的法哲学界定》,载《南京社会科学》2010 年第 9 期。

26. 张莉:《法国土地征收公益性审查机制及其对中国的启示》,载《行政法学研究》2009 年第 1 期。

27. 房绍坤:《论征收中"公共利益"界定的程序机制》,载《法学家》2010 年第 6 期。

28. 吴小萍:《城市房屋拆迁中的准公益项目初探——对公共利益的另一种类型化解读》,载《学术交流》2010 年第 3 期。

29. 唐忠民:《新征收与拆迁补偿条例应细化"公共利益"》,载《法学》

2010 年第 3 期。

30. 郝铁川：《论良性违宪》，载《法学研究》1996 年第 4 期。

31. 童之伟：《"良性违宪"不宜肯定——对郝铁川同志有关主张的不同看法》，载《法学研究》1996 年第 6 期。

32. 郝铁川：《社会变革与成文法的局限性——再谈良性违宪兼答童之伟同志》，载《法学研究》1996 年第 6 期。

33. 童之伟：《宪法实施灵活性的底线——再与郝铁川先生商榷》，载《法学》1997 年第 5 期。

34. 郝铁川：《温柔的抵抗——关于"良性违宪"的几点说明》，载《法学》1997 年第 5 期。

35. 申冬亮：《论征收决定生效后地价上涨部分的补偿问题》，载《中南财经政法大学学报》2011 年第 1 期。

36. 林来梵、陈丹：《城市房屋拆迁中的公共利益界定——中美"钉子户"案件的比较》，载《法学》2007 年第 8 期。

37. 陈华彬：《土地所有权理论发展之动向》，《民商法论丛》（第 2 卷），法律出版社 1995 年版。

38. 袁治杰：《德国土地征收中的公共利益》，载《行政法学研究》2010 年第 2 期。

39. 方乐坤：《我国土地征收中的公共利益评断模式分析——兼及代议均衡型公益评断模式的成立》，载《河南社会科学》2010 年第 5 期。

40. 李春成：《公共利益的概念建构评析》，载《复旦学报》2003 年第 1 期。

41. 张武扬：《公共利益界定的实践性思考》，载《法学》2004 年第 10 期。

42. 王静：《美国土地征收补偿的计算》，载《国家行政学院学报》2008 年第 6 期。

43. 钱晓燕：《德国的土地征收程序》，载《河北企业》2008 年第 3 期。

44. 王春梅：《俄罗斯土地征收制度与私权保护》，载《俄罗斯中亚东欧研究》2007 年第 5 期。

45. 许中缘、陈珍妮:《法中两国不动产征收制度的比较研究》,载《湖南大学学报(社会科学版)》2009 年第 11 期。

46. 柴方胜:《国外征地制度对我国的借鉴》,载《云南行政学院学报》2010 年第 2 期。

47. 张识:《美国拆迁:开发商与动迁户的较量》,载《中国集体经济新经济》2009 年第 3 期。

48. 王坤:《中美城市拆迁制度的比较与借鉴》,载《法制与社会》2009 年第 3 期。

49. 黄凯松:《中美两国土地征用与房屋拆迁立法比较研究》,载《中共福建省委党校学报》2005 年第 2 期。

50. 童之伟:《论法学的核心范畴和基本范畴》,载《法学》1999 年第 6 期。

51. 童之伟:《以"法权"为中心系统解释法现象的构想》,载《现代法学》2000 年第 2 期。

52. 丁晓丽:《城市房屋拆迁补偿制度文献综述》,载《宁夏党校学报》2011 年第 2 期。

53. 刘丽、王正立:《世界主要国家的土地征用补偿原则》,载《国土资源情报》2004 年第 1 期。

54. 李娜:《浅析我国城市房屋拆迁补偿机制》,载《法制与社会》2011 年第 2 期(下)。

55. 牟隆:《征收拆迁补偿中引入独立第三方评估机制法律探析》,载《社科纵横》2011 年第 3 期。

56. 田小菊:《土地征收补偿范围及标准探讨》,载《土地经济与管理》2010 年第 3 期。

57. 孙潮、徐向华:《论我国立法程序的完善》,载《中国法学》2003 年第 5 期。

58. 孙潮、寇杰:《论立法程序》,载《法学》1995 年第 5 期。

59. 叶必丰、许炎、谭剑:《强制执行的方式及强制执行权的分配——行政强制法草案修改意见》,载《浙江社会科学》2003 年第 9 期。

60. 叶必丰、何琳：《行政即时强制界说》，载《求是学刊》2000 年第 1 期。

61. 刘松山：《征收农民房屋和土地的宪法法律问题》，载《政治与法律》2012 年第 1 期。

62. 沈福俊：《我国土地储备范围的法学透视——以我国土地储备的制度与实践为分析对象》，载《政治与法律》2010 年第 12 期。

63. 刘松山：《违法行政规范性文件之责任追究》，载《法学研究》2002 年第 4 期。

64. 王月明：《宪政是人民共和国的题中之义》，载《法学》2011 年第 12 期。

65. 朱应平：《澳大利亚财产权的宪法保护研究》，载《浙江学刊》2007 年第 2 期。

66. 刁振娇：《司法执行模式的价值再探》，载《甘肃政法学院学报》2000 年第 4 期。

67. 叶必丰：《城镇化中土地征收补偿的平等原则》，载《中国法学》2014 年第 3 期。

68. 高建伟：《美国土地征收中的"公共利益"》，载《美国研究》2011 年第 3 期。

69. 谢寄博、周健：《国有土地上房屋拆迁与补偿中的公共利益界定》，载《前沿》2013 年第 11 期。

70. 于鹏、孔腾：《公共利益认定程序之比较研究——以国有土地上房屋征收为例》，载《国家行政学院学报》2014 年第 2 期。

71. 袁治杰：《德国土地征收补偿法律机制研究》，载《环球法律评论》2016 年第 3 期。

72. 宋志红：《美国征收补偿的公平市场价值标准及对我国的启示》，载《法学家》2014 年第 6 期。

73. 程琥：《国有土地使用权收回中的房屋征收补偿问题研究》，载《中共浙江省委党校学报》2017 年第 4 期。

74. 杨建顺：《土地征收中的利益均衡论》，载《浙江社会科学》2013 年第 9 期。

75. 芦雪峰:《我国城市房屋征收补偿的法律分析——以上海市房屋征收补偿新规为例》,载《行政论坛》2014 年第 2 期。

76. 洪冬英:《论审执分离的路径选择》,载《政治与法律》2015 年第 12 期。

77. 危辉星、黄金富:《非诉行政执行"裁执分离"机制研究——以浙江法院推进"裁执分离"机制的实践为基础》,载《法律适用》2015 年第 1 期。

78. 岳彩领:《论强制执行审执分离模式之新构建》,载《当代法学》2016 年第 3 期。

四、文集类

1. 刘玉录:《集体土地房屋拆迁补偿办法研究》,载上海社会科学院房地产业研究中心、上海市房地产经济学会编:《中国房地产研究》丛书 2007 年第三卷,上海社会科学院出版社 2007 年版。

2. 刘向民:《美国的征地行为》,载吴敬琏、江平主编:《洪范评论》(第 7 辑),中国法制出版社 2007 年版。

3. 陈伯礼、徐信贵:《不动产征收制度之构建逻辑与动作机理》,载房绍坤、王洪平主编:《不动产征收法律制度纵论》,中国法制出版社 2009 年版。

4. 冯玉军、李秀君:《权力、权利和利益的博弈——〈城市房屋拆迁管理条例〉的法经济学分析》,载吴敬琏、江平主编:《洪范评论》(第 7 辑),中国法制出版社 2007 年版。

5. 房绍坤、王洪平:《私有财产权之保障、限制与公益征收——一个比较法的视角》,载房绍坤、王洪平主编:《不动产征收法律制度纵论》,中国法制出版社 2009 年版。

6. 邱新有、戴微星:《三方博弈:"权""利"主体行动策略模式分析》,载吴敬琏、江平主编:《洪范评论》(第 7 辑),中国法制出版社 2007 年版。

7. 应松年:《中国的行政强制制度》,载全国人大常委会法制工作委员会、德国技术合作公司 2000 年在北京人民大会堂共同举办的"行政强制法律制度国际研讨会"论文集:《行政强制的理论与实践》,法律出版社 2001

年版。

8. 中国法学会行政法学研究会编:《修宪之后的中国行政法——中国法学会行政法学研究会 2004 年年会论文集》,中国政法大学出版社 2005 年版。

9. 中国法学会行政法学研究会编:《财产权与行政法保护——中国法学会行政法学研究会 2007 年年会论文集》,武汉大学出版社 2008 年版。

10. 郑方优、杨卓敏:《更替与衔接:从"数人头"到"数砖头"》,载上海市督促化解动拆迁矛盾专项工作组编:《解读动迁——关于动拆迁 31 个热门话题的讨论》。

五、学位论文类

1. 唐代中:《上海城市房屋拆迁研究》,同济大学博士学位论文,2007 年。

2. 唐丽敏:《当前我国城市化进程中征地拆迁矛盾研究——基于政策网络视阈》,吉林大学博士学位论文,2009 年。

3. 邵慰:《城市房屋拆迁制度研究——新制度经济学的视角》,东北财经大学博士学位论文,2009 年。

4. 王达:《房屋征收拆迁制度研究》,中国政法大学博士学位论文,2008 年。

5. 柳志伟:《农地征收的补偿问题研究》,湖南大学博士学位论文,2007 年。

6. 陈莹:《土地征收补偿及利益关系研究——湖北省的实证研究》,华中农业大学博士学位论文,2008 年。

7. 张鹏:《土地征收下的土地价值及其实现形式:农地价值及产权主体补偿研究》,华中农业大学博士学位论文,2008 年。

8. 高建伟:《中国集体所有土地征收研究——基于法经济学的分析》,南开大学博士学位论文,2009 年。

9. 户邑:《城市拆迁运作机制研究》,重庆大学博士学位论文,2005 年。

10. 韩钢:《当代中国私有财产权的宪法保护及其制度建构》,陕西师范

大学博士学位论文,2014年。

11.许迎春:《中美土地征收制度比较研究》,西北农林科技大学博士学位论文,2012年。

12.朱子庆:《海峡两岸土地征收与补偿制度之比较研究》,中国政法大学博士学位论文,2013年。

13.徐国良:《土地征收法制研究》,武汉大学博士学位论文,2013年。

14.王红建:《土地征收立法研究》,郑州大学博士学位论文,2012年。

15.苏东波:《土地被征收人权利保护制度研究》,复旦大学博士学位论文,2016年。

16.顾大松:《房屋征收法律制度研究》,武汉大学博士学位论文,2015年。

17.刘征:《我国土地征收补偿制度研究》,华中师范大学博士学位论文,2015年。

六、报纸类

1.谭剑、胡作华、龙弘涛:《嘉禾拆迁:11名受株连人员处分全撤销》,载《新华每日电讯》2004年5月28日第001版。

2.汤小俊:《重庆"最牛钉子户"事件仍在僵持》,载《中国国土资源报》2007年3月27日第002版。

3.白勇:《重庆"最牛钉子户"自动搬迁》,载《中华工商时报》2007年4月4日第001版。

4.尹建国:《重庆"史上最牛钉子户拆迁案"的法治思考》,载《人民法院报》2007年4月10日第005版。

5.冯海宁:《搬迁取代拆迁,一字之变绝非文字游戏》,载《法制日报》2010年1月22日第003版。

6.佚名:《"听证达人"七年参加二十三场听证会——引发听证制度信任危机》,载《报刊文摘》2011年7月25日第4版。

7.郭少峰:《国务院法制办:拆迁条例新法遇三大难题》,载《新京报》2009年12月28日第8版。

8. 李立:《专家:"新拆迁条例"挽救不了自焚者命运》,载《法制日报》2010年2月2日第006版。

9. 胡雅君:《司法强拆取代行政强拆,能温柔些吗?一篇法院网文引出的拆迁争议漩涡》,载《21世纪经济报道》2010年12月2日第008版。

10. 阿愚:《司法并非解决强拆顽疾灵丹妙药》,载《人民法院报》2010年12月28日第002版。

11. 乔新生:《行政强制拆迁不应由司法机关"背书"》,载《人民法院报》2010年12月1日第002版。

12. 郭立场:《不妨改行政强拆为司法强拆》,载《中华工商时报》2011年7月25日第007版。

13. 邓俊明:《强拆归司法是法治进步》,载《人民法院报》2010年12月21日第002版。

14. 岳振:《取消行政强拆是司法回归》,载《中国经济时报》2010年11月25日第001版。

15. 许浩:《"司法强拆"难防暴力拆迁 最高法试点"裁执"分离》,载《中国经营报》2011年9月26日第B03版。

16. 张亮、辛红:《吉林规定司法强拆由市县政府具体实施》,载《法制日报》2011年7月26日第006版。

17. 卢本武、韩长林:《以合理公平为基规范司法审查程序、市中级人民法院出台房屋拆迁征收强制执行案件司法审查工作指导意见》,载《辽源日报》2011年8月24日第003版。

18. 来建强、董振国:《"司法强拆"亟需补漏》,载《西部法制报》2011年8月16日第005版。

七、中文网站类

1. 庄庆鸿:《美国老太太"逼"大楼改变设计:美国最牛"钉子户"与开发商结成忘年交,房子将被命名为"信念广场"》,http://news.sohu.com/20100409/n271405897.shtml(访问日期:2011年3月2日)。

2. 汉网/武汉晨报:《美国最牛"钉子户"逼开发商更改大楼设计》,

http://news.sohu.com/20091209/n268794665.shtml(访问日期2010年10月4日)。

3. 王石川:《宜黄拆迁事件警钟为谁而鸣》(原载2010年9月19日《京华时报》)http://news.ifeng.com/opinion/politics/detail_2010_09/19/2553457_0.shtml(访问日期:2011年3月2日)。

4. 财新网:《宜黄一官员投书本网:透视强拆自焚事件》,http://policy.caing.com/UnionNews.jsp? id = 100187635&time = 2010-10-12&cl = 106&page=all.(访问日期:2011年3月2日)。

5. 凤凰网:《成都将拆迁户自焚事件定性为暴力抗法》,http://news.ifeng.com/society/2/200912/1203_344_1459866.shtml.(访问日期:2011年3月2日)。

八、外文案例类

1. Berman v. Parker,348 U.S.26(1954).

2. Kelo v. City of New London,125 S. Ct. 2655(2005).

3. Hawaii Housing Authority v. Midkiff 467 U. S. 229(1984).

4. The Board of County Commissioner of Muskogee County v. Edward L.Lowery, 136 P.3d 639(2006).

5. Dolan v. City of Tigard,512 U.S. 374(1994).

6. Thompson v. Consolidated Gas Corp.,300 U.S.55,80(1937).

7. Brown v. Legal Found of Wash,538 U. S. 216,232(2003).

8. Hadacheck v. Sebastian,239 U. S. 394(1915).

9. Goldblatt v. Town of Hempstead,369 U. S. 590(1962).

10. Nollan v. Cal Coastal Comm'n,483 U.S. 825—837(1987).

11. Penn Central Transportation Co. v. City of New York,438 U.S. 104,133—134 n. 30(1978).

九、外文论著类

1. Linda Greenhouse, Justices Uphold Taking Property for Develop-

ment New York Times，June 24，2005.

2. John Fee，Reforming Eminent Domain，Dwight H.Merriam，Mary Massaron Ross，Eminent Domain Use and Abuse：Kelo in context ABA Section of State and Government Law，2006.

3. David A.Dana，Thomas W.Merrill，Property Takings，Foundation Press，2002.

4. William F.Funk，Richard H.Seamon，Administrative Law，［美］威廉·F.芬克、理查德·H.西蒙著：《行政法》（案例与解析影印系列），中信出版社2003年版。

5. Richard A. Posner，Economic Analysis of Law. New York：Aspen Law and Business，5th ed. 1998.

6. John Locke，Two Treatises of Government，Peter Laslett（ed.），Cambridge University Press，1967.

274

十、外文论文类

1. Willim B.Stoebuck，A General Theory of Eminent Domain，Wash. L. Rev，vol.47，1972.

2. Frank I.Michelman，Property，Utility，and Fairness：Comments on the Ethical Foundations of "just Compensation" Law，Harvard Law Review，vol.80，1967.

3. Blume，Lawrence & Rubinfeld，Daneil L.，"Compensation for Takings：An Economic Analysis"，California Law Review，vol.72，1984.

4. Innes，Robert，"Takings，Compensation，and Equal Treatment for Owners of Developed and Undeveloped Property Takings"，Journal of Law and Economics，vol.40，1997.

5. Innes，Robert，"The Economics of Takings and Compensation when Land and Its Public Use Value Are in Private Lands"，Land Economics，vol.76，2000.

后 记

本书是在导师郝铁川教授的鼓励下,由我的博士论文修改而成,经过一年多的努力完成定稿,心中颇多感触。

2002 年华政硕士毕业后,先在长宁区法院工作 14 年,2016 年上海行政案件集中管辖改革试点后,转到上海铁路运输法院工作至今。在法院工作 17 年间,13 年在行政庭从事行政审判,接触的案件过半与拆迁征收相关;3 年在民庭办理房地产案件,不少系拆迁引发的动迁安置房权属析产继承、租赁补偿纠纷;近一年在破产庭,从事民行执裁跨域审判,仍时有涉拆迁征收及强制执行案件。

2008 年,经学友与家人的鼓励,产生了进一步求学的念头,有幸录入郝铁川教授门下。回想华政读硕期间,郝老师在韬奋楼给研究生开设法理学课程,偌大的教室场场爆满,至今记忆犹新。

在博士论文开题时,第一念头是选择自己较为熟悉的拆迁一域。后因读博期间调至民庭工作,接触到大量的小区物业管理与业主自治纠纷,遂对该领域产生兴趣,并因此在选题上一度出现过徘徊。2010 年 9 月经导师郝铁川教授一锤定音,指出选题应扬长避短,时值国务院起草房屋征收补偿条例,最终促使我选定房屋拆迁征收作为研究方向。郝老师在香港繁忙的工作之余,除利用回沪短暂的停留机会外,还在港通过电邮随时关注指导论文的写作,并及时提出中肯的意见与建议,使我厘清了思路、明确了重点、少走了弯路。

在论文写作期间,从论文选题、提纲修订、研究方法到成文定稿,还得到导师组组长童之伟教授的悉心指导。在博士课程学习与日常交流中,童教授对宪法学与法理学领域始终洋溢着激情,让学生深受感染。此外,还要感谢读博期间开设专题讲座的孙潮教授、刘松山教授、沈福俊教授,使我得以在忙碌的审判事务之余,回课堂静心聆听并思考基本的法学理论问题。

感谢华政的邹荣教授、王月明教授、朱应平教授,交大法学院的朱芒教授,北京语言大学的赵日新教授,以及我的硕士导师殷啸虎教授,他们不仅在我华政读硕期间给予悉心的指导与帮助,而且在我博士学习期间亦一如既往地给予支持与鼓励。

感谢周强、桂林、冉艳辉、肖明、李赞、姚丽霞、肖榕、徐加喜、王幼君、曹秋龙、孙煜华、沈启敏、王菲等读博期间同学的鼓励与帮助。感谢《法学》月刊的郭海清、《政治与法律》编辑部的姚魏、上海市法学会的王健、华政研教院的吕春辉等诸位学兄与老师对我的支持与帮助。

感谢上海市房管局拆迁处、原上海市长宁区法制办、房管局以及长宁区新长宁、中山、新泾三家拆迁公司(现为长宁区第一、第二、第三征收事务所)的领导及实务人士,他们对我进行拆迁征收实务访谈调研及相关数据资料收集给予了大力的支持与帮助,并提出了许多独到精辟的见解与建议。

感谢上海高院、中院行政庭、长宁法院的领导与同事在我读博期间所给予的热心支持与帮助,使我得以集中精力投入博士课程学习与论文写作。

在论文写作期间,华政的同学及好友刁振娇、姚岳绒、郭清梅、吴旭阳、潘小军、刘昊、王宗琦,还有我的爱人王慧敏,对我论文资料的收集、整理、校对、修订与翻译提供了帮助,并提出了诸多宝贵的建议。由衷感谢所有关心我的同学、好友及家人,没有他们的支持、理解、宽容与关爱,我的博士学业将难以在 2012 年如期完成。

在本书从 2018 年上半年至今一年多的修订期间,特别感谢上海市委党校徐加喜博士,在初稿提交出版社审阅前,主动提出先行校对并提出中肯的修改建议。感谢华师大凌维慈副教授,对本书专业术语及人名的翻译及时提供帮助。同时,还要感谢上铁法院领导与同事对我工作的热心支持与帮助,使我得以利用工作之余完成本书的修订。

最后,再次感谢我的博士导师郝铁川教授,没有郝老师的鞭策鼓励,将难以及时完成本书的修改定稿。同时,还要特别感谢上海人民出版社及编辑夏红梅老师,为本书出版付出了辛勤劳动。

另外,由于本书是在博士论文基础上修改完成,受时间能力所限,资料理论梳理与实务问题探究均未尽完善,尚祈学界与实务同仁指正。

唐杰英

2019 年 12 月 16 日于上海

图书在版编目(CIP)数据

房屋公益征收法律制度及实践探索:以上海房屋拆
迁征收实务为视角/郝铁川总主编;唐杰英著.—上海:
上海人民出版社,2020
(依法行政实践研究丛书)
ISBN 978 - 7 - 208 - 16294 - 5

Ⅰ.①房… Ⅱ.①郝… ②唐… Ⅲ.①城市-房屋拆
迁-法律-研究-上海 Ⅳ.①D927.510.218.14

中国版本图书馆 CIP 数据核字(2020)第 010885 号

责任编辑 夏红梅
封面设计 零创意文化

依法行政实践研究丛书
房屋公益征收法律制度及实践探索
——以上海房屋拆迁征收实务为视角
郝铁川 总主编
唐杰英 著

出 版 上海人民出版社
 (200001 上海福建中路 193 号)
发 行 上海人民出版社发行中心
印 刷 常熟市新骅印刷有限公司
开 本 720×1000 1/16
印 张 18
插 页 4
字 数 251,000
版 次 2020 年 3 月第 1 版
印 次 2020 年 3 月第 1 次印刷
ISBN 978 - 7 - 208 - 16294 - 5/D · 3558
定 价 68.00 元